- 基于综合实践活动的生涯教育系列丛书
- 重庆市普通高中生物学课程创新基地、北碚区普通高中生
- 重庆市普通高中教育教学改革研究课题（2017CQJWGZ3008）成果
- 重庆市渝中区教育科学"十四五"规划2021年度重点课题（2021-ZD-03）成果
- 重庆市首批中小学"支点"创新实验室成果

寻"三生"之秘
解"单元"之码

总主编◎欧　健

主　编◎刘婕妤　林艳华

西南大学出版社

图书在版编目（CIP）数据

寻"三生"之秘 解"单元"之码 / 刘婕妤，林艳华主编. — 重庆：西南大学出版社，2023.10
（附中文丛）
ISBN 978-7-5697-2003-7

Ⅰ.①寻… Ⅱ.①刘… ②林… Ⅲ.①生物课－教学研究－高中 Ⅳ.①G633.912

中国国家版本馆CIP数据核字（2023）第201913号

寻"三生"之秘 解"单元"之码
XUN "SANSHENG" ZHI MI JIE "DANYUAN" ZHI MA

主　编　刘婕妤　林艳华

责任编辑：陈才华
责任校对：刘　彦
装帧设计：闻江文化
排　　版：黄金红
出版发行：西南大学出版社（原西南师范大学出版社）
　　　　　地址：重庆市北碚区天生路2号
　　　　　邮编：400715
印　　刷：重庆市圣立印刷有限公司
成品尺寸：185 mm×260 mm
印　　张：21.75
字　　数：396千字
版　　次：2023年10月　第1版
印　　次：2023年10月　第1次印刷
书　　号：ISBN 978-7-5697-2003-7
定　　价：60.80元

编审委员会

总顾问：宋乃庆

主　任：欧　健

副主任：刘汭雪　梁学友　黄仕友　彭红军　张　勇　徐　川
　　　　　崔建萍　卓忠越　陈　铎

委　员：冯亚东　秦　耕　李海涛　李流芳　曾志新　王一波
　　　　　张爱明　张万国　龙万明　涂登熬　刘芝花　常　山
　　　　　范　伟　李正吉　吴丹丹　蒋邦龙　郑　举　李　越
　　　　　林艳华　李朝彬　申佳鑫　杨泽新　向　颢　赵一旻
　　　　　马　钊　张　宏　罗雅南　潘玉斌　秦绪宝　罗　键
　　　　　付新民　张兵娟　范林佳

编写委员会

总主编：欧　健

本册主编：刘婕妤　林艳华

本册副主编：张淑霞　邓晓薇　刘　轶

编写者：张爱萍　谭雪琴　杨　俊　刘　云　陈　瑀
　　　　　蒋永松　张　红　唐于婷　邓胜怀　罗　义
　　　　　谭雪雷　罗　键　詹　露　杨晓妮　赖冠颖
　　　　　谭　鹃　刘晓蕾　何　凤　余　游　张　鹏
　　　　　胡雪婷　杨正浩　郭欣欣

总序一

新高考改革,出发点就是让学生拥有自主选择、自我负责的学习权。此种导向要求中学进行育人方式的变革,为学生开设生涯教育的课程,给予学生人生规划的指导,引导学生认知自己,明确自己的兴趣、性格、优势、价值取向,让学生以此为基础认识外界,更好地为自己设立生涯目标,并根据已拥有的资源规划实现目标。"遇见最美的自己"——基于综合实践活动的生涯教育系列教材,正是西南大学附属中学先于国家政策试点,通过不懈的实践探索,收获的基于综合实践活动推进生涯教育的特色研究成果。

如何通过生涯规划课程的学习引导学生学会自主选择,这一重要议题为我国教育改革与发展开拓了一个新的领域。"遇见最美的自己"——基于综合实践活动的生涯教育系列教材,从实践的角度架构了基于综合实践活动的生涯教育的基本框架,为服务于学生生成发展的育人模式的构建、学校教育品质的提升和学校实践改革的推进提供了重要启示,研究具有开拓意义。

第一,该套教材的目标定位和内容选择,是以"助学生找到人生方向"为根本宗旨,贯穿初高中,培养个体人生规划意识与技能,指导学生学会学习、学会选择,在充分认识自我和理解社会的基础上,平衡个人发展和社会发展的需求,初步设计合理的人生发展路径,促进个体生涯发展活动,提升生涯素养。

第二,教材的设计与安排,坚守"学生是学习与发展的主体"这一根本理念,不仅初高中分阶段相互衔接,进行了一体化设计,更重要的是通过活动为学生搭建主动选择的平台,以研究性学习、社区服务、社会实践、研学旅行、设计制作、职业体验等综合实践活动为载体,引导学生在活动中明确人生奋斗目标并激发生涯学习动力,而不是简单地为学生提供品类繁多的"超市商品"让学生选择。

第三,学校还开发了《传统武术奠基康勇人生》《食育与健康生活》《生物实践与创意生活》《数学视角看生活经济》《水科技与可持续发展》《乡土地理和家国情怀》等配套教材,结合校内外的学习实践和生活实践,将基于综合实践活动的生涯教育理论渗透到学科课程中,为学生生涯发展提供重要教育平台和资源,弥补学生社会经历缺乏、生活经验不足、实践体验机会太少等生涯教育短板,促进生涯教育过程性和动态性发展。主体教材和辅助教材相辅相助,将生涯教育和综合实践活动有效融合,让学生在沉浸式的体验中感知自己、认知职业、畅想未来。

第四,教材贴近学生,语言平实生动,联系初高中生活学习实际,通俗易懂;图文并茂,既有趣味的活动设计,又有学生实践的光影记录,观之可亲。学生可从课堂内的探索活动、课堂外的校本实践中深刻体验生涯力量,还可在教师的引导下从活动链接中习得生涯领域的重要概念及理论,为未来的生涯发展做好积累。

总体而言,整套教材以综合实践活动为基础,融入学科课程和劳动教育,以提升学生生涯规划能力为目的,不断强化适合生涯发展的认知能力、合作能力、创新能力、职业能力,力图帮助学生适应并服务于社会,获得终身学习、终身幸福的能力。

教书育人在细微处,学生成长在实践中。本套教材的出版,将丰富生涯教育的承载形式,为中小学开展并落实基于综合实践活动的生涯教育提供可借鉴的案例,有效加强中学生生涯教育,促进学生全面发展、终身发展和个性发展。希望广大学生也可以像西大附中学生一样"在最适合的时候遇到最美的自己",希望更多的学校像西大附中一样"为学生一生的生涯幸福奠基,让他们成长为自己满意的样子"。

裴娣娜

(北京师范大学资深教授,博士生导师,当代教育名家,
中国课程与教学论领军人物,全国教学论专业委员会主任)

总序二

寒来暑往，西南大学附属中学在生涯教育这片热土上已躬耕二十余年。多年实践让我们相信，学校的课程、活动、校本教材都应回到问题的原点：什么是教育？

教育，是将自然人培养成社会人的过程，是帮助每一个孩子认识自己、发现自己，让他既能成长为自己心中最美的样子，又能符合国家、社会对人才的需求。

因此，我们希望实现这样一种生涯教育：让学生有智慧地参与综合实践活动，从活动中生发智慧；让学生有德性地参与综合实践活动，在活动中完善德性；让学生带着对美的追求参与到活动中，在活动中提升创造美的能力。一个拥有智慧与德性、能够欣赏美创造美的个体，定然能够在瞬息万变的世界里立定脚跟，也能够在喧喧嚷嚷中细心呵护一枝蔷薇。

秉持这样的理念，我们编写了"遇见最美的自己"——基于综合实践活动的生涯教育系列教材，着力帮助学生更好地适应未来不同阶段的身份、角色。希望学习此书的孩子们，不必因为不懂自己、不明环境、不会选择而错失遇见最美自己的机会。请打开这些书，热情地投入到探索活动中，感知自己的心跳起伏，喜恶悲欣；细细品读每个生涯故事，观察他人的生活，触碰更多可能；更要在校本实践中交流碰撞，磨砺成长……这些书将是孩子们生涯成长路上的小伙伴，陪在身旁，给予力量。希望大家从此学会学习，学会选择，学会生活。

基于综合实践活动的生涯教育是为幸福人生奠基的教育。我相信，当每一个个体恰如其分地成长为自己所喜欢的样子，拥有人生幸福的能力，就同样能为他人带来幸福，为社会创造福祉，为国家幸福而不断奋斗！

欧健

（教育博士，正高级教师，西南大学附属中学党委书记、校长）

前言

随着全球经济深入发展,网络信息突飞猛进,多种文化思想相互交融更加频繁,学生的成长环境已经发生了深刻变化。国际竞争尤其是对人才的抢夺日趋激烈,时代和社会的发展需要更高的国民综合素养及更多的创新人才。这些变化和需求对我们今天的教育教学改革提出了更高的要求。《教育部关于全面深化课程改革落实立德树人根本任务的意见》指出:"立德树人是发展中国特色社会主义教育事业的核心所在,是培养德智体美全面发展的社会主义建设者和接班人的本质要求。"2016年9月我国发布了《中国学生发展核心素养》的总体框架,提出六大核心素养"人文底蕴、科学精神、学会学习、健康生活、责任担当、实践创新"。核心素养的落地依赖于学校课程的实施,因此,2017年,教育部印发《普通高中课程方案和语文等学科课程标准(2017年版)》,凝练出每个学科的核心素养。高中生物学学科核心素养的提出,激发了生物学教育工作者深入思考"学科课程为何而教""学科课程的育人价值在哪里"。

课程改革进入深化内涵的阶段,课堂转型尤为关键。传统的课时教学不能很好地体现教材的整体逻辑,使得知识碎片化、课程目标窄化,出现重知识技能轻素养的情况。单元整体教学是撬动课堂转型的支点,它有利于改善知识碎片化、浅表化的现象,因此,我们尝试从"课时"走向"单元"的整体教学。如何在课堂教学中真正落实学科核心素养,需要回到核心素养的基本特性和生成逻辑上来。

核心素养是学生在面对真实情境,解决实际问题时所表现出来的关键能力、必备品格和正确的价值观念。核心素养的形成离不开知识的学习,但又不是知识的简单堆砌。核心素养的形成需要学生对知识、技能、规则等进行持续建构。所以,我们设计了基于"情境—问题—活动—评价"的学习主线,引导学生从被动学习走向主动探究。

为了切实贯彻落实"立德树人"的根本任务,建构立足于"生活·生命·生涯一体化,培养学生生物学科核心素养"的生物课程,本书编写团队深入研究《普通高中生物学课程标准(2017年版2020年修订)》《中国高考评价体系》及人教版普通高中生物学教科书《选择性必修1 稳态与调节》《选择性必修2 生物与环境》《选择性必修3 生物技术与工程》,并与"三生"——"生活·生命·生涯"有机融合,充分挖掘选择性必修教材不同的育人价值。本书分别重构"选择性必修1 科学生活 健康生活"五个单元教学主题、"选择性必修2 认识生命 敬畏生命"四个单元教学主题和"选择性必修3 体验生涯 规划生涯"四个单元教学主题,通过创设单元真实情境,以单元任务驱动,突出学生的活动与体验,强调知识的联想与结构,培养学生在真实情境中解决实际问题的能力,进而引导学生建立"科学生活、健康生活、快乐生活,认识生命、珍爱生命、敬畏生命,体验生涯、规划生涯、发展生涯"的全人理念。在十三个单元主题中,我们分类整合资源,形成"生活·生命·生涯一体化,培养学生生物学科核心素养"的生命教育素材;构建"生活·生命·生涯"的全人教育教学体系;"以学增知",强化对科技的认知与实践,感知生命不易,内化生命核心素养;"以知促行",完成中学生的社会责任与担当。

　　本书最大的亮点是基于"生活·生命·生涯"背景下的单元整体教学。不管是单元整体教学设计、课时设计还是单元作业设计,我们充分引导学生科学健康地生活,树立敬畏生命、关爱生命的观念,寻求生物技术与生涯规划的融合。

　　在成书的过程中,编写团队得到了西南大学教师教育学院霍静教授的帮助和指导,在此表示衷心的感谢!

　　由于聚焦核心素养的单元教学正处于一个不断研究发展的阶段,我们仅依托于本土特色和相关基础进行编写,旨在抛砖引玉,激发教师们的进一步思考和研究。鉴于编者水平有限,书中难免存在疏漏或不妥之处,恳请大家批评和指正。

目录

选择性必修1　科学生活　健康生活 ……………001

第 1 单元　人体的内环境与稳态…………003

第 2 单元　神经调节…………023

第 3 单元　体液调节…………054

第 4 单元　免疫调节…………078

第 5 单元　植物生命活动的调节…………103

选择性必修2　认识生命　敬畏生命 ……………129

第 1 单元　种群及其动态…………131

第 2 单元　群落及其演替…………152

第 3 单元　生态系统及其稳定性…………176

第 4 单元　人与环境…………216

选择性必修3　体验生涯　规划生涯 ·················· 237

第 1 单元　发酵工程 ······································ 239

第 2 单元　细胞工程 ······································ 263

第 3 单元　基因工程 ······································ 294

第 4 单元　生物技术的安全性与伦理问题 ················ 321

选择性必修 1

科学生活 健康生活

第1单元

人体的内环境与稳态

一、单元主题及解读

单元主题：关注人体稳态，共享健康生活

"人体的内环境与稳态"属于选择性必修1第1章的内容。稳态是生命系统的特征，本单元内容属于个体水平的稳态调节。通过学习，帮助学生在认识细胞水平的基础上，进一步认同生命的系统观及稳态与平衡观，并以此分析生命现象。基于机体细胞通过对内环境与外界环境实现物质交换的理解，认同生命系统的开放性；基于稳态的维持是依靠调节作用与各个器官系统的协调活动而实现的，认同生命系统的整体性；基于稳态是内环境成分和理化性质所处的相对稳定的动态变化，认同生命系统的动态平衡特性。另外，"内环境稳态与消化、呼吸、循环、泌尿系统的功能联系示意图"的设计进一步深化了结构与功能观。

本单元内容与人体健康的关系极为密切。通过常规体检血液生化检测化验单为情境开展问题探讨、利用尿毒症设置旁栏思考题、在"与社会的联系"栏目中介绍中暑知识、分析内环境稳态失调的实例，能够增强学生自我保健的意识，促进学生养成健康的生活方式，并引导学生关爱家人和亲友。

"模拟生物体维持pH的稳定"的探究实践活动、"调查体温的日变化规律"的综合实践活动，让学生在活动中体会模拟实验法、对照实验法、调查法等科学探究的基本方法，并为内环境稳态提供直观的证据。比较草履虫与血细胞生活环境的异同、将血浆中的物质进行归类、分析内环境稳态失调的实例等分别体现了比较、分类、分析等思维方法。让学生绘制血浆、组织液和淋巴液的关系模式图、内环境与外界环境的物质交换关系的简单示意图等，有利于发展其建模思维。课时作业设计的习题练习有利于提升学生的批判性思维能力和问题解决能力。通过开展这些有效的活动，学生可树立关注生命、敬畏生命、珍爱生命的观念,并参与"健康生活"相关的讨论、评估,以此作出相应决策,并向他人宣传健康生活的理念,进而构建"生活·生命·生涯"的学习体系。

二、单元概念关系图

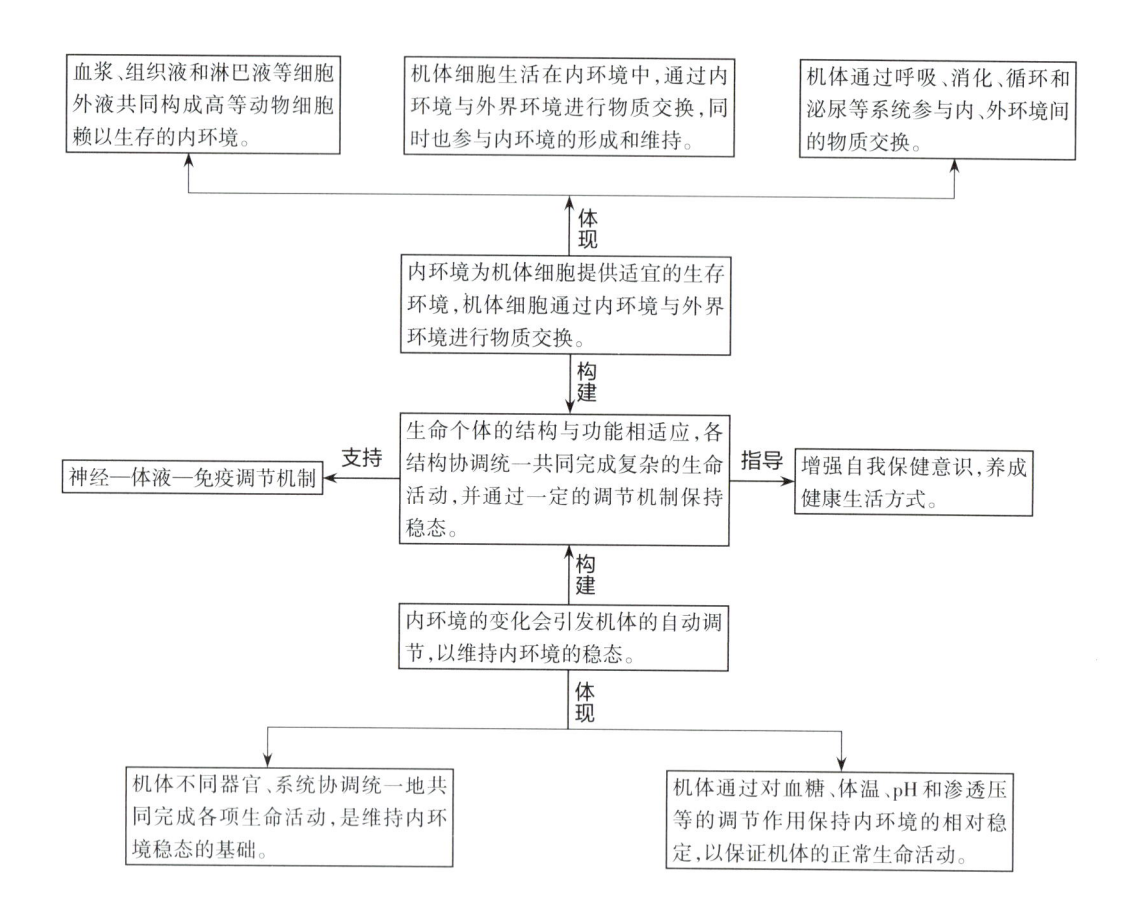

```
┌──────────────────┐  ┌──────────────────┐  ┌──────────────────┐
│血浆、组织液和淋巴液│  │机体细胞生活在内环境│  │机体通过呼吸、消化、│
│等细胞外液共同构成 │  │中,通过内环境与外界│  │循环和泌尿等系统参 │
│高等动物细胞赖以生 │  │环境进行物质交换,同│  │与内、外环境间的物 │
│存的内环境。       │  │时也参与内环境的形 │  │质交换。           │
│                  │  │成和维持。         │  │                  │
└────────▲─────────┘  └─────────▲────────┘  └────────▲─────────┘
         │                      │ 体                  │
         │                      │ 现                  │
         │            ┌─────────┴────────┐            │
         └────────────┤内环境为机体细胞提 ├────────────┘
                      │供适宜的生存环境,机│
                      │体细胞通过内环境与 │
                      │外界环境进行物质交 │
                      │换。               │
                      └─────────▲────────┘
                                │ 构
                                │ 建
┌──────────────────┐  ┌─────────┴────────┐  ┌──────────────────┐
│神经—体液—免疫调节│支持│生命个体的结构与功│指导│增强自我保健意识,│
│机制              ├──▶│能相适应,各结构协 ├──▶│养成健康生活方式。│
└──────────────────┘  │调统一共同完成复杂│  └──────────────────┘
                      │的生命活动,并通过 │
                      │一定的调节机制保持│
                      │稳态。            │
                      └─────────▲────────┘
                                │ 构
                                │ 建
                      ┌─────────┴────────┐
                      │内环境的变化会引发│
                      │机体的自动调节,以 │
                      │维持内环境的稳态。│
                      └─────────▲────────┘
                                │ 体
                                │ 现
         ┌──────────────────────┴──────────────────────┐
┌────────┴─────────┐                          ┌────────┴─────────┐
│机体不同器官、系统│                          │机体通过对血糖、体│
│协调统一地共同完成│                          │温、pH和渗透压等的│
│各项生命活动,是维│                          │调节作用保持内环境│
│持内环境稳态的基础│                          │的相对稳定,以保证│
│。                │                          │机体的正常生命活动│
└──────────────────┘                          └──────────────────┘
```

三、单元导航图

核心素养	学习目标	关键问题	学习任务	课时
生命观念	通过运用结构与功能观、物质与能量观、稳态与平衡观等观念,阐述生物体稳态、稳态的维持和调节机制,能结合日常生活情境,体会内环境稳态的重要性,进而关注生活、关注稳态。	什么是内环境?	任务1:简述体内细胞生活在细胞外液中,并说明细胞外液的成分。	第1课时
		内环境具有哪些理化性质?	任务2:概述内环境的理化性质。	
科学思维	能运用图示和模型等方法,表征并阐释细胞通过内环境与外界环境进行物质交换的过程。能运用概念图解释细胞、内环境、外界环境之间的关系,能运用这种关系分析内环境中血糖、体温、pH和渗透压等因素的变化,分析对细胞和机体所产生的影响和机体作出的具体调节反应。	人体细胞如何与外界环境进行物质交换?	任务3:概述细胞是通过内环境与外界环境进行物质交换的。	第2课时
科学探究	在接触日常生活、综合实践和科学探究中与"稳态与调节"相关的情境时,能提出有价值的问题,并能对相关问题的实践作出科学的评估。能运用科学探究的基本步骤和方法,设计简单的实验,探究与本单元相关的问题。开展有效的学生活动,让学生参与"健康生活"有关的讨论、评估,并作出相应决策,在向他人宣传健康生活理念时有自己的理解。	什么是内环境的稳态?它有什么重要意义?	任务4:阐明内环境的动态变化。	第3课时
		稳态调节的机制是什么?	任务5:阐明对稳态调节机制的认识。	第4课时
社会责任	关注"稳态与调节"相关理论和技术方面的研究进展,关注其研究成果在实践中的应用。能运用机体稳态与调节的知识,理性面对环境污染对人类健康的影响,认同并采用健康的生活方式和饮食方式,增强生活的幸福感。	在日常生活中,如何更好地维持内环境的稳态?	任务6:阐明内环境稳态的重要意义。	

四、任务活动和课时设计

课时	任务	活动
第1课时	任务1：简述体内细胞生活在细胞外液中，并说明细胞外液的成分。	活动1-1：观察草履虫和血细胞的图片，思考它们分别生活在什么样的环境中，尝试说出它们生活环境的异同。 活动1-2：分析并讨论"血浆、组织液、淋巴液之间的关系示意图"，引导学生看图说话，推导出血浆、组织液和淋巴液之间的内在联系。
	任务2：概述内环境的理化性质。	活动2：利用教材第4页血浆的化学组成表格，讨论分析内环境的组成成分。辨析血浆与组织液、淋巴液的区别，并与海水对比。
第2课时	任务3：概述细胞是通过内环境与外界环境进行物质交换的。	活动3-1：为肌肉细胞建立"物流网"，它是如何摄取葡萄糖和O_2，排除代谢废物CO_2和水的？若无氧呼吸生成乳酸，如何进行调节？ 活动3-2：小组展示肌肉细胞"物流网"及pH调节过程。
第3课时	任务4：阐明内环境的动态变化。	活动4：进行探究实践，模拟生物体维持pH的稳定过程。分析缓冲对在维持内环境pH稳定中发挥的作用。
第4课时	任务5：阐明对稳态调节机制的认识。	活动5-1：观察血液生化检测化验单中的各项指标和参考值，讨论图标中箭头的含义及对机体有什么影响。 活动5-2：阅读教材图形资料，归纳哪些器官、系统参与协调维持内环境的稳态。
	任务6：阐明内环境稳态的重要意义。	活动6：由问题串引导学生分析内环境与细胞代谢的关系，总结内环境稳态与机体正常生命活动的关系。

五、单元作业设计

课时	评价目标	作业类型	核心素养	学业质量水平
第1课时	能够说明血浆、组织液和淋巴液等细胞外液共同构成机体细胞赖以生存的内环境；能够理解内环境的理化性质，偏离正常范围时对生命活动的影响。	课堂作业（口头表述） 课后作业（书面习题和拓展训练）	生命观念1 科学思维2	1-2 2-2
第2课时	能够用简单示意图表示内环境与外界环境物质交换的关系，建立内环境稳态与消化、呼吸、循环、泌尿系统的功能联系示意图。	课堂作业（构建模型） 课后作业（书面习题和拓展训练）	科学思维2 科学探究3	2-4 3-4

续表

课时	评价目标	作业类型	核心素养	学业质量水平
第3课时	通过模拟探究体验pH稳定，建立内环境稳态的概念。	课堂作业（探究实验和口头表述） 课后作业（书面习题和查阅资料）	科学思维2 科学探究3	2-3 3-4
第4课时	能通过实践"调查体温的日变化规律"理解内环境稳态的概念；能分析常见病例的病因与危害，从反面来阐述稳态的调节能力具有一定的限度。	课堂作业（思考讨论和口头表述） 课后作业（书面习题和调查实践）	生命观念1 科学思维2	1-4 2-2

六、课时教学设计

●细胞生活的环境　第1课时

[学习重难点]

(一)教学重点

内环境的组成及其理化性质。

(二)教学难点

内环境的组成及其理化性质。

[课时学习目标]

核心素养	课时学习目标
生命观念	结合生活或生产实例，说明血浆、组织液和淋巴液等细胞外液共同构成机体细胞赖以生存的内环境。通过细胞外液与海水的对比，思考并认同细胞外液是一种类似海水的盐溶液，建立进化观。
科学思维	通过了解血浆的化学组成，区分血浆、组织液和淋巴液，并分析三者间的区别与联系。通过对内环境理化性质异常的分析，理解内环境的理化性质偏离正常范围时对生命活动的影响。
科学探究	在活动中体会模拟实验法、对照实验法、调查法等科学探究的基本方法，并为内环境稳态提供直观的证据。
社会责任	通过分析内环境理化性质，提高分析、解决生活中实际问题的能力，崇尚健康的生活方式。

[课时教学过程]

✓ 任务一：创设情境

【教师活动】

情境导入，提出问题：无论是在炎炎夏日进行户外作业的工人、农民，还是在冰天雪地的南极进行考察的科学家，他们的体温都是37 ℃，这是为什么？

【学生活动】

思考并讨论问题，提出自己的想法。

【设计意图】

通过导入情境，激发学生的学习欲望，强化学习动机，引入章节学习。了解学生对生活常识的掌握情况。

【评价方式】

学生讨论问题的认真情况。

✓ 任务二：体内细胞生活在细胞外液中

【教师活动】

问题探讨：观察草履虫和血细胞的图片，分析它们生活环境的异同。

复习巩固：展示初中所学关于血液组成的相关内容。

思考：那么这些细胞直接生活的环境是什么呢？

组织学生阅读教材，列表比较血浆、组织液的异同。

展示血浆、组织液、淋巴液之间的关系示意图，引导学生推导出血浆、组织液和淋巴液之间的内在联系，并根据示意图绘制出反映三者联系的模式图。

【学生活动】

1.结合初中生物的相关知识，得出草履虫可以直接从水里获取生存所必需的养料和氧气，并把废物直接排入水中的结论。而多细胞动物的细胞并没有直接与外界环境接触，不能直接与外界环境进行物质交换。

2.阅读教材，得出体液由细胞外液和细胞内液构成。对比组织液和淋巴液的区别。

3.根据各种组成成分的来源和去路,建立内环境各成分之间及其与细胞内液的关系。

【设计意图】

1.用生物与环境相适应的观点,通过展示和交流,建构不同细胞生活的环境,明白细胞生活的环境是细胞外液,并对血浆、组织液和淋巴液有深入的了解。

2.基于事实认同内环境由细胞外液构成,区分不同细胞的具体内环境。

【评价方式】

首先让学生自学相关内容,回答问题,再带着问题听教师讲解相应的知识,然后根据学生回答问题的情况以及模型建构情况,评价学生的自学效果和科学思维的能力。

⊘ 任务三:细胞外液的成分

【教师活动】

提出问题:细胞中都有哪些成分呢？让学生根据已有知识推测细胞外液中可能含有的化学成分。

组织学生阅读教材第4页血浆的化学组成的表格,讨论分析内环境的组成成分。辨析血浆和组织液、淋巴液的区别,并与海水进行对比。

辨析:1.判断消化道中的消化液、心脏中的血液和膀胱中的尿液是否属于内环境。

2.判断无机盐、葡萄糖、尿素、胰岛素、神经递质、血浆蛋白、抗体、血红蛋白、CO_2、消化酶、蔗糖、红细胞等是否属于内环境。

引导学生将血浆的化学成分进行归类。

【学生活动】

1.根据高中生物必修1所学知识,推测出内环境中有细胞需要获取的营养物质和排出的代谢废物,血浆中含有水、无机盐、气体、有机化合物、代谢废物等。

2.根据内环境的概念及相关知识,辨析细胞膜上、细胞内物质如核酸、呼吸酶等,以及与外界相通的腔如消化道内的消化酶等均不属于内环境。

3.建立自己的分类标准,并根据标准对血浆的成分进行归类。

【设计意图】

1.初步了解内环境的化学组成及关系。

2.根据各种成分的来源和去路,归纳、总结出内环境组分,对内环境的组分进行总结、评价和反思,初步建立进化观。

【评价方式】

通过学生独立思考、小组讨论的方式,考查学生对细胞外液成分的理解情况。

任务四:内环境的理化性质

【教师活动】

提出问题:1.人的红细胞在清水、0.9%的NaCl溶液和10%的NaCl溶液中形态会发生怎样的变化?

2.剧烈运动后产生的乳酸,会不会引起内环境pH发生较大变化?

3.发烧时为什么会有"食而不知其味"的感觉?

引导学生总结出渗透压、酸碱度和温度是细胞外液理化性质的三个主要方面。讲解渗透压的概念,阐明其与溶液浓度的关系。明确影响血浆渗透压大小的主要因素及指标范围。

【学生活动】

通过小组讨论,明确细胞正常生命活动的进行需要适宜的渗透压、酸碱度和温度,从而概括出内环境的相对稳定除了化学成分,还包括这些理化性质。

理解渗透压的概念,概括溶液浓度与渗透压的关系,了解细胞外液渗透压、pH和温度的正常值。

【设计意图】

运用生物学规律和原理,对情境模拟作出预测和解释,并归纳、总结出内环境理化性质的三个主要方面。

【评价方式】

通过学生对生活中常见问题的分析表述,考查学生对相应概念的理解情况。

【课时板书设计】

细胞生活的环境

一、体内细胞生活在细胞外液中

$$
体液\begin{cases}细胞内液\\细胞外液\begin{cases}组织液\\血浆\\淋巴液\end{cases}\end{cases}
$$

二、细胞外液的成分

水（约90%），蛋白质（7%~9%），无机盐（约1%），营养物质、激素、各种代谢废物等。

三、内环境的理化性质

1. 渗透压。

2. 酸碱度。

3. 温度。

[课时作业设计]

请扫码查看作业及答案

细胞生活的环境　第2课时

[学习重难点]

(一)教学重点

构建内环境与外界环境进行物质交换的模型。

(二)教学难点

运用图示和模型等方法阐释内环境为机体细胞提供适宜的生存环境,及机体细胞通过内环境与外界环境进行物质交换的过程。

[课时学习目标]

核心素养	课时学习目标
生命观念	基于机体细胞通过内环境与外界环境实现物质交换的理解,认同生命系统的整体性。
科学思维	用简单示意图表示内环境与外界环境物质交换的关系,发展建模思维能力。
科学探究	针对思考与讨论的内容,结合初中学过的人体、呼吸、循环、排泄等知识,共同讨论相关问题,增进对内环境与外界环境物质交换的理解,认识人体的开放性、整体性及动态平衡性。
社会责任	通过内环境稳态与消化、呼吸、循环、泌尿系统的功能联系示意图,明白人体是一个有机统一的整体,增强爱惜身体、注重健康的意识。

[课时教学过程]

任务一:构建内环境与外界环境间的物质交换模式图

【教师活动】

引入:细胞作为一个开放系统,可以直接与内环境进行物质交换,不断获取进行生命活动所需要的物质,同时又不断排出代谢产生的废物,从而维持正常的生命活动。

设疑:内环境又是如何与外界环境进行物质交换的呢?

思考:1. Na^+、葡萄糖、氨基酸和 O_2 等分别是经过什么途径进入内环境的?

2. 参与维持pH的 HCO_3^-/H_2CO_3 是怎样形成的?这与体内哪些系统的活动有关?

3. 体内细胞产生的代谢废物(如尿素和 CO_2),是通过哪些器官排到体外的?

4. 请你用简单的示意图表示内环境与外界环境的物质交换的关系。

展示消化系统、呼吸系统、泌尿系统、皮肤等结构图片,让学生直观认识后,再讨论物质交换的途径。

【学生活动】

思考并讨论相关问题,总结问题答案。

1. 内环境与外界环境的物质交换过程,需要体内各个系统的参与。

2. 机体的各个部分正常运行和协调一致,共同保证内环境与外界环境之间物质交换的顺利进行。

3.细胞和内环境之间是相互影响、相互作用的。

4.细胞不仅依赖于内环境,也参与了内环境的形成和维持。

【设计意图】

学生通过讨论问题串的形式,加深对内环境与外界环境物质交换关系的理解。

【评价方式】

学生构建内环境与外界环境物质交换动态平衡示意图的情况。

✓ 任务二:总结细胞与内环境、内环境与外界环境的关系

【教师活动】

引导学生阅读教材,并归纳总结细胞与内环境、内环境与外界环境的关系。

【学生活动】

阅读教材,明白细胞和内环境之间是相互影响、相互作用的。归纳总结出内环境与外界环境的物质交换过程:如消化系统将营养物质摄入体内,呼吸系统吸入 O_2、排出 CO_2,泌尿系统把代谢废物、水和无机盐排出体外,循环系统把各种物质运输到机体的相应部位。

【设计意图】

1.用生物与环境相适应的观点,通过展示和交流,建构不同物质进出细胞的生理过程,形成系统观。

2.基于事实了解细胞通过内环境与外界环境进行物质交换的关系。

【评价方式】

学生描述相关生理过程和细胞、内环境与外界环境之间关系的准确性。

[课时板书设计]

细胞通过内环境与外界环境进行物质交换

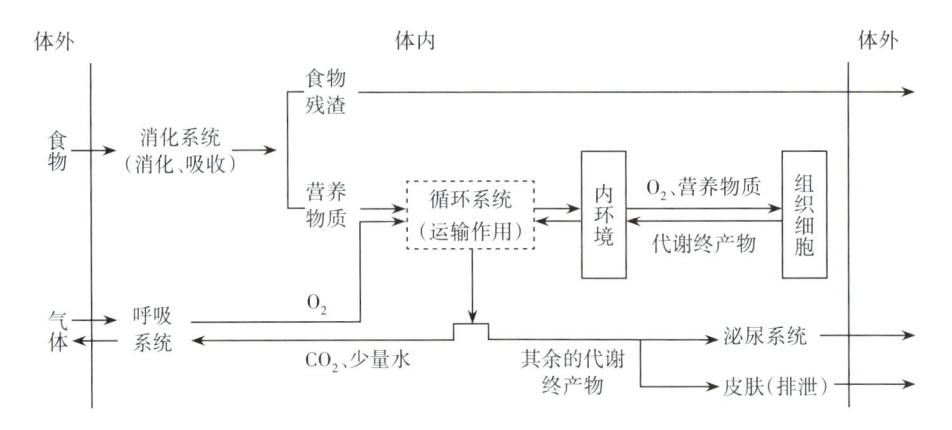

```
体外          体内                                        体外
              食物
              残渣 ─────────────────────────────────────→
食物─消化系统─┤
    (消化、吸收)                      O₂、营养物质
              营养──→┌循环系统┐──→┌内┐─────────────→┌组┐
              物质    │(运输作用)│    │环│              │织│
                     └────────┘    │境│←─────────────│细│
气            O₂                    └──┘ 代谢终产物    │胞│
体─呼吸系统←─┤                                        └──┘
              CO₂、少量水    其余的代谢    泌尿系统─────→
                             终产物       皮肤(排泄)───→
```

[课时作业设计]

请扫码查看作业及答案

内环境的稳态 第3课时

[学习重难点]

(一)教学重点

进行生物体维持pH稳定的模拟探究活动。

(二)教学难点

进行生物体维持pH稳定的模拟探究活动。

[课时学习目标]

核心素养	课时学习目标
生命观念	通过真实问题引发对内环境动态变化的探讨,模拟探究过程体验pH稳定并建立内环境稳态的概念,促进概念的形成和思维的发展。
科学思维	通过课时作业中"酸碱体质理论"的习题练习,提升批判性思维能力和问题解决能力。

续表

核心素养	课时学习目标
科学探究	通过"模拟生物体维持pH的稳定"的探究实践活动,体会模拟实验法、对照实验法、调查法等科学探究的基本方法。
社会责任	领会"稳态让每一个细胞分享,又靠所有细胞共建"的含义,思考个人与社会的关系,增强对家庭、集体和社会的责任感。

[课时教学过程]

任务一:内环境的动态变化

【教师活动】

问题引导:随着外界环境的变化和体内细胞代谢活动的进行,内环境(如血浆)的各种化学成分和理化性质在不断发生变化,内环境会因此而剧烈变动吗?细胞代谢会产生很多酸性物质,如H_2CO_3等;人和动物吃的食物代谢后也会产生一些酸性或碱性物质,这些物质进入内环境,又会使机体的pH发生怎样的变化呢?接下来我们通过一个探究实践活动——模拟生物体维持pH的稳定,来帮助我们解答这些问题。

材料准备:从市场购买新鲜鸡蛋、土豆、鸡肝等,可以准备两种或两种以上的生物材料,比较不同生物材料的缓冲能力和范围。鸡蛋清、土豆匀浆、肝匀浆可以现用现取,也可以置于密闭塑料容器中冻存冰箱。鸡蛋清使用前加入4倍体积的自来水后充分研磨,用3~4层纱布过滤一遍。土豆去皮后切块,将一定质量的土豆块放入料理机,分批加入4倍质量的自来水打成匀浆,用3~4层纱布过滤一遍。土豆研磨液容易氧化成褐色,但不影响实验结果。肝匀浆可以冷冻后再化冻使用,更易研磨。若要进行多次重复实验,应保证每一批实验所用的材料相同。还需准备自来水、pH为7的磷酸盐缓冲液、0.1 mol/L的HCl、0.1 mol/L的NaOH。测量pH可采用普通pH试纸或者pH计。

预实验:教师可以先进行预实验,检测pH的变化范围。

实验讲解:讲解实验具体步骤和过程。

【学生活动】

阅读教材,了解实验目的,熟悉方法步骤,绘制实验结果表格。

【设计意图】

通过了解探究实验的过程,激发学生动手操作的兴趣和热情。

【评价方式】

学生阅读教材及实验准备工作的情况。

任务二：做"模拟生物体维持pH的稳定"实验

【教师活动】

指导学生做实验。

【学生活动】

1.按照以下表格进行实验，逐滴滴入酸或碱，搅拌均匀后测量pH，记录数据。鸡蛋清稀释或摇匀时会产生大量气泡，在测量pH时应将泡沫弃去，否则会影响测量的pH准确度。

2.学生将实验数据描绘在坐标纸上，或者输入Excel等统计软件进行分析并作图，以酸或碱的滴数为横坐标，以酸碱度为纵坐标，画出酸碱度变化的曲线图，比较不同实验材料的缓冲能力。

	0.1 mol/L的HCl滴数							0.1 mol/L的NaOH滴数						
	0	5	10	15	20	25	30	0	5	10	15	20	25	30
自来水														
缓冲液														
土豆匀浆														
鸡蛋清														
肝匀浆														

【设计意图】

1.通过学生亲历实验过程，比较自来水、磷酸缓冲溶液、一种或几种生物材料在滴加酸或者碱溶液之后的pH变化，使学生意识到生物体是一个缓冲系统，通过缓冲物质维持自身内环境pH的相对稳定。

2.通过实验能更好地帮助学生理解生物体pH相对稳定的原理，认识到不同生物材料在缓冲能力上的差异，有助于学生形成稳态与平衡观。

【评价方式】

学生绘制统计曲线的情况及总结实验结论的情况。

任务三：稳态的概念

【教师活动】

总结：人体内环境中也有很多缓冲对，其中最重要的是 HCO_3^-/H_2CO_3，其次还有 $HPO_4^{2-}/H_2PO_4^-$ 等。当一定量的酸性或碱性物质进入后，内环境的 pH 仍能维持在一定范围内。

组织学生阅读教材第 8 页的内容，思考：内环境的其他化学成分和理化性质也维持在一定范围内吗？什么是稳态？

【学生活动】

1. 阅读教材后，明确体温、血糖、血脂以及渗透压等理化性质都是不断变化的，但都处于一定的范围内。

2. 描述稳态的概念。

【设计意图】

稳态概念是本节学习的重点和难点，通过学生对实验结论的总结及阅读教材，将内环境的动态变化、理化性质等抽象内容具体化，丰富学生对内环境稳态的感性认识。

【评价方式】

学生对稳态概念的理解情况。

【课时板书设计】

内环境的稳态

一、实验：模拟生物体维持 pH 的稳定

1. 实验目的。

2. 材料用具。

3. 方法步骤。

4. 实验结果。

	0.1 mol/L的HCl滴数							0.1 mol/L的NaOH滴数						
	0	5	10	15	20	25	30	0	5	10	15	20	25	30
自来水														
缓冲液														
土豆匀浆														
鸡蛋清														
肝匀浆														

二、稳态的概念：正常机体通过调节作用，使各个器官、系统协调活动，共同维持内环境的相对稳定状态叫作稳态。

[课时作业设计]

请扫码查看作业及答案

内环境的稳态　第4课时

[学习重难点]

(一)教学重点

内环境的组成及其理化性质。

(二)教学难点

内环境的组成及其理化性质。

[课时学习目标]

核心素养	课时学习目标
生命观念	认同生命系统的整体性；通过理解稳态是内环境成分及理化性质所处的相对稳定的动态变化，认同生命系统的动态平衡特性。
科学思维	通过实践活动——调查体温的日变化规律，为内环境稳态提供了又一生动的实例，对体温相对恒定的认识从定性的感知水平上升到定量的理性水平。

续表

核心素养	课时学习目标
科学探究	通过思考与讨论活动,分析常见病例的病因与危害,理解稳态的调节能力具有一定的限度。
社会责任	通过充分利用学生经验进行探究活动,促进思考,养成自我保健意识和健康的生活习惯。

[课时教学过程]

✓ 任务一:创设情境,导入新课

【教师活动】

创设情境:展示教材提供的血液生化检验结果报告单。

提出问题:从化验单中读到哪些信息?图表中的上、下箭头代表什么含义?能说明什么?其对机体可能会有什么影响呢?

【学生活动】

观察血液生化检验结果报告单中的各项指标和参考值。分组讨论,综合回答教师提出的问题及教材中的三个讨论题。

【设计意图】

通过创设情境,引导学生初步认识内环境稳态的特征和意义。

【评价方式】

学生讨论的情况以及过程中是否认真。

✓ 任务二:稳态的概念

【教师活动】

引导学生概括模拟生物体维持pH稳定的探究结论,指导分析缓冲对在维持内环境pH稳定中发挥的作用。

提出问题:人的正常体温一般都是接近37 ℃吗?

引导分析:尽管气温波动范围大,但健康人的体温始终接近37 ℃。不仅体温如此,健康人体的内环境中每一种成分如血糖、血脂、渗透压等也存在类似的情况,都处于一定的范围内。

提出问题:这样的动态平衡是如何实现的呢？你能否根据以上讨论及自己的理解概括出稳态的主要含义？

【学生活动】

1.分析缓冲对在维持内环境pH稳定中的作用。

2.结合自己的日常生活回答问题。

3.讨论得出结论:稳态是机体维持相对稳定状态的特征和能力,不仅仅是一种状态。

【设计意图】

通过实例分析,领会内环境的动态变化,总结稳态的含义,从而培养概括和科学思维能力。

【评价方式】

学生讨论的情况及正确度与全面度。

任务三:稳态的调节机制

【教师活动】

展示教材第9页图1-4,组织学生回答以下问题。

1.从图中可以看出,有哪些器官、系统参与协调维持内环境稳态？

2.如果泌尿、消化、呼吸、循环等系统功能衰竭,对内环境稳态造成的影响分别是什么？

组织学生阅读教材第10页上半页的内容,思考以下问题。

1.贝尔纳提出的观点是什么？

2.坎农对贝尔纳的观点做了什么修正？

3.现代分子生物学研究说明稳态调节机制是什么？

4.科学家对内环境稳态调节机制的认知经历了哪几个阶段才逐步完善的？

【学生活动】

阅读教材,回答教师提出的问题。

【设计意图】

通过观察、阅读活动,认识稳态调节的建立过程,理解稳态与平衡观,培养科学精神。

【评价方式】

学生的思考结果及修正的情况。

任务四:思考讨论,联系实际

【教师活动】

运用教材第10页思考与讨论栏目中的实例,进行讨论分析活动。

提出问题:思考与讨论中列出的三种情况,说明了什么?

回扣本节问题探讨,思考为什么血液的生化指标能反映机体的健康状况。

【学生活动】

讨论、分析教材第10页思考与讨论栏目中的思考题。

讨论得出结论:人体维持稳态的调节能力是有一定限度的。

【设计意图】

运用所学知识分析实际问题,并用知识指导自己健康生活。

【评价方式】

学生对生活中常见问题的分析和表述情况。

任务五:稳态的重要意义

【教师活动】

提出一系列相关联的问题,引导学生分析内环境稳态与细胞代谢的关系。

1. 细胞代谢与能量有什么关系?

2. 血糖浓度、血液含氧量对细胞代谢有什么影响?

3. 细胞代谢与酶的关系是什么?

4. 酶的活性与pH和温度有什么关系?

引导总结:内环境稳态与机体正常生命活动的关系。

课外实践:调查体温的日变化规律,完成家庭成员一日内体温变化调查表,并得出相应结论。

【学生活动】

思考讨论并回答教师提出的问题。

分析得出只有温度、pH在适宜范围内,细胞代谢的酶才能正常发挥作用,即内环境稳态是机体进行正常生命活动的必要条件。

课外活动:完成家庭成员一日内体温变化调查表,根据调查数据,在同一坐标系中绘制家庭成员一日内体温变化曲线图(用不同颜色的线表示不同成员的体温变化情况),得出相应结论。

【设计意图】

通过问题串及课外实践活动,让学生认同内环境稳态是机体进行正常生命活动的必要条件。

【评价方式】

学生说出内环境稳态意义的情况。

【课时板书设计】

内环境的稳态

一、内环境稳态的概念和特征

二、内环境稳态的主要调节机制:神经—体液—免疫调节网络

三、认同内环境稳态的意义:机体正常生命活动的必要条件

[课时作业设计]

请扫码查看作业及答案

第 2 单元

神经调节

一、单元主题及解读

单元主题：调节机体稳态并闪耀着智慧光芒的"信息之网"

本章围绕"神经系统是如何实现各个器官、系统协调一致的"这一核心问题，凸显结构与功能相适应的生命观念。基于神经系统结构和功能相适应的认识，理解神经系统是一个信息网络，其作用是实现各个器官、系统的协调一致，认同信息流在生命活动中的重要作用，进一步建立生命的系统性观念，渗透进化与适应的生命观念。学生结合具体问题情境，运用科学思维方法，分析解释相关问题。例如运用反射活动的方式和路径，分析阿尔茨海默病等常见神经调节障碍产生的原因，以此加强对学生逻辑思维和批判性思维能力的训练。针对实际生活中某一具体的神经调节障碍发生原因的探究，引导学生提出有价值的问题，并运用科学探究的基本步骤和方法，探究相关问题，提升学生的科学探究素养。

通过组织学生整理人脑科学研究进展综述、走访戒毒所及调查毒瘾戒除方法、查找远离阿尔茨海默病的策略等综合实践活动，让学生认识到人体通过正常完整的神经系统结构以实现人体内环境快速高效的协调统一，人体健康的可贵，以此形成珍爱生命、关爱他人并敬畏生命的观念。

学习科学知识的最终目的是科学、健康、快乐地生活。关于记忆的学习，能够帮助学生运用这些规律提高学习效率。通过调查经常熬夜学习的危害等活动，让学生养成科学、健康、良好的学习和生活习惯。通过对"滥用兴奋剂、吸食毒品的危害"内容的学习，让学生关注滥用兴奋剂和吸食毒品的危害，并引导学生向他人宣传这些危害，拒绝毒品，培养良善爱人、尊重生命的品质。

建立神经系统网络与稳态调节的关系，与神经解剖学和心理学有着密不可分的联系。通过让学生走访医院的神经内科的方式，了解神经内科类疾病的基本检查项目、检查手段、身体机能异常与神经系统结构之间的关系，以及部分相关疾病的预防措施，让学生进一步加深对神经系统结构与功能关系的认识，感受作为神经内科医生的责任和担当，并对这个职业有深入的了解。通过学生了解行为心理学治疗强迫症的机理和案例等活动，让学生对条件反射机制与脑科学、心理学的联系有更深刻的认识。通过学生查询行为心理学流派、运用心理学领域等知识，可以让学生在生活和学习中科学地面对心理障碍甚至心理问题，积极健康地生活，从而对心理咨询师这个职业有更全面的认识。在这些活动中基于学生对生物学知识的学习，学生能够深入理解并迁移应用，体验生活、规划生涯、发展生涯。

二、单元概念关系图

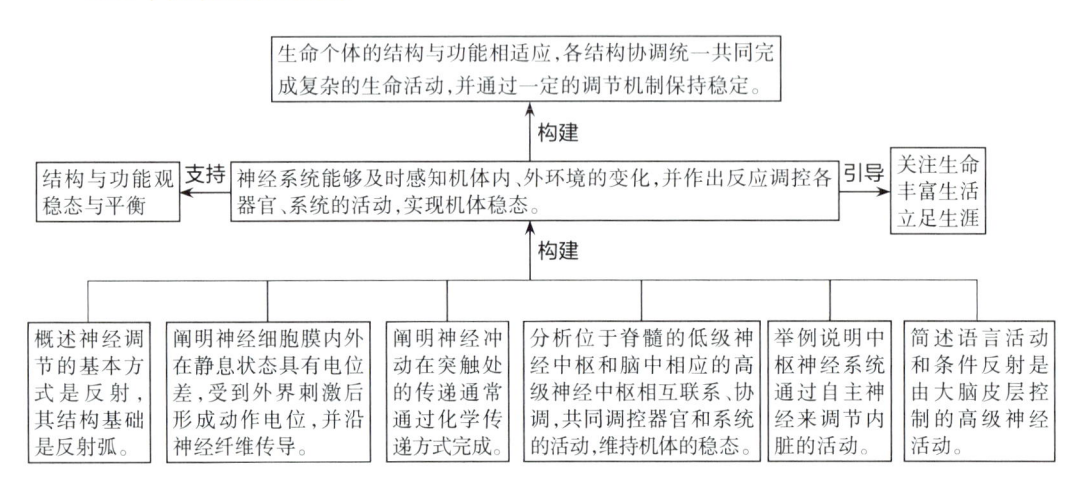

```
                    ┌─────────────────────────────────────────┐
                    │ 生命个体的结构与功能相适应，各结构协调统一共同完 │
                    │ 成复杂的生命活动，并通过一定的调节机制保持稳定。 │
                    └─────────────────────────────────────────┘
                                        ↑ 构建
┌──────────┐  支持  ┌─────────────────────────────────────┐  引导  ┌──────────┐
│ 结构与功能观 │ ───→ │ 神经系统能够及时感知机体内、外环境的变化， │ ───→ │ 关注生命 │
│ 稳态与平衡  │      │ 并作出反应调控各器官、系统的活动，实现机体稳态。│      │ 丰富生活 │
└──────────┘        └─────────────────────────────────────┘        │ 立足生涯 │
                                        ↑ 构建                      └──────────┘
    ┌─────────┬─────────┬─────────┬─────────┬─────────┬─────────┐
    │         │         │         │         │         │         │
┌───────┐ ┌───────┐ ┌───────┐ ┌───────┐ ┌───────┐ ┌───────┐
│概述神经调│ │阐明神经细│ │阐明神经冲│ │分析位于脊│ │举例说明中│ │简述语言活│
│节的基本方│ │胞膜内外 │ │动在突触处│ │髓的低级神│ │枢神经系统│ │动和条件反│
│式是反射， │ │在静息状态│ │的传递通常│ │经中枢和脑│ │通过自主神│ │射是由大脑│
│其结构基础│ │具有电位 │ │通过化学传│ │中相应的高│ │经来调节内│ │皮层控制 │
│是反射弧。 │ │差，受到外界│ │递方式完成。│ │级神经中枢│ │脏的活动。 │ │的高级神经│
│         │ │刺激后形成│ │         │ │相互联系、协│ │         │ │活动。    │
│         │ │动作电位，并│ │         │ │调，共同调控│ │         │ │         │
│         │ │沿神经纤维│ │         │ │器官和系统│ │         │ │         │
│         │ │传导。    │ │         │ │的活动，维持│ │         │ │         │
│         │ │         │ │         │ │机体的稳态。│ │         │ │         │
└───────┘ └───────┘ └───────┘ └───────┘ └───────┘ └───────┘
```

三、单元导航图

核心素养	学习目标	关键问题	学习任务	课时
生命观念	通过对神经调节的结构基础、方式、神经冲动的产生和传导、神经系统的分级调节及人脑高级的学习，深化结构与功能观。基于对神经系统是一个信息网络的理解，认同信息流在生命活动中具有重要作用，建立生命的系统观、信息观。通过具体案例分析，深化稳态与调节观、适应观。认识生命的结构与物质属性，敬畏生命。	中枢神经系统包括哪些组成部分？ 外周神经系统包括哪些组成部分？ 自主神经系统包括哪两部分，其作用特点是什么？ 组成神经系统的2类细胞有什么特点和功能？ 什么是反射，有哪些类型？ 反射弧的结构组成是怎样的？ 大脑皮层在神经调节中起什么作用？又是如何起作用的？ 大脑有哪些高级功能？研究大脑的结构和功能有什么重要意义呢？	任务1："信息之网"的构成：总结神经系统的基本组成。	第1、2课时
			任务2："信息之网"的自主部分及组成单位：构建自主神经系统；认识组成神经系统的细胞。	
科学思维	通过生物学史或实验数据，培养归纳、信息获取、证据导向的科学思维。		任务3："信息之网"的工作方式：认识反射及其种类，分析反射弧的组成及功能；讨论条件反射和非条件反射的关系及条件反射建立的意义。	第3课时
科学探究	通过实验分析能够区分假说与预期，分析科学史"生物电的发现"资料和实验事实，培养科学探究能力。	神经冲动是如何在神经纤维上产生并传导的？ 兴奋在突触处是如何传递的？	任务4："信息之网"的调节机制1：分析兴奋的产生及传导过程。	第4、5课时
			任务5："信息之网"的调节机制2：建构兴奋在突触处传递的过程，讨论滥用兴奋剂和吸食毒品的危害，拓展兴奋传导、传递的比较及应用。	
社会责任	通过分析滥用兴奋剂和吸食毒品的危害，让学生远离毒品，并培养愿意向他人宣传毒品的社会责任意识。分析事实资料，理解人的大脑皮层具有与语言相关的中枢，能基于所学，提高学习效率、调整自己的情绪、健康享受美好的生活。能够运用分级调节原理来分析相关疾病的原因。引导学生珍爱生命、敬畏生命，并科学、健康积极地生活。	低级中枢和高级中枢怎样相互联系、相互协调以实现调节？ 神经系统是如何对内脏活动进行分级调节的？ 人类的语言、学习和记忆等高级神经活动的基础是什么？ 学习与记忆的过程是怎样的？	任务6："信息之网"的调节特点：构建神经系统对躯体运动、内脏活动的分级调控过程；比较二者活动调节的特点。	第6课时
		条件反射是怎样形成的？ 为什么不能滥用兴奋剂和吸食毒品？ 在日常生活中，如何克服消极情绪，维持情绪稳定？	任务7："信息之网"的CPU：认识人脑的高级功能；通过言语区对应语言功能关系，学习与记忆对应结构关系，认同结构与功能相适应的观念。运用规律提高学习效率，积极、健康地享受美好生活。	第7课时

四、任务活动和课时设计

课时	任务	活动
第1课时	任务1：总结神经系统的基本组成。	活动1：通过分析滑雪运动员完美展现两周偏轴转体四圈半1620跳视频的过程，引入神经系统，并概述神经系统的组成，让学生形成概念图。
第2课时	任务2：构建自主神经系统的组成与功能；认识组成神经系统的细胞。	活动2-1：通过观察、认识神经元、神经胶质细胞，认识其结构与功能。 活动2-2：通过分析"思考·讨论"的实例，认识内脏运动神经的作用特点。 活动2-3：共同构建神经细胞—神经系统的完整概念图。
第3课时	任务3：认识反射及其种类，分析反射弧的组成及功能；讨论条件反射和非条件反射的关系及条件反射建立的意义。	活动3-1：通过分析缩手反射和膝跳反射的具体例子，说明反射的概念和反射弧的组成。 活动3-2：通过巴甫洛夫经典条件反射建立实验，比较条件反射和非条件反射的异同，认同二者的关系和条件反射增强适应环境的意义。 活动3-3：学生分享自己家宠物建立条件反射的实例过程。
第4课时	任务4：分析兴奋的产生及传导过程。	活动4：分析生物学史或实验数据，明晰神经冲动的产生和传导的机理，培养学生归纳、信息获取、证据论证的科学思维。
第5课时	任务5：建构兴奋在突触处传递的过程，讨论滥用兴奋剂和吸食毒品的危害，拓展兴奋传导、传递的比较及应用。	活动5-1：通过观察突触电镜图和模式图，认识突触的结构。 活动5-2：分析科学史资料和实验事实，认识突触传递的特点和分子机制，培养严谨归纳、推断的科学思维。 活动5-3：分析滥用兴奋剂和吸食毒品的危害，认同科学健康生活的方式，远离毒品，并培养愿意向他人宣传毒品的社会责任意识。
第6课时	任务6：构建神经系统对躯体运动、内脏活动的分级调控过程；比较二者活动调节的特点。	活动6：分析事实资料，理解低级中枢和高级中枢相互联系、相互协调以维持机体稳态；运用分级调节原理分析相关疾病的原因，指导自己健康生活。
第7课时	任务7：认识人脑的高级功能；通过言语区对应语言功能关系，学习与记忆对应结构关系，认同结构与功能相适应的观念。运用规律提高学习效率，积极、健康地享受美好生活。	活动7：分析事实资料，理解人的大脑皮层具有与语言相关的中枢，分别负责听、说、读、写。学习与记忆、情绪等都是大脑的高级功能；并能基于所学，提高学习效率、调整自己的情绪，享受健康、美好的生活。

五、单元作业设计

课时	评价目标	作业类型	核心素养	学业质量水平
第1课时	认识神经系统的基本结构包括中枢神经系统和外周神经系统各自的结构组成及功能。	课堂作业（口头表述）课后作业（书面习题和概念图梳理）	生命观念1	1-3
第2课时	认识自主神经系统的组成及功能、组成神经系统的细胞类型的结构及功能。	课堂作业（口头表述）课后作业（书面习题和概念图梳理）	生命观念1	1-3
第3课时	落实概念模型：神经调节的基本方式是反射，反射完成的结构基础是反射弧；分析反射的过程并理解反射弧各个结构的功能。基于条件反射建立的过程，认同条件反射与非条件反射对人和动物适应环境的重要意义。	课堂作业（口头表述）课后作业（书面习题）	生命观念1 科学思维2 科学探究3	1-4 2-2 3-2
第4课时	能够基于具体情境分析兴奋在神经纤维上产生和传导的过程。	课堂作业（口头表述）课后作业（书面习题）	生命观念1 科学思维2	1-4 2-2
第5课时	基于具体情境分析兴奋在突触处传递的过程；讨论滥用兴奋剂和吸食毒品的危害；基于具体情境比较兴奋传导与传递过程。	课堂作业（口头表述）课后作业（书面习题和情境分析）	生命观念1 科学思维2 社会责任4	1-4 2-2 4-1
第6课时	基于具体情境分析神经系统对躯体运动、内脏活动的分级调控过程并比较二者活动调节的特点。	课堂作业（构建模型和口头表述）课后作业（书面习题和情境分析）	生命观念1	1-3
第7课时	认识人脑的高级功能有语言、学习和记忆、情绪等；了解这些功能对应的脑部结构及相应规律，并运用规律提高学习效率，积极、健康地享受美好生活。	课堂作业（口头表述）课后作业（书面习题、情境分析和调查报告）	生命观念1 社会责任4	1-3 4-1

六、课时教学设计

神经调节的结构基础　第1、2课时

[学习重难点]

(一)学习重点

1.神经系统的基本结构。

2.神经元的结构与功能。

(二)学习难点

交感神经与副交感神经的作用特点。

[课时学习目标]

核心素养	课时学习目标
生命观念	通过学习形成结构与功能观,并能运用该观念分析和解释较为复杂情境中的生命现象,并能指导他人健康地生活。
科学思维	通过分析自主神经系统对内脏运动神经的作用特点,拓展根据现象寻找本质原因的溯因思维。
科学探究	通过思考与讨论活动,认识内脏运动神经的作用特点,提升归纳信息和探究能力。
社会责任	通过关注与神经调节相关的营养、健康等问题,运用相关知识指导自己的健康生活。

[课时教学过程]

任务一:借助教材问题情境,引入本章

【教师活动】

引入:通过对第一单元的学习,我们知道内环境稳态是机体进行正常生命活动的必要条件。内环境稳态的调节网络是神经—体液—免疫,首先学习神经调节,接下来的单元我们将逐一学习调节网络的结构组成和功能。

组织学生阅读教材第15页的内容。初步引导学生尝试思考问题:神经系统有哪些基本结构?它是如何调节人体生命活动的?大脑皮层作为最高级的神经中枢,在

神经调节中起什么作用？又是如何起作用的？大脑有哪些高级功能？研究大脑的结构和功能有什么重要意义？

【学生活动】

自主阅读、体会材料、初步尝试思考问题。

【设计意图】

通过引入内容将第一单元和后面的神经、体液、免疫调节单元建立逻辑联系，让学生明确学习本单元的意义。通过自主阅读教材，尝试思考问题，在激发学生学习兴趣的同时，初步对神经调节形成以下概念感知：调节内环境稳态、信息网络、神经系统。

【评价方式】

学生回答问题的积极性及自主学习落实的情况。

任务二：创设情境，引入新课

【教师活动】

播放滑雪运动员完美展现两周偏轴转体四圈半1620跳的视频。

思考：运动员滑动、转体等各种复杂动作的完成主要受神经系统的哪个器官支配？心跳和呼吸加快也受神经系统支配吗？

待学生发言后，引导学生认识人体作出各种复杂动作并迅速作出反应，是一个快速而协调的过程，需要躯体多个器官、系统的配合。而在这种快速配合的达成中，神经调节扮演了主要角色。

【学生活动】

认真观看视频，积极回答问题，结论落实到教材。

【设计意图】

从学生感兴趣的事例引入内容，激发学生的学习兴趣。通过问题引导尝试让学生明白神经调节的特点，了解生命活动的正常进行离不开神经调节。从结构与功能相适应的角度，自然过渡到本节重点内容：神经调节的基本结构。

【评价方式】

学生观看视频的关注度、回答问题的积极性、落实教材的准确性。

任务三：神经系统的基本结构

【教师活动】

思考：神经系统的调控，为什么能使得机体保持高度的协调与稳定？它的结构是怎样的？

引导学生共同构建以下概念的概念图：中枢神经系统、外周神经系统、脑、脊髓、大脑、小脑、脑干、下丘脑、神经、脊神经、脑神经、传入神经、传出神经、躯体运动神经、内脏运动神经。

师生共同梳理概念图中的以下细节问题。

1. 组织学生自主学习教材第17页图2-1神经系统基本结构示意图中各个结构的功能。
2. 补充生物节律的含义：生物的生命活动呈周期性变化规律，生物节律的实例：潮汐节律、年节律、月节律、日节律。
3. 通过辨析得出：大脑不等同于脑；神经中枢也不等同于中枢神经系统。
4. 概念图的运用，例如：支配躯体运动的全部神经就是外周神经系统。

【学生活动】

积极回答问题，思考并构建神经系统组成的概念图。

【设计意图】

通过构建概念图，可以有效地将神经系统的基本结构组成由很多的专业词汇形成的有序整体。通过概念辨析，让学生清晰各个结构之间的逻辑、组成关系。

【评价方式】

学生构建概念图的完整性，回答问题的积极性和准确性及课堂参与度。

任务四：自主神经系统组成与功能

【教师活动】

组织学生阅读教材第18页"内脏运动神经的作用特点"，讨论以下问题。

1. 你可以控制自己是否跑开，但却不能控制自己的心跳，这是为什么呢？
2. 如果你的呼吸或者心跳都必须在你的意识支配下完成，将会出现什么结果？

3.长跑或静坐时,呼吸、心率和肠胃蠕动是怎样变化的? 比较在这两种不同状况下这些生理活动变化的特点,你能发现什么规律?

根据讨论引出躯体运动神经与内脏运动神经作用特点的差异,根据内脏自主神经作用的特点引出自主神经系统的概念。

引导学生结合教材第19页图2-2自主神经系统的组成和功能示例图,自主学习正文关于交感神经和副交感神经的功能及作用特点,思考并讨论以下问题。

1.结合自身情况体会、分析为什么人体兴奋时,会产生心跳加快、支气管扩张、胃肠蠕动、消化腺的分泌活动减弱等现象?

2.人体安静时更有利于消化和营养物质的吸收吗?

引导学生记忆交感神经和副交感神经的作用特点,让学生交流自己记忆的方式和成果。

【学生活动】

阅读教材,自主讨论相应问题。

【设计意图】

根据情境得到概念,通过自学内化概念,深入问题理解概念。记忆结果的展示活动为本单元最后一节科学用脑的学习作铺垫。

【评价方式】

学生回答问题的积极性和准确性,课堂参与度。

任务五:认识组成神经系统的细胞

【教师活动】

展示显微镜下神经元、神经胶质的细胞结构图。

引导学生认识教材第20页图2-3神经元结构示意图。

师生共同构建以下概念图:神经元、神经胶质细胞、细胞体、树突、轴突、神经纤维、神经、神经末梢。

组织学生自主学习神经细胞各个结构的功能。

【学生活动】

识图、构建概念图、自主学习。

【设计意图】

通过真实图片初步认识神经细胞，了解神经元结构示意图，深入认识神经细胞结构，构建概念图并梳理各个结构关系。自学落实各个结构的功能并再次内化概念图中各个结构的关系。

【评价方式】

学生回答问题的积极性、准确性，课堂参与的情况。

任务六：课堂小结

【教师活动】

师生共同构建：神经细胞—神经系统的完整概念图。

【学生活动】

共同参与。

【设计意图】

形成完整概念框架。

【评价方式】

构建概念图的完整性、准确性、课堂参与的情况。

【课时板书设计】

神经调节的结构基础

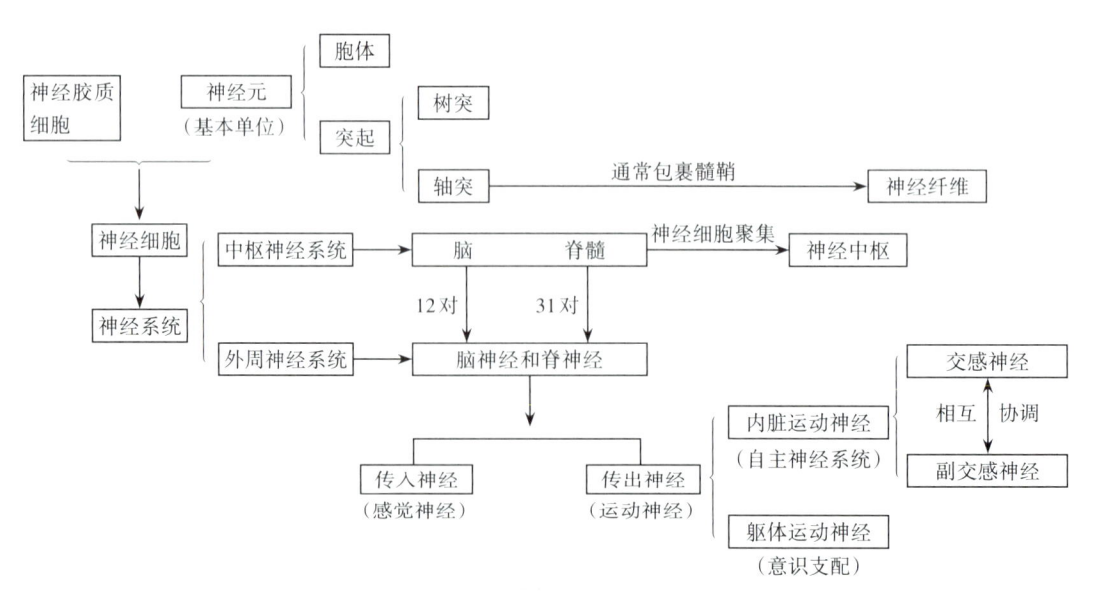

```
                      ┌ 胞体
          ┌ 神经元   ┤          ┌ 树突
神经胶质  │(基本单位)└ 突起   ┤
细胞      │                    └ 轴突 ──通常包裹髓鞘── 神经纤维
          │
神经细胞  ┤  ┌ 中枢神经系统 ─ 脑  脊髓 ──神经细胞聚集── 神经中枢
          │  │                 12对  31对
神经系统  ┤  │
          └──┤                                          ┌ 交感神经
             │                        ┌ 内脏运动神经 ┤ 相互 协调
             └ 外周神经系统 ─ 脑神经和脊神经 │ (自主神经系统)└ 副交感神经
                                    ┌──┴──┐
                                 传入神经 传出神经   └ 躯体运动神经
                                 (感觉神经)(运动神经)     (意识支配)
```

[课时作业设计]

请扫码查看作业及答案

神经调节的基本方式　第3课时

[学习重难点]

(一)学习重点

1.反射弧的组成。

2.核心概念:反射、兴奋。

3.反射的过程。

4.条件反射的建立,条件反射与非条件反射的关系。

(二)学习难点

1.反射弧的组成。

2.反射的过程。

3.条件反射的建立,条件反射与非条件反射的关系。

[课时学习目标]

核心素养	课时学习目标
生命观念	通过分析缩手反射和膝跳反射的具体例子,说明反射的概念和反射弧的组成。
	通过巴甫洛夫经典条件反射建立实验,比较条件反射和非条件反射的异同,认同二者的关系和条件反射增强适应环境的意义。
科学思维	利用巴甫洛夫经典条件反射原理建立实验,分析实验过程。
科学探究	利用巴甫洛夫经典条件反射原理建立实验,体会科学家严谨的探究过程。
社会责任	通过案例引导,养成关注前沿科学,关注神经科学进展的意识。

[课时教学过程]

任务一:情境回顾

【教师活动】

组织学生阅读教材第22页问题探讨的情境,思考以下问题。

1.问题探讨中的情境,我们多半都有经历过,上述生理过程在生物学中称为什么?

2.在日常生活中,你还知道哪些反射的实例?

3.通过初中的学习,你知道反射可分为哪些类型?

列举生活经验,引导学生回顾并说出常见的两类反射:非条件反射(膝跳反射、吸吮反射),条件反射。

【学生活动】

思考、回忆初中知识并回答问题。

【设计意图】

通过引入生活中的事例,激发学生学习兴趣。以问题的形式唤醒学生初中所学知识(反射现象、反射类型)的记忆。

【评价方式】

学生回答问题的准确度。

任务二:反射的概念、两种类型的区别与意义

【教师活动】

引入案例:当你的手不小心触碰到火或尖锐的东西时,你手上的感觉神经末梢接受到这种刺激,并将信息传到神经中枢,神经中枢发出信息,你迅速地将手缩回。(教师辅以形象的动作,以上的过程也可以尝试引导学生自己描述出来,突出反射过程中的关键结构词语:感觉神经末梢、神经中枢)。

导出概念:提出反射与反射弧的概念。

思考:1.中枢神经系统的组成有哪些?

2.刺激的来源是什么?(内外刺激的含义)

组织学生阅读教材第24页图2-5条件反射的建立过程示意图,引导学生描述巴甫洛夫的经典实验过程。

思考:1.狗在单独铃声刺激下分泌唾液与食物刺激下分泌唾液的反射过程各有什么特点?

2.该案例反映了条件反射的建立与非条件反射的关系是怎样的?

3.如果之后铃声反复单独出现而没有食物,则铃声引起的唾液分泌量会逐渐减少,最后完全没有。说明在什么样的条件下,条件反射会出现消退呢?

4.针对复杂多变的外界环境,人和动物不断建立自身的条件反射,有什么重要意义?

【学生活动】

1.学生根据教材提问,表达自己的想法。

2.回归教材,师生共同交流。

3.学生感知科学家研究的严谨性。

4.学生回答问题。

【设计意图】

在学生已知的事实基础上建构概念,在学生的原有认知上深化概念;通过生物学史中的经典实验,使学生认识到非条件反射与条件反射的区别、关系和意义,同时训练学生的科学思维、科学探究能力;通过深入剖析问题,使学生认识到条件反射与非条件反射各自的特点,条件反射的建立与非条件反射的关系,并明白条件反射的建立使得机体具有更强的预见性、灵活性和适应性,提高学生对复杂多变环境的适应能力。

【评价方式】

学生在表达过程中的表达水平、对于专业词汇的界定情况;学生对概念的认识情况;学生回答问题的准确性、全面性。

任务三:反射的结构基础:反射弧

【教师活动】

提出问题:经过初中的学习,我们知道完成反射的结构基础是什么?反射弧包括哪些结构呢?

组织学生仔细观察教材第22~23页缩手反射和膝跳反射的示意图。

思考:缩手反射与膝跳反射的反射弧都是由哪些部分组成的?

播放缩手反射、膝跳反射相关动画演示视频。

思考:反射弧中各个结构的关键动作是怎样的?

总结:1.兴奋的概念。

2.感受器、传入神经、神经中枢、传出神经、效应器各个结构的作用。

【学生活动】

1.思考并回答问题。

2.观看视频动画后尝试表述、回答。

3.总结、整理。

【设计意图】

回顾初中旧知,引起学生兴趣。通过事实构建反射过程模型,强化学生的认知。

【评价方式】

学生表达的准确、完整情况及在反射过程模型上归纳、整理的完整度。

✓ 任务四:脑与脊髓的关系

【教师活动】

情境回顾,提出问题:1.如果你的手被玫瑰刺扎了一下,你迅速把手缩了回来,然后感觉到了疼痛,紧接着你意识到手被扎了,为什么你缩了手才感觉到疼痛呢?

2.这样的先后顺序,对于生物适应环境有什么意义?

【学生活动】

阅读教材,思考并回答问题。

【设计意图】

通过真实情境思考问题,为分级调节的学习埋下伏笔。

【评价方式】

学生回答问题的情况、认同进化与适应的生命观念情况。

【课时板书设计】

反射的结构基础

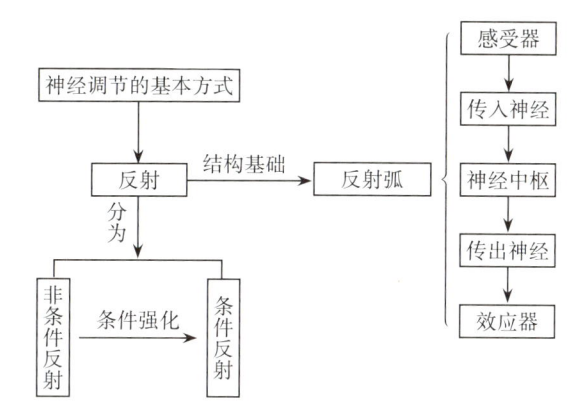

```
神经调节的基本方式
        ↓                              ┌── 感受器
        反射 ──结构基础── 反射弧 ──┤    传入神经
        ↓分为                         │    神经中枢
   ┌────┴────┐                        │    传出神经
   非条件反射 ─条件强化─ 条件反射    └── 效应器
```

[课时作业设计]

请扫码查看作业及答案

神经冲动的产生和传导　第4、5课时

[学习重难点]

(一)学习重点

兴奋在神经纤维上的产生及传导机制。

(二)学习难点

1.兴奋在神经纤维上的产生及传导机制。

2.突触传递的过程及特点。

[课时学习目标]

核心素养	课时学习目标
生命观念	阐明兴奋的产生及在神经纤维上传导的机理;认识突触的结构,描述兴奋通过突触传递的过程。深化结构与功能观、稳态与平衡观。

续表

核心素养	课时学习目标
科学思维	通过科学史资料及相关实验材料,分析兴奋在神经纤维上的传导及在神经元之间的传递过程,培养严谨归纳、证据导向的科学思维。
科学探究	分析科学史资料及相关实验材料,从中学习科学探究的过程。
社会责任	分析滥用兴奋剂和吸食毒品的危害,认同科学、健康的生活方式,远离毒品,并自觉承担宣传毒品危害的社会责任。

[课时教学过程]

任务一:创设情境,引入新课

【教师活动】

播放滑雪运动员起跑反应阶段的视频,并用多媒体展示完整反射弧的结构模式图。

提出问题:1.从运动员听到枪响到作出起跑的反应,信号的传导经过了哪些结构?(与学生一起回顾完整反射弧的结构)

2.核心问题:兴奋在反射弧中以什么形式传导?怎样传导?

【学生活动】

观看视频,思考回答问题。

【设计意图】

通过视频激发学生学习兴趣;通过核心问题导入新课。

【评价方式】

学生参与活动和回答问题的积极性。

任务二:兴奋在神经纤维上的传导

【教师活动】

借助多媒体展示神经纤维的结构示意图:突触+髓鞘。回顾树突、轴突的功能差异。树突:接受信息并传导到细胞体;轴突:将信息从细胞体传向其他神经元、肌肉或腺体。

引导学生自主学习教材第32页"生物电的发现",思考以下问题。

1. 生物电的概念是怎样的?
2. 伽尔瓦尼及其后继者如何推翻了伏特的纯物理现象观点?
3. 生物电现象的发现及研究历程给我们的启示有哪些?

讲述电信号、神经冲动的概念,引导学生回顾兴奋的概念,并梳理三者之间的关系。

总结:兴奋以电信号的形式沿神经纤维传导,这种电信号也叫神经冲动。

延伸实例:蛙坐骨神经腓肠肌标本电刺激实验情境。

【学生活动】

思考并回答问题,获取新知。

【设计意图】

梳理神经元的结构,基于结构与功能观为兴奋在神经纤维上的传导及在神经元之间的传递作好铺垫。借助教材科学史话,让学生初步感知"遥不可及"的生物电。先形成概念:兴奋在神经纤维上以电形式传导,再解决神经冲动产生的机理和传导的实质。

【评价方式】

学生参与活动和回答问题的积极性、全面性。

任务三:神经冲动引起电现象的实验分析

【教师活动】

引导学生重温神经表面电位差的实验过程,初步分析教材第27页图2-6神经表面电位差的实验示意图,思考并回答以下问题。

1. 图2-6,①电表无偏转,说明了什么?
2. 造成图2-6,②的变化是受了外界何种刺激?
3. 图2-6,③的电流方向说明了什么?图2-6,④说明什么?

总结:左侧刺激,兴奋向右侧传导会引发电位变化。具体来说,就是兴奋传导到哪里,该部位膜外由"+"变为"-",随后恢复为"+"。将电位差连续记录下来如《普通生物学》教材图1-2-1中的7,就是生物电,波峰与波谷就是电势差最大的时候,二者电流方向相反。

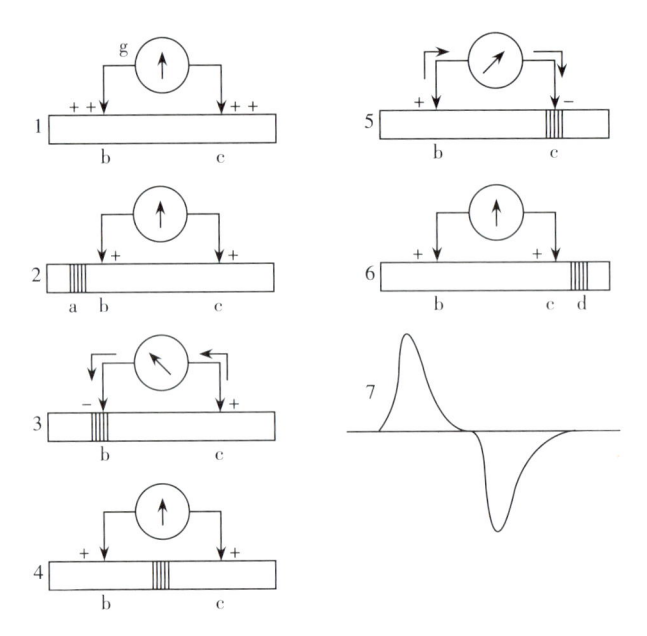

图1-2-1 神经干上的动作电位示意图（源于《普通生物学》）

【学生活动】

积极思考、讨论、回答问题。

【设计意图】

通过实验分析，提高学生思考问题、逻辑推理的能力。基于实验数据，引导学生认同兴奋时膜外为"＋"，随后恢复为"－"，为后面动作电位与静息电位排布打下基础。

【评价方式】

学生回答问题的积极性、表述的全面性、逻辑的严谨性。

任务四：电信号产生和传导的机理

【教师活动】

设问：电信号是怎样产生的呢？引导学生阅读教材第28页内容并寻找答案。

师生共同构建以下词汇的概念图：静息状态、刺激、静息电位、动作电位、外正内负、外负内正、外Na^+内K^+、K^+外流、Na^+内流。

引导学生思考下面的问题,认识K^+外流、Na^+内流的机理及运输方向。

成分		Na^+	K^+	Ca^{2+}	Mg^{2+}	Cl^-	有机酸	蛋白质
①	②	142	5.0	2.50	1.50	103.3	6.0	16.0
	③	147	4.0	1.25	1.00	114.0	7.5	1.0
④		10	140.0	2.50	10.35	25.0	—	47.0

判断:上表中①到④属于什么体液,并说明理由?

总结:一旦兴奋部分产生动作电位,而未兴奋部位仍是静息电位内负外正,就会产生电位差,形成局部电流,产生电信号。见教材第28页图2-7神经冲动在神经纤维上产生和传导的模式图②。

结合教材第28页图2-7神经冲动在神经纤维上产生和传导的模式图③、④,思考电信号是如何传导的呢?

总结:局部电流刺激相近的未兴奋部分发生同样的变化,未兴奋部分产生动作电位,如此将兴奋传导,后又恢复为静息电位。

组织学生结合教材第28页图2-7,思考以下问题。

1.膜内外两侧电流方向有何特点?

2.兴奋传导的方向与膜内外电流方向的关系是什么?

3.神经纤维上神经冲动传导的实质是什么?

总结:兴奋在神经纤维上传导,实质上是动作电位的传播,膜内外电流方向相反,兴奋传导方向与膜内相同。

延伸:结合教材第28页图2-7中的④,引导学生分析得出兴奋在神经纤维上可以双向传导。

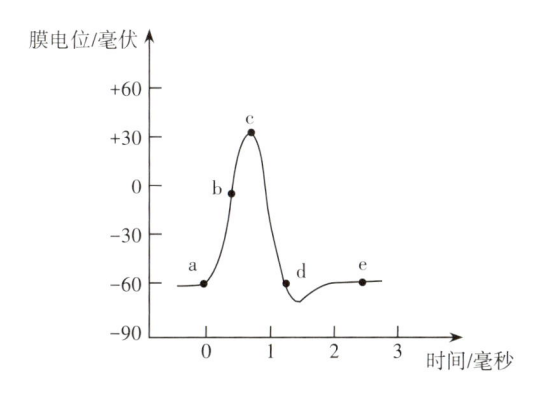

引导学生绘制神经纤维收到刺激后膜内外电位变化图,总结神经冲动产生和传导的机理。

图1-2-2 膜内外电位变化图

【学生活动】

思考、讨论、回答问题,绘制模式图、概念图。

【设计意图】

用问题引领方式深入认识兴奋在神经纤维上产生和传导的机理,通过概念模型、数学模型的建构和整合以突破学生难点。

【评价方式】

学生思考问题的积极性,回答问题的全面性、准确性及绘制模型图的准确性。

任务五:兴奋在神经元之间传递的结构

【教师活动】

展示膝跳反射结构示意图,讲解完成简单的膝跳反射至少需要2个神经元。

抛出矛盾点:相邻两个神经元并不是直接接触的,无法通过电信号形式传递。那么它们如何传递兴奋?

引导学生阅读教材第28页倒数第一、二自然段内容,并自主构建以下词汇概念图:轴突、末梢分枝、突触小体、杯球状、突触小泡、神经递质、信号分子、胞体、树突、突触、突触前膜、突触间隙、突触后膜。

引导学生补充认识教材第29页图2-8神经元之间通过突触传递信息图解的相应结构:轴突、突触小体、神经递质。

【学生活动】

观察图片、自主构架概念图、展示概念图、阐释突触结构模式图。

【设计意图】

直观观察膝跳反射结构示意图,形成对突触结构的初步认识,通过概念图的构架,有利于学生梳理、内化具体结构之间的关系,通过模式图,强化学生对于突触结构的认识。

【评价方式】

学生活动的参与度与投入度,概念图的准确性与全面性,表达的规范性。

任务六：兴奋在神经元之间传递的过程和特点

【教师活动】

引导学生对科学实验进行分析：教材第31页"思维训练"的蛙心灌流实验，是如何证明在神经元与心肌细胞之间传递的是化学信号的？

引导学生自主学习有关化学信号——神经递质传递信号的过程。

师生共同梳理教材第29页图2-8神经元之间通过突触传递信息图解中①~⑤的过程，并补充相关细节，思考以下核心问题。

1. 在信息传递的过程中，突触处信号的转换形式是什么？不同部位的信号转换形式是突触小体？突触前膜？还是突触后膜？
2. 神经递质释放的方式是怎样的？涉及的细胞器有哪些？
3. 传递方向的特点及原因是什么？
4. 与在神经纤维上的传导相比，速度有何特点，原因是什么呢？如何判别几个不同反射弧传递速度的快慢？

总结：兴奋在神经纤维上传导与传递在细胞间的区别。

比较内容	在神经纤维上的传导	在细胞间的传递
传导方式		
方向		
速度		

延伸：在离体实验中，兴奋在神经纤维上的传导是双向的。而在生物体内，神经纤维上的神经冲动只能来自感受器，故而在生物体内，兴奋在神经纤维上的传导仍是单向的。

【学生活动】

分析实验，自主学习，讨论并回答问题。

【设计意图】

通过科学实验论证传递的是化学信号，培养学生分析问题、阐释问题的能力。在问题的驱动下让学生自主学习整理，提升其自主学习能力。通过师生共同梳理具体细节和对核心问题的思考，落实学生自主学习的内容，达到理解、内化的目的。通过对神经纤维上兴奋传导的比较、总结，加深学生的认识与理解。

【评价方式】

学生分析问题的全面性、表达的规范性,回答问题的积极性和准确性。

✅ 任务七:讨论滥用兴奋剂和吸食毒品的危害,拓展兴奋传导、传递的应用

【教师活动】

组织学生阅读教材第30页思考与讨论"分析滥用兴奋剂和吸食毒品的危害",思考:服用可卡因为什么会上瘾?

播放毒品的种类视频。引导学生思考并回答以下问题。

1. 如果有人劝你吸食毒品,你会以怎样的方式拒绝?

2. 你听说过吸毒导致家庭破裂的事例吗? 你认为吸毒会对个人、家庭和社会造成哪些危害?

播放新型毒品、"珍爱生命,远离毒品"的宣传视频。

补充:麻醉剂的种类及机理,通过突触、神经递质处理治疗疾病的资料。

【学生活动】

自主阅读,回答问题;观看视频,谈感受;拓展阅读。

【设计意图】

通过学生感兴趣的方式,分析滥用兴奋剂和吸食毒品的危害,使学生认同科学、健康的生活方式,远离毒品,并自觉承担宣传毒品危害的社会责任。拓宽阅读范围,拓宽学生视野,认识到事物具有两面性的特征。

【评价方式】

学生的参与度和积极性。

【课时板书设计】

神经冲动的产生和传导

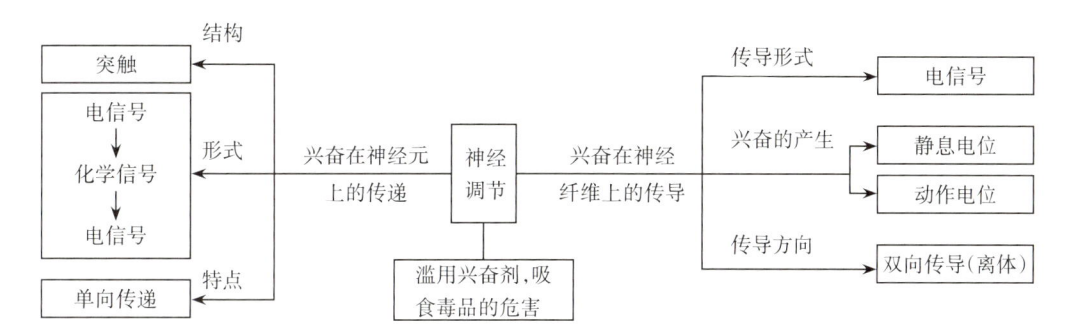

```
              结构
        突触 ←─────┐                              传导形式 ──→ 电信号
   ┌─────────┐    │                         ┌─→
   │ 电信号  │    │                         │
   │   ↓     │形式 │   兴奋在神经元  ┌────┐ 兴奋在神经    ┌─→ 静息电位
   │ 化学信号│←───── 上的传递     │神经│ 纤维上的传导  兴奋的产生
   │   ↓     │              ←────│调节│────→           └─→ 动作电位
   │ 电信号  │                   └────┘
   └─────────┘                      ↑                 传导方向 ──→ 双向传导(离体)
        单向传递 ←─────┘             │
             特点              滥用兴奋剂,吸
                               食毒品的危害
```

[课时作业设计]

请扫码查看作业及答案

神经系统的分级调节　第6课时

[学习重难点]

(一)学习重点

1.神经系统对躯体运动的分级调节。

2.神经系统对内脏活动的分级调节。

(二)学习难点

自主神经系统的特点。

[课时学习目标]

核心素养	课时学习目标
生命观念	通过对神经系统躯体运动和内脏活动分级调节的学习,形成结构与功能观、稳态与平衡观。
科学思维	通过对资料及实验结果分析得出结论的过程,训练思维能力。
科学探究	通过对科学家研究脑过程的学习,培养科学探究能力。

续表

核心素养	课时学习目标
社会责任	借助自己的经历和身边实例,运用专业知识对其进行判断并分析病因,能够运用相关知识指导自己健康地生活。

[课时教学过程]

任务一:创设情境,引入新课

【教师活动】

问题探讨:当有物体出现在你眼前时你会迅速眨眼,而战士经训练后可以长时间不眨眼,造成这种差异的内在原理是什么?

提出问题:脑干、大脑中均有控制眨眼反射的中枢,在眨眼时该"听"谁的? 他们二者又是如何分工、合作,协调地进行调节的?

【学生活动】

思考并回答问题。

【设计意图】

用学生熟悉的情境导入新课,激发学生学习兴趣。

【评价方式】

学生回答问题的积极性、参与度。

任务二:神经系统对躯体运动的分级调节

【教师活动】

情境分析:对于有正常缩手反射的个体,当在医院体检抽血时,手却不缩回。

引导学生分析原因。

提出问题:通过前面对反射和反射弧内容的学习,知道缩手反射的神经中枢位于脊髓;那么,大脑中的神经中枢是如何控制躯体运动的呢?

回顾旧知:大脑皮层、脑干的功能。

展示图片:人体大脑的两个半球图,有丰富的沟回。

分析:思考与讨论"大脑皮层与躯体运动的关系"资料1中关于脑卒中的描述,说明大脑与脊髓之间的关系。

补充资料:20世纪30年代加拿大神经生理学家、神经外科学家潘菲尔德等对人的大脑皮层功能定位进行了大量的研究。他们在进行神经外科手术时,在局部麻醉的条件下用电流刺激患者的大脑皮层,观察患者的运动反应,询问患者的主观感受。得到结论:中央前回与躯体运动相关。

补充图片资料解释第一运动区。

引导学生结合教材第34页思考与讨论第一运动区(中央前回)与躯体各部分关系示意图,回答"讨论"的第2题。

补充资料:5个手指占中央前回面积区域大于躯干部分所占面积。

引导学生结合思考与讨论的图示回答"讨论"第3题。

总结:躯体各部分的运动在大脑皮层的第一运动区都有它的代表区,皮层代表区的位置与躯干各部分的位置关系是倒置的,躯体运动越精细,大脑皮层代表区的范围面积就越大。

师生共同讨论:分析缩手反射如何受大脑皮层相应区域的调控。

引导学生回答"讨论"的第4题,并构建躯体运动分级调节示意图。

总结:分级调节的内涵是位于脑中相应部位的高级中枢会对位于脊髓中的低级中枢进行调控,二者相互作用,共同调节。

【学生活动】

根据资料回答问题,构建出神经系统对躯体运动的分级调节模型图。

【设计意图】

通过对资料及实验结果的分析得出结论。为了便于学生得出结论,适当丰富素材。同时,借助科学研究的实验素材,培养学生的科学探究能力。基于所有结论,得出神经系统对躯体运动的分级调节模型图。

【评价方式】

学生回答问题的积极性、全面性、规范性。构架模型的全面性和准确性。

✅ 任务三：神经系统对内脏活动的分级调节，自主神经系统调节的特点

【教师活动】

引导学生分析教材第35页思考与讨论中"神经系统不同中枢对排尿反射的控制"相关资料的对应问题。

师生共同讨论解决1,2,3题。

形成结论：排尿不仅受到脊髓的控制，也受到大脑皮层的调控。而人之所以能有意识地控制排尿，是因为大脑皮层对脊髓进行调控。

师生共同构建排尿反射的分级调节模型如教材图2-11排尿反射的分级调节示意图。

组织学生自主学习教材第35页内容，回答"自主神经系统并不完全自主"的论据有哪些？

组织学生思考教材第36页"拓展运用"关于自主神经系统的错误假设：(1)它的调控不"自主"，而是必须在意识的支配下才能进行调控。(2)它绝对自主，不受大脑等高级中枢的控制。(3)内脏活动只受交感神经或副交感神经的单一控制。如果其中任何一种假设成立时，机体的调控机能可能发生哪些改变？

【学生活动】

积极参与思考与讨论，共同构建模型，自主学习回答问题，阐述理由。

【设计意图】

从熟悉的实例分析到概念化、模型化，便于学生更好地理解知识。通过正面和反面论证，加深对自主神经系统调控特点的认识。

【评价方式】

学生参与的积极性、构建模型的准确性、回答问题的全面性和准确性。

【课时板书设计】

神经系统的分级调节

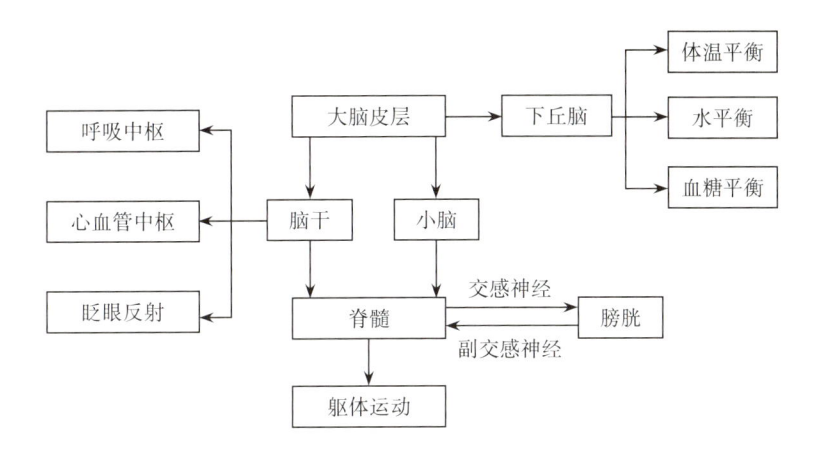

```
                    ┌─→ 体温平衡
         大脑皮层 ──→ 下丘脑 ──→ 水平衡
呼吸中枢       │          └─→ 血糖平衡
   ↑          ↓
心血管中枢 ← 脑干   小脑
                ↓    ↓         交感神经
眨眼反射         脊髓 ←──────→ 膀胱
                 ↓      副交感神经
               躯体运动
```

[课时作业设计]

请扫码查看作业及答案

人脑的高级功能 第7课时

[学习重难点]

(一)学习重点

人脑的高级功能:语言功能、记忆与学习、情绪等。

(二)学习难点

人类大脑皮层言语区的功能区分。

[课时学习目标]

核心素养	课时学习目标
生命观念	通过言语功能区、学习与记忆对应结构区域的学习,认同结构与功能观、稳态与平衡观。

续表

核心素养	课时学习目标
科学思维	通过分析言语区H区接近听觉中枢、V区接近视觉中枢的实例,培养基于事实进行科学联想的能力。
科学探究	通过探究大脑皮层言语区的功能,培养探究能力。
社会责任	基于对学习和记忆规律的认识,能够运用这些规律提高学习效率;能够调整自己的情绪,积极、健康地享受美好生活。

[课时教学过程]

任务一:创设情境,引入新课

【教师活动】

播放阿尔茨海默病简介的视频。引导学生通过阅读教材"问题探讨"了解阿尔茨海默病患病的原因。

思考讨论:1.阿尔茨海默病患病的原因可以说明人的大脑有哪些区别于脊髓的高级功能?

2.人的大脑有哪些区别于动物大脑的高级功能?

总结:大脑是整个神经系统中最高级的部位,具有语言、学习和记忆、情绪等高级功能。

提出问题:为什么人的大脑有很多复杂的高级功能?

【学生活动】

观看视频,讨论回答问题。

【设计意图】

通过生活中常见的病例,引发学生学习兴趣导入课堂教学。

【评价方式】

学生回答问题的积极性及参与课堂的积极性。

任务二:语言功能

【教师活动】

组织学生阅读教材思考与讨论"大脑皮层的语言功能特点"的相关资料。结合资料及人类大脑皮层(左半球侧面)的言语区图,讨论以下问题。

1.W区与S区接近躯体的运动中枢,V区接近视觉中枢,H区接近听觉中枢,这样的分布能给你带来什么联想?

2.大脑皮层的言语中枢有什么特点?

总结:W区、V区、S区、H区的功能。

通过判断言语区活动功能障碍推断大脑皮层言语区损伤具体部位,进一步强化人类言语区对应区域及功能。

介绍裂脑人实验研究,总结人脑左右半球负责的主要功能有差异,大脑的左半球主要负责逻辑思维,右半球主要负责形象思维。人体脑对机体控制具有交叉对称性原则,即左半球主要调控躯体右侧的活动,右半球调控躯体左侧的活动。

建议:学生在日常生活中通过左手刷牙、洗头按摩头部有意识地训练自己大脑左右半球,认识科学用脑的积极意义。

推荐阅读相关的图书。

【学生活动】

参与讨论并回答问题。

【设计意图】

通过讨论解决问题和病例分析落实教学难点,进一步认同结构与功能观。通过介绍裂脑人实验及阅读相关书籍拓宽学生视野,激发学生认识脑科学的兴趣,并尝试运用于自己的学习生活中。

【评价方式】

学生讨论的积极性及回答的准确性与全面性。

任务三:学习与记忆

【教师活动】

思考:阿尔茨海默病患者表现出逐渐丧失记忆、情绪不稳定等症状,那么,这与脑的哪些结构与哪些功能有关?学习和记忆作为脑的高级功能是如何进行的?

引导学生构建记忆过程的四个阶段及联系的模型。

补充:艾宾浩斯的记忆曲线。

引导学生明白遗忘是正常的,通过反复重复,以形成永久记忆。

思考:在学习过程中,老师经常强调要动用多种器官。这有什么道理?

引导学生科学用脑,提高学习效率。

梳理学习和记忆涉及脑内神经递质的作用以及某些种类蛋白质的合成,了解短时记忆、长时记忆与脑区结构的联系。

【学生活动】

回答问题,构建模型,阐述理由。

【设计意图】

通过学习与记忆相关理论,指导学生科学、规律地学习,提高学习效率。通过构建模型,深化知识理解。通过梳理学习、记忆与脑区结构的联想,体会结构与功能相联系的生命观念。

【评价方式】

学生回答问题的积极性,表述的全面性、准确性,构建模型的准确性。

任务四:情绪

【教师活动】

播放视频:关于应对抑郁的纪录片。

活动:让学生谈对心理疾病的认识,以及我们应该如何对待心理疾病患者?

引导学生正面认识或积极面对抑郁等心理疾病,不要讳疾忌医,不要恶意对待有心理障碍或者心理疾病的个体。

总结:积极建立和维系良好的人际关系、适量运动和调节压力都可以帮助我们减少和更好地应对情绪波动。当情绪波动超出自己能够调节的程度时,应向专业人士咨询,这样可以使我们更快地平稳情绪,享受美好的、充满意义的生活。

组织学生阅读教材"相关信息"中有关抗抑郁药的作用机理,了解情绪与神经系统结构的关系。

【学生活动】

观看视频、交流讨论。

【设计意图】

通过观看专业的纪录片,帮助学生科学认识抑郁症。引导学生正确面对情绪及心理异常或疾病,科学应对。以积极、科学、健康的态度面对学习生活,享受美好人生。介绍有关抗抑郁药的作用机理,深化结构与功能观。

【评价方式】

学生的投入度及交流讨论的积极性。

【课时板书设计】

人脑的高级功能

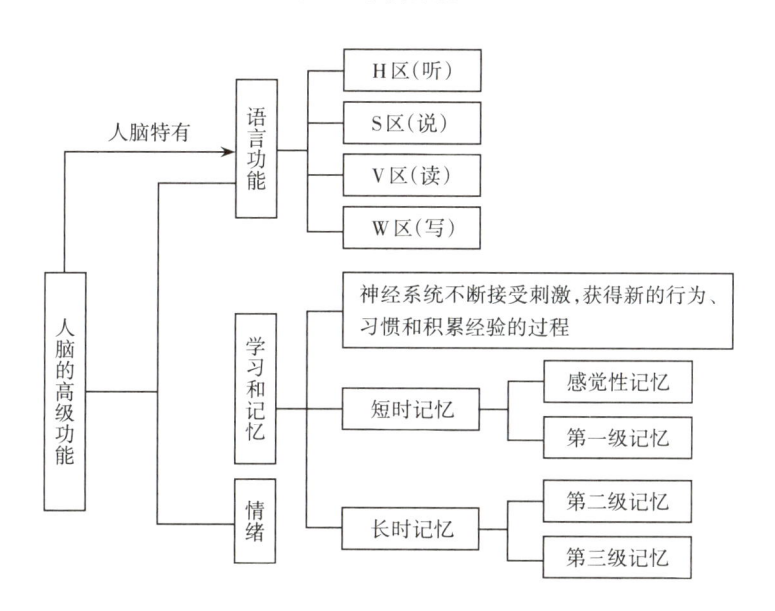

```
                            ┌─ H区(听)
                ┌─语言功能 ─┼─ S区(说)
                │           ├─ V区(读)
         人脑特有           └─ W区(写)
         │
人脑的    │            ┌─ 神经系统不断接受刺激,获得新的行为、
高级  ───┤            │   习惯和积累经验的过程
功能     │  学习和记忆─┤
         │            │              ┌─ 感觉性记忆
         │            ├─ 短时记忆 ───┤
         │            │              └─ 第一级记忆
         │            │              ┌─ 第二级记忆
         └─情绪       └─ 长时记忆 ───┤
                                     └─ 第三级记忆
```

[课时作业设计]

请扫码查看作业及答案

第3单元 体液调节

一、单元主题及解读

单元主题：透过"模型"谈"健康"

"体液调节"属于选择性必修1第3章的内容。本单元内容与必修1的"组成细胞的分子""细胞的基本结构""细胞的物质输入和输出"等内容具有密切联系，教材在有关内容的处理上，直接运用了相关知识。本单元与本册其他单元的"细胞生活的环境""内环境的稳态""神经调节""免疫调节"是学生构建稳态与调节大概念的知识基础，通过前后联系，层层递进，形成了相对完整的知识体系。

本单元主要以高等动物体和人体为例，通过实例介绍激素发现、激素来源和激素调节的过程，学生认识激素调节的机制和特点；通过实例介绍激素调节和神经调节的关系，使学生比较完整地认识动物体和人体在千变万化的环境中，通过机体内各器官之间的相互协调，共同维持机体稳态，进而不断强化和拓展学生的结构与功能观、稳态与平衡观等生命观念。

本单元的内容是由具体到抽象、由特殊到一般。从课程标准对体液调节的内容要求来看，可以概括为三部分内容：一是体液调节的物质基础和结构基础，主要是各种内分泌腺分泌的激素和其他体液成分；二是激素调节的机制；三是体液调节与神经调节相互协调的关系。这三部分内容呈现的思路均为从具体的实例入手，进而概括出一般的学习规律。通过引导学生参与调查与"胰岛""甲状腺"等腺体有关的疾病、自主设计营养食谱、构建概念模型图等综合实践活动，在理论联系实际的基础上，拓展学生的认知结构，激发学生深入学习的欲望，领会学习与生活的关联，感悟"科学生活·健康生活"的意义，进而形成健康的生活观。

二、单元概念关系图

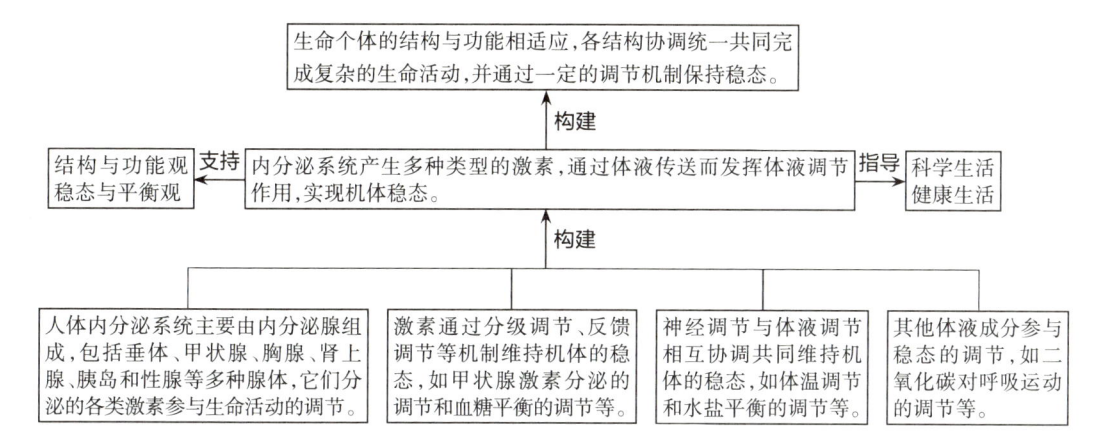

```
                          ┌──────────────────────────────────────────┐
                          │ 生命个体的结构与功能相适应,各结构协调统一共同完 │
                          │ 成复杂的生命活动,并通过一定的调节机制保持稳态。│
                          └──────────────────────────────────────────┘
                                              ↑ 构建
┌──────────────┐  支持  ┌──────────────────────────────────┐  指导  ┌──────────┐
│ 结构与功能观 │───────│ 内分泌系统产生多种类型的激素,通过体液传送而发挥体液调节 │───────│ 科学生活 │
│ 稳态与平衡观 │        │ 作用,实现机体稳态。             │        │ 健康生活 │
└──────────────┘        └──────────────────────────────────┘        └──────────┘
                                              ↑ 构建
          ┌─────────────────────┬─────────────────────┬─────────────────────┐
┌─────────────────┐ ┌─────────────────┐ ┌─────────────────┐ ┌─────────────────┐
│ 人体内分泌系统主要由│ │ 激素通过分级调节、│ │ 神经调节与体液调节│ │ 其他体液成分参与 │
│ 内分泌腺组成,包括 │ │ 反馈调节等机制维持│ │ 相互协调共同维持机│ │ 稳态的调节,如二 │
│ 垂体、甲状腺、胸腺、│ │ 机体的稳态,如甲状│ │ 体的稳态,如体温调│ │ 氧化碳对呼吸运动 │
│ 肾上腺、胰岛和性腺等│ │ 腺激素分泌的调节和│ │ 节和水盐平衡的调节│ │ 的调节等。       │
│ 多种腺体,它们分泌的│ │ 血糖平衡的调节等。│ │ 等。             │ │                 │
│ 各类激素参与生命活动│ │                 │ │                 │ │                 │
│ 的调节。           │ │                 │ │                 │ │                 │
└─────────────────┘ └─────────────────┘ └─────────────────┘ └─────────────────┘
```

寻"三生"之秘　解"单元"之码

三、单元导航图

核心素养	学习目标	关键问题	学习任务	课时
生命观念	具有结构与功能相适应的观念，并能运用这些观念分析和解释较为复杂情境中的生命现象；具有稳态与平衡观，并能指导形成健康的生活观。	在激素被发现的过程中，蕴含怎样的科学思维、科学方法和科学精神？	任务1：建立科学探究的基本思路，总结研究激素的一般方法。	第1、2课时
		研究激素的基本方法有哪些？		
科学思维	能够从不同的生命现象中，基于事实和依据，运用归纳的方法概括出生物学规律，通过综合实践活动，在具体情境中，运用生物学规律和原理，对可能的结果或发展趋势作出预测或解释，并能够选择文字、图示或模型等方式进行表达并阐明其内涵。在面对生活中与生物学相关的问题作出决策时，能利用多个相关的生物学大概念或原理，通过逻辑推理阐明个人立场。	人体内分泌系统中的主要内分泌腺及其分泌的激素有哪些？	任务2：归纳总结人体内分泌系统的组成和功能。	
		血糖调节和甲状腺激素分级调节的过程和原理是什么？	任务3：构建血糖调节模型图，明确调节机制。	第3、4课时
		分级调节和反馈调节的特点？		
		激素调节的特点是什么？	任务4：构建甲状腺激素分级调节模型图，明确调节机制，总结激素调节特点。	
科学探究	对特定情境提出可探究的生物学问题，基于给定的条件设计方案，并通过实践活动实施，创造性运用专业术语对实验原理、步骤和结果进行描述和分析，并在组内开展交流。	体液调节中除了激素以外，还有其他调节因子，它们是如何发挥调节作用的？体液调节和神经调节各有怎样的特点？	任务5：比较体液调节和神经调节，总结各自的调节特点。	
社会责任	关注并了解社会热点中的生物学议题；认同科学健康的生活方式，制订并践行健康生活方式；针对现代生物技术在社会生活中的应用和基于生物学的基本观点，辨识并揭穿伪科学；能通过科学实践，尝试解决现实生活中的生物学问题。	体温调节、水和无机盐平衡的调节过程是怎样的？体现了怎样的调节机制？		第5、6课时
		神经调节和体液调节之间有何关联？它们是如何协调配合，共同调节机体各种生命活动的？	任务6：分析体液调节和神经调节的协调实例，并总结两者的关系。	

四、任务活动和课时设计

课时	任务	活动
第1课时	任务1:建立科学探究的基本思路,总结研究激素的一般方法。	活动1-1:阅读"促胰液素发现"的资料,思考与讨论科学探究的基本思路。 活动1-2:分析实例1、2,总结研究激素的一般方法。
第2课时	任务2:归纳总结人体内分泌系统的组成和功能。	活动2:归纳总结人体内分泌系统的组成和功能。
第3课时	任务3:构建血糖调节模型图,明确调节机制。	活动3-1:了解血糖平衡调节的意义和相关腺体、激素。 活动3-2:构建血糖调节模型图。 活动3-3:明确血糖平衡调节模型图中的各类关系以及调节机制。
第4课时	任务4:构建甲状腺激素分级调节模型图,明确调节机制,总结激素调节特点。	活动4-1:构建甲状腺激素调节模型图,明确调节机制。 活动4-2:总结激素调节的特点。
第5课时	任务5:比较体液调节和神经调节,总结各自的调节特点。	活动5-1:体液调节概念辨析。 活动5-2:比较总结体液调节和神经调节的特点。 活动5-3:了解体温平衡调节的意义,构建体温调节模型图,分析调节特点,明确调节机制。
第6课时	任务6:分析体液调节和神经调节的协调实例,并总结两者的关系。	活动6-1:构建水和无机盐平衡的调节模型图,分析调节特点,明确调节机制和意义。 活动6-2:总结体液调节和神经调节的关系。 活动6-3:通过各种调节实例,进一步明确体液调节在维持内环境稳态中的意义。

五、单元作业设计

课时	评价目标	作业类型	核心素养	学业质量水平
第1课时	了解激素发现的历程,理解激素研究的方法并尝试解决相关问题。	课堂作业 (口头表述) 课后作业 (书面习题)	科学思维2 科学探究3	2-2 3-2
第2课时	能够运用激素研究的方法解决不同情境中的问题,总结内分泌腺及其功能,能够根据功能描述部分内分泌腺之间的关联。	课堂作业 (口头表述) 课后作业 (书面习题和动手设计)	生命观念1 科学思维2	1-1 2-1

续表

课时	评价目标	作业类型	核心素养	学业质量水平
第3课时	能够根据与血糖有关的信息初步构建模型,理解模型内各信息的关联,并运用所学知识指导自己健康地生活。	课堂作业（构建模型和口头表述）课后作业（书面习题和构建模型）	生命观念1 科学思维2	1-4 2-2
第4课时	能够运用图文转换形式构建甲状腺激素分泌的分级调节模型,了解与甲状腺有关的疾病,进而关注健康、关注生命。	课堂作业（构建模型和口头表述）课后作业（书面习题和调查小报）	生命观念1 科学思维2	1-4 2-2
第5课时	能够根据表格信息比较神经调节和体液调节的特点;根据与体温调节有关的信息构建模型图,理解神经调节和体液调节在维持体温平衡过程中的关联,进而明确体温调节机制;能够运用所学指导自己健康地生活。	课堂作业（构建模型和口头表述）课后作业（书面习题和情境分析）	生命观念1 科学思维2	1-4 2-2
第6课时	能够根据情境资料了解与水平衡和盐平衡相关的信息,构建相关的模型图,明确神经调节和体液调节在这个过程中的关联,进而明确水和无机盐平衡的调节机制;能够根据各实例归纳总结神经调节和体液调节的关系。	课堂作业（构建模型和口头表述）课后作业（书面习题和情境分析）	科学思维2 社会责任4	2-2 4-1

六、课时教学设计

激素与内分泌系统　第1、2课时

[学习重难点]

(一)学习重点

1.内分泌腺和激素功能的基本研究方法。

2.内分泌系统中主要的内分泌腺及其功能。

(二)学习难点

内分泌腺和激素功能的基本研究方法。

[课时学习目标]

核心素养	课时学习目标
生命观念	具有结构与功能相适应的观念,并能运用这些观念分析和解释较为复杂情境中的生命现象;具有稳态与平衡观,并能指导别人健康地生活。
科学思维	分析激素的发现过程,强化发现问题、作出假设、验证假设等科学思维习惯和探究意识;归纳概括研究内分泌腺和激素功能的基本方法,并用该方法分析新情境下的相关问题。
科学探究	通过分析激素的发现过程和研究方法,了解科学探究的基本思路并进行迁移应用。
社会责任	借助社会热点话题"糖尿病",运用专业知识对其进行剖析,了解致病原理,关注与体液调节相关的营养、健康等问题,能够运用相关知识指导自己健康地生活。

[课时教学过程]

✓ 任务一:创设情境,引入新课

【教师活动】

组织学生阅读教材中的"问题探讨":侏儒症患者的症状是生长迟缓、身材矮小,病因是患者幼年时生长激素分泌不足。思考并回答以下问题。

1. 如果在侏儒症患者成年时给他们注射生长激素,他们的症状能缓解吗?为什么?

2. 有的青少年觉得自己长得不够高,想去注射生长激素。你赞同这种想法吗?说出你的理由。

阅读教材章首页引言中的材料:"胰岛素泵"及其功能。

思考:正常人的血糖为什么要维持平衡?胰岛素的作用机理是怎样的?人体还有哪些生理活动要受到激素的调节?它们调节的过程、特点是怎样的?

【学生活动】

根据自己对材料内容的理解进行思考并回答问题。

【设计意图】

从学生熟悉的情境"侏儒症"入手,进而分析现象及背后的本质。学生对问题的回答不一定准确,或许会出现知识性错误,这些都会成为课堂的教学素材。利用教材章首页中的"胰岛素泵"材料、图片、小诗,创设出学习血糖平衡调节的问题情境,激发学生探寻胰岛素微观世界的兴趣。

【评价方式】

学生对生活常识的了解情况、回答问题的积极性和语言的表述能力。

任务二:内分泌腺和外分泌腺

【教师活动】

展示内外分泌腺图片,引导学生对比分析两者的异同;简单介绍常见的内分泌腺及激素。

【学生活动】

观察图片,分析比较内分泌腺和外分泌腺的异同,根据课本相关内容总结概念,了解不同的内分泌腺及其分泌的激素。

【设计意图】

人体中的腺体种类较多,功能各异,为了更好地明确本节课所学的内容,需要对这些腺体有一个明确的区分,避免混淆。

【评价方式】

学生观察图片、分析总结的能力以及语言表述的情况。

任务三:激素的发现

【教师活动】

展示实验材料,了解激素发现的历程。

展示巴甫洛夫学生的实验:1850年克劳德·伯尔纳发现酸性食物进入小肠会引起胰液分泌;1894年巴甫洛夫实验室证实了食物经胃进入小肠时,胰腺的确会分泌胰液。

思考:1.食物到达小肠的信息是如何传递到胰腺使其分泌胰液的?

2.19世纪学术界普遍认为人和动物的一切生理活动均由神经系统调节完成,如果胰液的分泌是神经调节,那么组成反射弧的感受器、效应器应分布在哪里?

引导学生在纸上构建胰液分泌的神经调节反射弧模型。

展示沃泰默、斯他林和贝利斯的实验,引导学生讨论以下问题。

1.斯他林和贝利斯的实验比沃泰默实验的巧妙之处在哪里?

2.促胰液素调节胰液分泌的方式与神经调节的方式有哪些不同?

3."机遇只偏爱那种有准备的头脑"。是什么因素使斯他林和贝利斯抓住了成功的机遇呢?

总结:激素调节的概念。

【学生活动】

以小组为单位进行讨论,整理、总结并表述各小组的观点;完成胰液分泌的神经调节反射弧模型构建;比较沃泰默和斯他林、贝利斯的实验的异同,思考、分析并总结以上的问题,并以小组为单位进行表述;总结激素调节的概念。

【设计意图】

因为沃泰默的实验是在巴甫洛夫学生实验的基础上进行的,并且课本上出现了关于"巴甫洛夫的感慨",所以呈现巴甫洛夫学生的这个实验,更有利于学生了解实验的来龙去脉以及发展史;比较不同科学家的实验设计方案、实验现象和结论,从本质上理解激素调节与神经调节的区别;理性评价科学家当时的实验结论,引导学生认同批判性思维的重要性,形成不迷信权威、敢于大胆探索新问题的科学精神。

【评价方式】

学生构建模型的情况以及观察、分析、总结和表述的情况。

任务四:激素研究的实例

【教师活动】

展示教材第46页"思考·讨论"中的实例1——胰岛素的发现,引导学生阅读并思考以下问题。

1.在班廷之前,科学家试图通过实验证明胰腺中分泌物的存在,为什么都收效甚微呢?

2.班廷是如何证实胰岛素是由胰腺中的胰岛分泌的?

展示教材第47页"思考·讨论"中的实例2——睾丸分泌雄性激素的研究,引导学生思考以下问题。

1.从以上两个实例中,你能归纳出研究一种内分泌腺及其分泌激素功能的方法吗?

2.联系学过的内容,具体分析以上两个实例哪些实验用到了"减法原理"或"加法原理"?

【学生活动】

阅读教材上的相关资料,思考提出的问题,以小组为单位呈现各自思考的答案。

【设计意图】

本任务中涉及了激素研究的方法,需要学生从实例中了解各种方法的原理和注意事项,对于学生以后处理实验类的题目至关重要。通过阅读实例,设置一系列的问题,可以让学生了解激素研究的一般方法,正确分析"加法原理"和"减法原理"在实验中的应用,认同科学进步是在继承的基础上创新发展,理解执着求索和质疑精神在科学中的作用。

【评价方式】

学生参与小组活动、回答问题以及语言表述的情况。

任务五:内分泌系统的组成和功能

【教师活动】

展示教材第48页图片,让学生思考以下问题。

1.人体内分泌系统的组成有哪些?(总结各内分泌腺的种类和功能)

2.根据内分泌腺的功能提示,各内分泌腺之间是否有关联,举例说明?

3.神经系统中有高级中枢和低级中枢,内分泌系统是否也有"高低"之分,举例说明?

总结:人体内分泌系统的功能。

展示有关1型和2型糖尿病的材料,让学生思考并回答以下问题。

1.1型和2型糖尿病均可以通过注射胰岛素进行治疗吗？为什么？

2.糖尿病逐步青年化，谈谈你对此的看法。

【学生活动】

观察图片，总结内分泌腺的种类及功能；根据内分泌腺功能的提示，找出有关联的内分泌腺，并以此为依据，理解内分泌系统中的"高低"之说，总结内分泌系统的功能；阅读有关糖尿病的资料，找出关键信息，分析、总结并回答问题。

【设计意图】

总结归纳法是学生在学习过程中经常要使用的一种方法，便于将零散的知识形成有逻辑关系的知识体系，进而明确知识之间的关联。知识的横、纵延伸属于深度学习的一种类型，有利于学生利用有效信息进行深度挖掘，为后面的学习提供依据；利用糖尿病资料引导学生关注社会热点，通过有关健康生活、疾病治疗等现实问题，训练学生运用概念模型进行理性解释和判断，在理解激素调节对维持人体内环境稳态具有重要作用的同时，提高学生的社会责任感。

【评价方式】

学生总结归纳和深度思考的情况以及对资料的理解、分析的情况。

【课时板书设计】

激素与内分泌系统

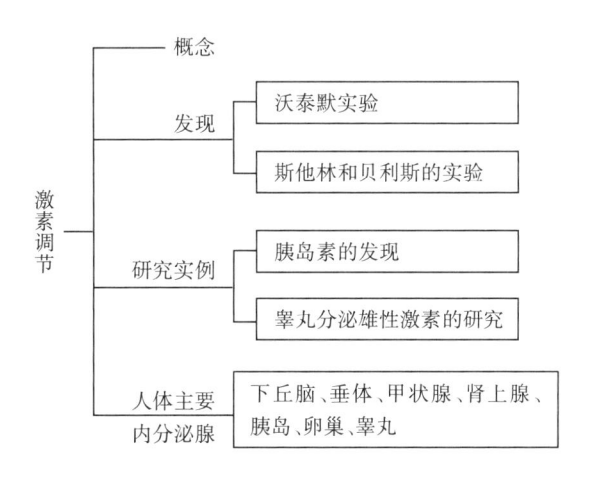

激素调节
- 概念
- 发现
  - 沃泰默实验
  - 斯他林和贝利斯的实验
- 研究实例
  - 胰岛素的发现
  - 睾丸分泌雄性激素的研究
- 人体主要内分泌腺：下丘脑、垂体、甲状腺、肾上腺、胰岛、卵巢、睾丸

[课时作业设计]

请扫码查看作业及答案

激素调节的过程　第3、4课时

[学习重难点]

(一)学习重点

1.阐明反馈调节的机制,构建血糖平衡调节模型。

2.构建甲状腺激素分泌调节的概念模型,理解分级调节和反馈调节的具体过程及对于维持机体稳态的意义。

3.激素调节的特点。

(二)学习难点

1.血糖调节过程及机制。

2.甲状腺激素分泌调节的过程及机制。

[课时学习目标]

核心素养	课时学习目标
生命观念	形成结构与功能相适应的观念,并能运用这些观念分析和解释较为复杂情境中的生命现象;形成稳态与平衡观,并能指导人的健康生活方式。
科学思维	利用机体在特定条件下体内激素的变化情况,运用图文转换方式,构建血糖调节和甲状腺激素分级调节过程的模型图。
科学探究	通过深入剖析血糖调节和甲状腺激素分级调节中激素之间的相互作用,明确反馈调节机制的原理以及在维持内环境稳态中所发挥的作用。
社会责任	借助社会热点话题"糖尿病""大脖子病"等,运用专业知识对其进行剖析,了解致病原理,关注与体液调节相关的营养、健康等问题,并能够运用相关知识指导自己健康地生活。

[课时教学过程]

任务一:创设情境,引入新课

【教师活动】

展示人在吃饭之后血糖变化的曲线图,并给每一位同学发一颗糖,思考并回答以下问题。

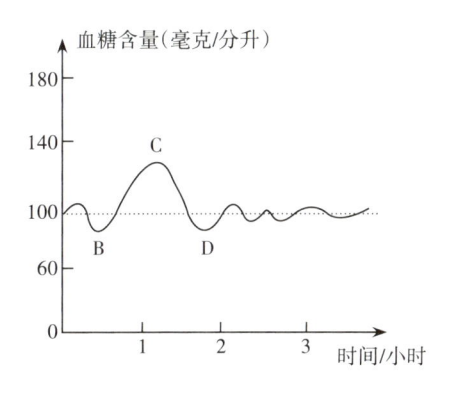

图 1-3-1 血糖变化曲线图

1.血糖指的是什么?

2.说明曲线中的进食点是哪个点?用自己的语言描述BC和CD变化的原因?如果是饥饿状态,曲线会呈现怎样的变化?推测曲线为什么没有一直上升或者下降?

3.吃完这颗糖之后,血液中的糖浓度是否发生改变?我们的机体是如何对糖浓度的变化进行调节的呢?

【学生活动】

阅读教材,回答血糖的概念;结合对坐标图的了解和血糖的认识,尝试描述曲线变化的原因;学生吃完糖之后,思考机体对血糖浓度变化的调节机制。

【设计意图】

"吃饭"和"饥饿"是学生常有的两种经历,利用这两种经历对血糖浓度的影响来引入新课,可以让学生对本节课的内容有一个更直观的认识。利用吃糖活动和层层设问,引导学生思考血糖浓度维持平衡的机理。

【评价方式】

学生参与活动和回答问题的积极性。

✅ 任务二：血糖的来源和去向

【教师活动】

展示教材第50页图3-2血糖的来源和去向（正常情况下），并组织学生阅读教材第51页第一段内容，思考并回答以下问题。

1.血糖的来源和去向分别有哪些？

2.分析饭后有哪几条途径在发挥调节体内血糖浓度的作用？分析饥饿后又有哪几条途径在发挥作用？此刻，你身体内有哪些途径在发挥作用？

【学生活动】

阅读教材，独立思考，以小组为单位进行讨论，回答相关问题；对"饭后""饥饿""自身情况"三种情境进行分析，对血糖的来源和去向进行判断和巩固。

【设计意图】

学生通过自学和对不同情境的分析、判断，对血糖的来源和去向进行学习和巩固，为后面构建血糖调节模型图奠定基础。

【评价方式】

学生参与小组讨论的情况、回答问题的积极性和准确性。

✅ 任务三：胰岛细胞和它们分泌的激素

【教师活动】

展示教材第51页图3-3胰岛A细胞和胰岛B细胞以及它们分泌的激素，组织学生阅读教材第51页最后一段内容，思考并回答以下问题。

1.把下列关键词构建成概念模型图：胰腺、胰岛细胞、胰岛A细胞、胰岛B细胞、胰岛素、胰高血糖素。

2.根据先前对血糖来源和去向的理解，用自己的语言描述胰岛素和胰高血糖素的具体作用。

【学生活动】

以小组为单位构建概念模型图并展示；结合教材内容，以小组为单位进行讨论总结，得出胰岛素和胰高血糖素的作用。

【设计意图】

通过构建概念模型图,可以让学生对相关概念进行梳理,并理解它们之间的逻辑关系,提升学生的科学思维能力。

【评价方式】

学生在小组活动中的参与度和积极性,构建概念模型图的具体情况,回答问题的正确性。

✓ 任务四:构建血糖调节模型图,明确反馈调节机制

【教师活动】

提供各类卡片:胰岛A细胞卡、胰岛B细胞卡、胰岛素卡、胰高血糖素卡、降血糖途径卡、升血糖途径卡等,组织学生以小组为单位构建血糖调节模型图,并相互评价各组展示的模型图,完善血糖调节过程。

总结:反馈调节机制对于机体维持稳态具有重要意义。

【学生活动】

以小组为单位构建血糖调节模型图;评价、总结模型图中的问题,完善血糖调节过程;结合教材提供的信息,明确反馈调节机制的意义。

【设计意图】

借助前面已经学习的相关知识,以小组为单位构建血糖调节模型图,有利于学生梳理完整的血糖调节过程,进而提升学生的科学思维能力。通过评价、总结,反思构建模型图中存在的问题,在巩固知识的同时也训练了学生的思辨能力。利用模型,引导学生明确反馈调节的机制,为后面相关内容的学习奠定基础。

【评价方式】

学生参与活动的积极性,构建模型图的准确性,对活动成果的评价情况。

✓ 任务五:巩固血糖调节过程,关注健康生活

【教师活动】

描述吃糖后的血糖变化及调节过程,组织学生阅读教材"与社会的联系"的内容,

思考以下问题。

1.请给予糖尿病患者相应的饮食建议。

2.制订适合自己的健康生活计划。

【学生活动】

自由发言,结合所学知识回答问题;制订适合自己的健康生活计划。

【设计意图】

借助自身的真实经历,引导学生对本节课所学内容进行梳理、巩固,既能提升课堂教学的趣味性,又能达到相应的教学目的;引导学生关注糖尿病人,关注自己的健康生活。

【评价方式】

学生回答问题的积极性和准确性。

任务六:创设情境,导入问题

【教师活动】

展示我国南极科考队的新闻图片,引导学生思考:在寒风中瑟瑟发抖的科学家体内几乎每一个细胞都被调动起来,它们共同抵御寒冷下机体的变化是怎样的?

提出问题:我们还学习过哪些与甲状腺有关的激素?甲状腺激素的分泌是如何调节的?

【学生活动】

观察图片,感受寒冷条件下机体的变化,带着问题进入新课。

【设计意图】

图片比文字更具有感染力,通过让学生共情、共境,感受寒冷条件下机体的变化,带着感受和问题进入新课,便于加深对本课的理解。

【评价方式】

学生参与问题思考的情况。

任务七:构建甲状腺激素分泌分级调节的概念模型

【教师活动】

组织学生阅读教材第53页的"思考·讨论"栏目内容,思考并回答以下问题。

1.在甲状腺激素的分泌中,下丘脑、垂体和甲状腺之间有何关系?

2.在正常情况下,血液中的甲状腺激素的水平总是维持在一定范围内,这是如何实现的?

3.构建甲状腺激素分泌分级调节的概念模型。

4.讨论分析:分级调节有什么意义?

【学生活动】

充分讨论、回答问题、合作探究并构建概念模型。

【设计意图】

通过问题串,培养学生基于生物学事实和证据进行归纳概括和构建相关概念模型的能力;理解分级调节,巩固反馈调节的重要意义。

【评价方式】

学生小组合作的情况,分析资料和回答问题的情况及概念模型构建的情况。

任务八:情境探究,综合运用

【教师活动】

创设情境:已知甲、乙、丙三位均表现为低甲状腺激素的病人,他们的甲状腺、垂体或下丘脑可能发生了病变。给这些病人及健康人静脉注射促甲状腺激素释放激素,注射前60 min和注射后60 min分别测定每个人的促甲状腺激素浓度,结果如下(单位:mIU/L):

	健康人	病人甲	病人乙	病人丙
注射前	3	3	<0.01	10
注射后	9	9	<0.01	30

思考:1.甲、乙、丙病人的患病类型是什么?

2.注射促甲状腺激素释放激素或促甲状腺激素能提高甲状腺功能缺陷患者体内

甲状腺激素的含量吗?

【学生活动】

分析情境,结合甲状腺激素调节概念模型,分析患者患病类型,评价治疗方法等。

【设计意图】

利用分级调节和反馈调节原理进行创新应用,目的是培养学生推理和应用迁移能力。

【评价方式】

学生回答问题的情况。

任务九:激素调节的特点

【教师活动】

展示教材第55页图3-7甲状腺激素检测报告单。

思考:1.激素调节有哪些特点?

2.众多的激素分子弥散在全身体液中,是不是对所有细胞都起作用呢?

3.激素在调节生命活动的过程中充当了什么角色?

播放甲亢、甲减等常见甲状腺疾病的病因、预防方法、健康生活习惯等内容的视频,引导学生关注健康生活。

总结:激素调节的特点。

【学生活动】

分析报告单,回答问题;观看视频,了解与甲状腺有关的疾病信息;了解本节课所学内容,构建知识网络图。

【设计意图】

通过分析检测报告单信息,引导学生总结激素调节的特点,让学生在掌握知识的同时,也能明白知识来源于生活的道理;通过观看微视频,了解各类与甲状腺有关的疾病,引导学生关注健康生活、关爱生命,形成正确的生命观和价值观;通过总结本节课所学内容,让学生对所学知识形成网络图,形成知识间的纵横衔接,便于学生理解应用。

【评价方式】

学生参与活动、回答问题的情况以及构建知识网络图的情况。

【课时板书设计】

激素调节的过程

一、血糖平衡的调节

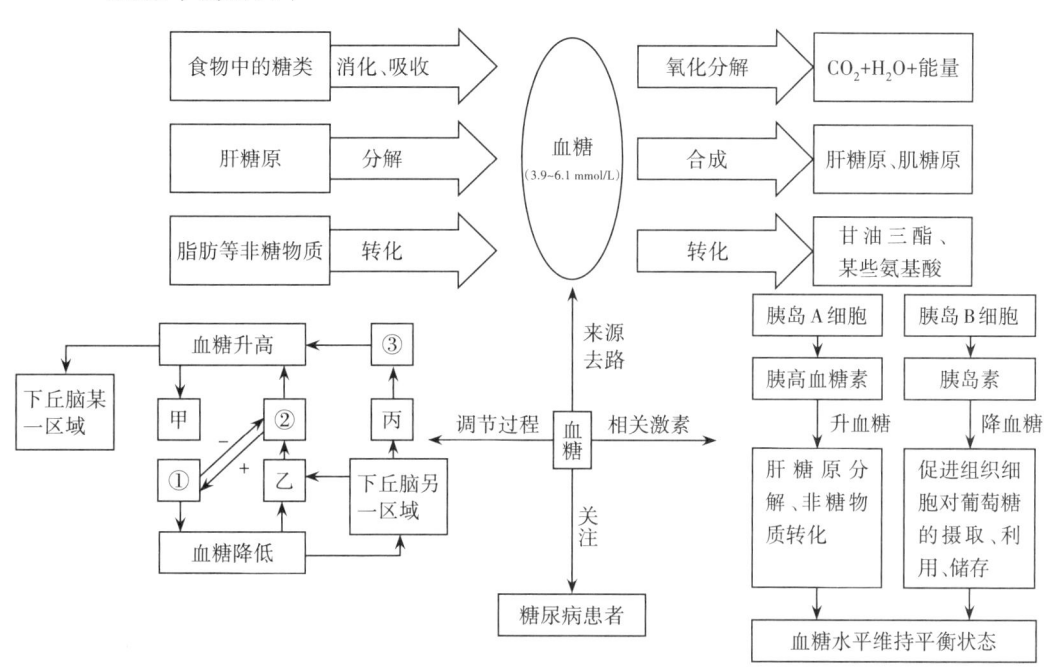

```
食物中的糖类 ──消化、吸收──▶          ──氧化分解──▶ CO₂+H₂O+能量
肝糖原    ──分解──▶      血糖      ──合成──▶ 肝糖原、肌糖原
脂肪等非糖物质 ──转化──▶ (3.9~6.1 mmol/L) ──转化──▶ 甘油三酯、某些氨基酸
```

```
                                         胰岛A细胞    胰岛B细胞
       血糖升高 ──▶ ③                       │           │
下丘脑某         │          来源去路          ▼           ▼
一区域    甲   ②   丙                    胰高血糖素    胰岛素
         ①─+─乙  下丘脑另  调节过程  血糖  相关激素  升血糖      降血糖
              一区域                        │           │
       血糖降低 ◀──                        ▼           ▼
                           关注           肝糖原分解、  促进组织细胞
                                         非糖物质转化  对葡萄糖的
                         糖尿病患者                     摄取、利用、储存
                                              │           │
                                              ▼           ▼
                                           血糖水平维持平衡状态
```

二、甲状腺激素分泌的分级调节

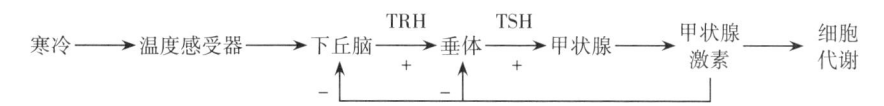

```
                            TRH      TSH
寒冷──▶温度感受器──▶下丘脑──+──▶垂体──+──▶甲状腺──▶甲状腺激素──▶细胞代谢
                       ▲        ▲
                       └───-────┴───-──────────┘
```

三、激素调节的特点

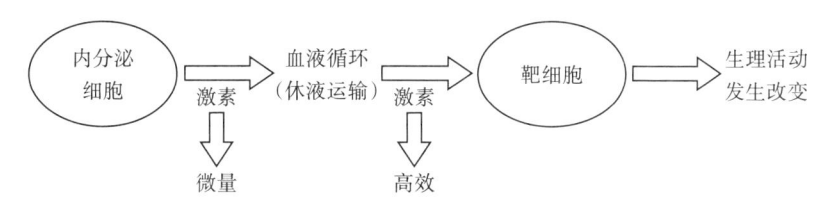

```
内分泌   激素   血液循环   激素           生理活动
细胞    ────▶ (体液运输) ────▶  靶细胞 ────▶ 发生改变
         │              │
         ▼              ▼
        微量           高效
```

[课时作业设计]

请扫码查看作业及答案

体液调节和神经调节的关系　第5、6课时

[学习重难点]

(一)学习重点

1.体液调节和神经调节特点的比较。

2.通过体温调节和水平衡的调节实例,理解体液调节和神经调节的协调关系。

(二)学习难点

人体的体温调节和水平衡调节的分析。

[课时学习目标]

核心素养	课时学习目标
生命观念	形成稳态与平衡观,结合神经调节和体液调节机制,说出健康生活的意义。
科学思维	利用机体在特定条件下体内激素的变化情况,运用图文转换方式,构建体温调节和水平衡调节的模型图。
科学探究	通过深入剖析体温调节和水平衡调节过程中,体液调节和神经调节的协调关系,明确神经调节和体液调节在维持内环境稳态中所发挥的作用。
社会责任	借助自己的经历和身边的实例,运用专业知识对其进行判断,关注与体液调节相关的营养、健康等问题,并能够运用相关知识指导自己健康地生活。

[课时教学过程]

任务一:创设情境,引入新课

【教师活动】

展示教材第57页中的"问题探讨"实例。

思考:1.既然知道过山车是安全的,为什么心跳还会加速呢?

2.在这个例子中,人体所作出的反应,哪些与神经调节有关?哪些与激素调节有关?你能说出两者之间的关系吗?

【学生活动】

思考在坐过山车时,人体的内外反应变化;思考体液调节和神经调节的关系。

【设计意图】

利用学生熟悉的经历引入本课,既提升了课堂的趣味性,也能为后面的学习内容作好铺垫。

【评价方式】

学生自由发言的情况。

任务二:神经调节和体液调节的比较

【教师活动】

引导学生阅读教材第57页第一、二段内容,思考以下问题。

1.总结体液调节的概念,了解除激素以外的其他体液因子。

2.根据CO_2的调节模型图,了解其调节机理。

3.通过教材表3-1体液调节和神经调节的特点比较信息,明确两者各自具有的优势。

4.某些低等动物没有神经系统,是如何调节机体生命活动的?

【学生活动】

阅读课本中的内容,根据问题提示思考并作出回答。

【设计意图】

该板块知识相对比较简单,主要是让学生根据设置的层层问题自行总结并获取答案。

【评价方式】

学生积极回答问题情况。

任务三：神经调节和体液调节的协调——体温调节和水平衡调节

【教师活动】

无论是酷热还是严寒，无论是静止还是运动，人的体温总能保持相对恒定，而这种恒定是人体产热和散热过程保持动态平衡的结果。展示人在炎热和寒冷条件下的图片，引导学生思考以下问题。

1. 正常人体的体温是多少？为什么要维持恒定的体温？如何维持恒定的体温？
2. 人体的产热途径和散热途径有哪些？
3. 人体体温从36 ℃上升到38 ℃、从38 ℃下降为36 ℃，这些过程是如何实现的？
4. 以小组为单位，尝试构建体温调节的概念模型图，通过讨论逐步完善模型图。
5. 在体温调节模型图中，神经调节是哪些过程？体液调节是哪些过程？两者有什么关系？

总结：体温调节的调节机制。

根据教材第59页图3-9体温调节主要过程示意图，让同学之间相互解释体温调节的过程。

思考：有人认为，既然人体自带体温调节功能，那么为什么人还会因为过冷或者过热而生病呢？由此你能联想到哪些人生哲理呢？

【学生活动】

根据问题提示，明确与体温调节有关的信息；尝试构建并完善体温调节概念模型图；找出模型图中神经调节和体液调节的具体过程，明确两者的关系和体温调节机制；根据教材中的信息提示，同学之间相互解释体温调节的过程；根据所学内容，分析有关"人体的体温调节能力"方面的问题，并延伸到自己生活中的点滴。

【设计意图】

通过层层递进的问题串，利用"由点到面"的方式引导学生逐步明确与体温调节有关的信息，并尝试构建体温调节概念模型图；通过对模型图的分析，再通过"由面到点"的方式引导学生逐步找出神经调节和体液调节的过程，理解两者在体温调节过程中的关系和作用；通过同学间相互复述体温调节过程，再次梳理学生理解过程中的疑问，真正从根本上理解体温调节的机制；通过情境"人体过冷或过热条件下会生病"，引导学生思考人体的体温调节能力是有限的，进而延伸到做人、做事，都需要学会把握好分寸,明白"过犹不及""珍惜生命"等道理。

【评价方式】

学生积极参与问题的讨论、回答情况,构建体温调节模型的情况,互相提问、复述体温调节过程的情况。

【教师活动】

展示教材第60页表3-2正常成年人一天(24 h)水的摄入量和排出量,组织学生思考以下问题。

1.人体通过哪些途径摄入水和排出水?

2.在摄入水和排出水的过程中,涉及哪些相关的结构和物质?它们发挥了怎样的作用?

展示人体泌尿系统结构模式图,下丘脑、垂体结构模式图和抗利尿激素作用的原理图。

思考:1.尝试构建水平衡调节模型图,并通过相互讨论逐步完善模型图。

2.分析水平衡调节模型图中神经调节和体液调节的具体过程有哪些?

3.下丘脑在水平衡调节过程中的功能是怎样的?试分析下丘脑在血糖调节和体温调节过程中的功能又是怎样的?这说明了什么?

4.有人说"一个人一天内不吃饭、不喝水,但只要没有大小便,就可以维持体内水和无机盐的平衡。"这种说法对吗?有人喜欢吃清淡的食物,炒菜时放盐极少,长期下去,对他的健康可能会有什么影响?通过这两个例子分析水和无机盐平衡调节的意义是什么?

【学生活动】

根据问题提示,明确与水平衡和盐平衡调节有关的信息;尝试构建并完善水平衡调节概念模型图;找出模型图中神经调节和体液调节的具体过程,明确两者的关系和水平衡调节机制;根据水平衡调节模型图,分析下丘脑的功能,尝试总结下丘脑在各类调节过程中的作用;根据情境资料提示,分析水盐平衡被打破后带来的问题,感悟水和无机盐平衡调节的重要意义。

【设计意图】

通过层层递进的问题串,利用"由点到面"的方式引导学生逐步明确与水平衡调节有关的信息,并尝试构建水平衡调节概念模型图;通过对模型图的分析,再通过"由面到点"的方式引导学生逐步找出神经调节和体液调节的过程,理解两者在体温调节过程中的关系和作用;对于下丘脑功能的总结,只是让学生有一个初步的了解,真正的落实可以放到后面章节总结中;通过学生熟悉的情境资料分析,引导学生思考水和无机盐平衡调节的重要意义,渗透健康生活的理念。

【评价方式】

学生积极参与问题的讨论、回答情况,构建水平衡调节模型的情况及对所学知识的感悟和收获情况。

任务四:神经调节和体液调节的联系

【教师活动】

展示教材第62页内容,组织学生阅读教材,总结神经调节和体液调节的关系。

【学生活动】

阅读教材,总结神经调节和体液调节的关系。

【设计意图】

学生在学完各种调节的实例后,根据教材信息提示,通过自行阅读、总结的方式完成本环节,不仅有利于提升学生自学的能力,同时也有利于引导学生对所学内容进行串联,形成有效的信息链,感悟神经调节和体液调节共同协作维持内环境稳态的重要意义。

【评价方式】

学生总结神经调节和体液调节关系的语言表述情况。

【课时板书设计】

体液调节和神经调节的关系

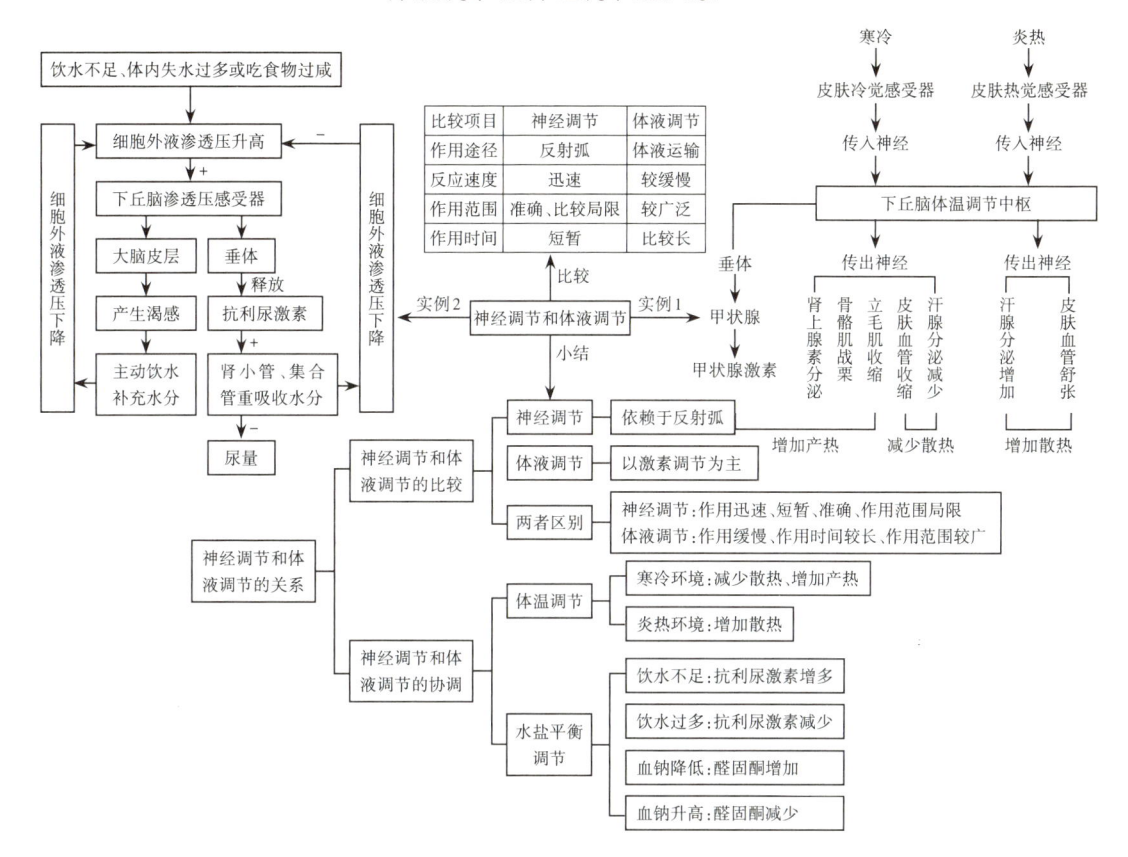

比较项目	神经调节	体液调节
作用途径	反射弧	体液运输
反应速度	迅速	较缓慢
作用范围	准确、比较局限	较广泛
作用时间	短暂	比较长

神经调节和体液调节的关系
- 神经调节和体液调节的比较
  - 神经调节：依赖于反射弧
  - 体液调节：以激素调节为主
  - 两者区别：
    - 神经调节：作用迅速、短暂、准确、作用范围局限
    - 体液调节：作用缓慢、作用时间较长、作用范围较广
- 神经调节和体液调节的协调
  - 体温调节
    - 寒冷环境：减少散热，增加产热
    - 炎热环境：增加散热
  - 水盐平衡调节
    - 饮水不足：抗利尿激素增多
    - 饮水过多：抗利尿激素减少
    - 血钠降低：醛固酮增加
    - 血钠升高：醛固酮减少

实例2（细胞外液渗透压调节）：
- 饮水不足、体内失水过多或吃食物过咸 → 细胞外液渗透压升高 → 下丘脑渗透压感受器 → 大脑皮层 → 产生渴感 → 主动饮水补充水分
- 下丘脑渗透压感受器 → 垂体释放抗利尿激素 → 肾小管、集合管重吸收水分 → 尿量
- 细胞外液渗透压下降

实例1（体温调节）：
- 寒冷 → 皮肤冷觉感受器 → 传入神经 → 下丘脑体温调节中枢 → 垂体 → 甲状腺 → 甲状腺激素；传出神经 → 肾上腺素分泌、骨骼肌战栗、立毛肌收缩、皮肤血管收缩、汗腺分泌减少 → 增加产热、减少散热
- 炎热 → 皮肤热觉感受器 → 传入神经 → 下丘脑体温调节中枢 → 传出神经 → 汗腺分泌增加、皮肤血管舒张 → 增加散热

[课后作业设计]

请扫码查看作业及答案

第4单元

免疫调节

一、单元主题及解读

单元主题：了不起的防卫系统

在我们生活的环境中，存在着许许多多的致病细菌、病毒等病原体，机体自身也常常会产生一些异常的细胞，但是一般情况下，这些病原体和体内的异常细胞并不会对人体造成危害。如果皮肤受到轻微创伤，伤口有时候也会因为病原体感染而发炎，但是我们常常不需要过度担心，一般情况下也不用特殊治疗就能自愈，人体的哪些结构和物质使我们机体能够抵抗这些病原体的侵袭呢？本单元包含了"免疫系统的组成和功能""特异性免疫""免疫失调""免疫学的应用"几部分的内容，通过创设被狗咬伤对人体造成的影响、感冒症状及鱼虾过敏等生活情境，让学生们对于免疫系统各组成成分之间的相互作用、相互配合，共同完成免疫功能有更进一步的认识和理解，使学生能从系统与相互作用及信息的视角阐释生命的本质。

通过人类免疫系统的学习，构建重要概念——免疫系统能够抵御病原体的侵袭，识别并清除机体内衰老、死亡或者异常的细胞，实现机体稳态。让学生从整体上了解免疫系统的物质组成和结构基础。从细胞及分子水平上，通过一系列的生活实例分析和学习免疫系统的组成和功能、非特异性免疫和特异性免疫的作用过程、特点以及两者之间的联系；通过举例等方式了解免疫功能异常可能引发的疾病及免疫学的应用，达到学以致用的教学目标。运用稳态与平衡观、局部与整体观等生命观念，解释各种免疫应答过程在维持机体稳态中的作用，了解器官移植与主要组织相容性抗原的关系及干细胞移植的价值等知识，关注免疫学技术的发展。同时宣传我国预防和治疗传染病（例如艾滋病）的政策和成就，引导学生树立正确的健康观。

了解人类免疫系统的工作方式，有助于帮助学生解释自身、家人和亲友面临的健康问题,能够向家人及亲友积极宣传预防流感、艾滋病等传染病的知识;不信谣,不传谣,能够结合自身情况选择接种流感疫苗及其他疫苗,积极向他人宣传传染病的知识,不歧视传染病病人,更有利于培养学生的科学思维能力和社会责任意识,逐步形成珍惜健康、科学生活、积极向上的生活态度。

二、单元概念关系图

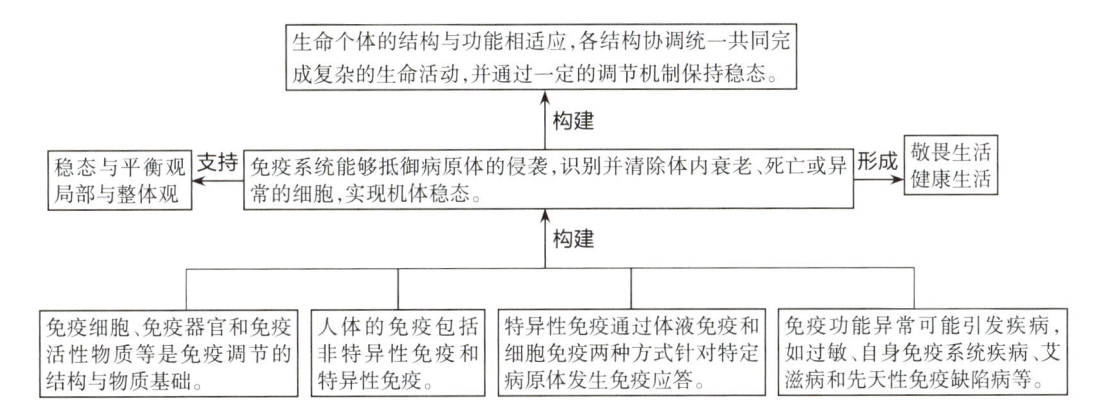

```
                  ┌─────────────────────────────────────────┐
                  │ 生命个体的结构与功能相适应,各结构协调统一共同完 │
                  │ 成复杂的生命活动,并通过一定的调节机制保持稳态。│
                  └─────────────────────────────────────────┘
                                     ↑ 构建
┌──────────────┐  支持  ┌─────────────────────────────────┐  形成  ┌──────────┐
│ 稳态与平衡观 │──────│ 免疫系统能够抵御病原体的侵袭,识别│──────│ 敬畏生活 │
│ 局部与整体观 │       │ 并清除体内衰老、死亡或异常的细胞,│        │ 健康生活 │
└──────────────┘       │ 实现机体稳态。                    │        └──────────┘
                       └─────────────────────────────────┘
                                     ↑ 构建
          ┌──────────────┬──────────────┬──────────────┐
┌─────────────────┐┌─────────────┐┌─────────────────┐┌─────────────────┐
│免疫细胞、免疫器官││人体的免疫包括││特异性免疫通过体液││免疫功能异常可能 │
│和免疫活性物质等 ││非特异性免疫和││免疫和细胞免疫两种││引发疾病,如过敏、│
│是免疫调节的结构 ││特异性免疫。  ││方式针对特定病原体││自身免疫系统疾病、│
│与物质基础。     ││             ││发生免疫应答。    ││艾滋病和先天性免疫│
│                 ││             ││                 ││缺陷病等。       │
└─────────────────┘└─────────────┘└─────────────────┘└─────────────────┘
```

三、单元导航图

核心素养	学习目标	关键问题	学习任务	课时
生命观念	在理解机体免疫应答的不同方式及其结构基础等知识的基础上，形成稳态与平衡观、局部与整体观等生命观念，认识免疫调节维持机体稳态的特点，分析各种免疫应答方式之间的关系。通过学习各种信息观和稳态与平衡观，进一步深入理解生命的本质。	免疫系统的组成是什么？	任务1：举例说出免疫系统的物质和结构基础及免疫系统的防御功能。	第1课时
科学思维	基于免疫反应的基本原理，运用概括与归纳等科学思维方法，用图示、模型等方式，阐释机体识别和清除病原体与自身异常细胞的机制，分析器官移植出现反应的原因及预防措施。	免疫系统具有什么功能呢？	任务2：阐明特异性免疫是通过体液免疫和细胞免疫两种方式针对特定病原体发生的免疫应答。	第2、3课时
科学探究	针对免疫功能异常引起的疾病，能结合具体病例，提出问题并设计相应的研究方案，寻找证据，探讨病因，并尝试提出预防和治疗建议。	B细胞、T细胞参与特异性免疫应答的过程是怎样的？	任务3：了解免疫功能异常引发的疾病及预防和治疗措施。	第4课时
社会责任	主动关注免疫制剂的应用现状，运用免疫学的原理，分析免疫调节剂的作用及其开发前景，宣传我国免疫预防接种的政策和成就及预防流感的措施、如何预防过敏，艾滋病及其预防等知识。指导人们科学、健康地生活，关注与人类息息相关的医学发展，提高对免疫学的应用和发展的认识，激发对免疫学的研究兴趣，为健康中国助力。	免疫功能异常引发的疾病有哪些？	任务4：免疫学的应用。	第5课时

四、任务活动和课时设计

课时	任务	活动
第1课时	任务1：举例说出免疫系统的物质和结构基础及免疫系统的防御功能。	活动1-1：基于炎症反应化验单的数据，分析、归纳免疫系统的组成。 活动1-2：基于实验材料的事实与证据，演绎、推理免疫细胞如何识别异己。 活动1-3：基于MHC分子科学史，探究干细胞移植等医学问题。 活动1-4：讨论病毒与免疫的关系，结合实例，运用图示等方式阐释非特异性免疫的防御功能。
第2课时 第3课时	任务2：阐明特异性免疫是通过体液免疫和细胞免疫两种方式针对特定病原体发生的免疫应答。	活动2-1：结合生活实例，分析、说明免疫系统如何调节对内外环境的变化作出应答，以维持内外环境的稳定性。 活动2-2：结合诺贝尔奖研究成果的实验和证据，运用概念图的形式解释如何启动特异性免疫应答。 活动2-3：结合科学探究实验和生活实例，解释细胞免疫和体液免疫的机制。
第4课时	任务3：了解免疫功能异常引发的疾病及预防和治疗措施。	活动3-1：结合生活实例，运用免疫学原理，认识免疫失调引发的疾病或危害。 活动3-2：开展针对艾滋病病因的探究，运用多种方式整理、分析和讨论探究结果，提高对疾病防控的意识。
第5课时	任务4：免疫学的应用。	活动4-1：查找疫苗接种资料。 活动4-2：以接种卡介苗为例，讨论、分析和归纳疫苗的应用原理。 活动4-3：讨论、分析器官移植的免疫学应用。

五、单元作业设计

课时	评价目标	作业类型	核心素养	学业质量水平
第1课时	能够准确描述人体三道防线的内涵，并能够区别出非特异性免疫和特异性免疫；能够辨析免疫器官、免疫细胞、免疫活性物质的概念和相互关系，顺利构建出免疫系统的模型；能够概述免疫系统的功能。	课堂作业（口头表述） 课后作业（书面习题）	生命观念1	1-2

续表

课时	评价目标	作业类型	核心素养	学业质量水平
第2课时	能够清晰描述免疫细胞对抗原的识别机制；清楚抗原和抗体细胞受体具有对应的结构；能够阐明B细胞和T细胞在特异性免疫中的作用；能够正确理解和辨析特异性免疫的概念；能够理解体液免疫中各类细胞、免疫活性物质的作用及过程，独立构建出体液免疫的过程；能够列表比较特异性免疫和非特异性免疫的异同。	课堂作业（口头回答和书面学案）课后作业（书面习题）	生命观念1 科学思维2	1-3 2-3
第3课时	能够理解T细胞在对异体细胞排斥过程中起重要作用；能够画出细胞免疫的过程；能够根据免疫概念解释免疫的监视功能；能够构建特异性免疫的完整模型；能够说出神经系统抑制免疫功能的表现；能够辨析免疫系统能通过产生的各类细胞因子对神经系统和内分泌系统起调节作用。	课堂作业（角色扮演和表格辨析）课后作业（书面习题）	科学思维2	2-2
第4课时	能够准确对各种过敏反应和自身免疫病进行合理的分析，清楚过敏反应和自身免疫病的机理；能够说明人类免疫缺陷病毒（HIV）感染人体的机理，并用该机理预防艾滋病的传播及弘扬和倡导健康的生活方式。	课堂作业（书面学案）课后作业（书面习题）	科学思维2 科学探究3	2-2 3-2
第5课时	能够说出疫苗的概念及作用并能准确解释其作用机理；能够说出免疫治疗的原理；能够理解器官移植与组织相容性抗原的关系；能够解释器官移植面临的免疫排斥问题。	课堂作业（口头表述）课后作业（书面习题）	科学思维2	2-2

六、课时教学设计

免疫系统的组成和功能 第1课时

[学习重难点]

(一)学习重点

免疫系统的组成。

(二)学习难点

免疫系统的功能。

[课时学习目标]

核心素养	课时学习目标
生命观念	理解免疫器官、免疫细胞、免疫活性物质的概念和相互关系。概述免疫系统的功能,构建结构与功能相适应的观念,认识到人体生命活动的复杂性和独特性。
科学思维	通过分析问题,概括人体免疫系统的组成,构建免疫系统的组成模型,并通过图文转换、模型分析等环节,拓展科学思维能力。
科学探究	理解免疫系统在维持稳态中的作用,学习科学探究的方法。
社会责任	通过了解免疫学与实际生活的关系,认识科学的发展对人类健康和发展的重要性,建立科学的价值观。认同免疫力有一定的限度及科学用药的重要性,认同劳逸结合、积极锻炼等提高免疫力的生活方式。

[课时教学过程]

任务一:创设情境

【教师活动】

创设情境,思考问题:1.邻居小李被家里的狗咬了,这对小李会有什么影响?

2.不管被咬的程度是否严重她一定会患狂犬病吗?

3.小李是否患狂犬病跟狗有没有咬破皮肤有关吗? 为什么?

【学生活动】

展开讨论,回答问题。

【设计意图】

随着人们生活水平的提高,越来越多的人养宠物狗,宠物狗咬伤人事件时有发生,借用学生颇感兴趣的生活情境导入新课,激发学生的思维。

【评价方式】

学生讨论的情况,过程中是否认真。

任务二:免疫系统的组成

【教师活动】

提出问题:感冒时,你会有哪些不适的症状?其中可能会出现扁桃体肿大的现象,有时颌下等部位还会出现淋巴结肿大,这是为什么呢?

进一步引导学生思考还有哪些器官、细胞和化合物组成我们的免疫系统。结合生活经验,组织学生阅读教材第P66~P68页内容,思考讨论以下问题。

1.什么是免疫器官?它包括哪些器官?

2.什么是免疫细胞?包括哪些细胞?它们有什么不同?

3.什么是免疫活性物质?包括哪些?

讲解:1.明确免疫器官、免疫细胞、免疫活性物质的概念、组成和相互关系,引导学生构建并解释免疫系统的组成模型。

2.介绍抗体以外的免疫活性物质。

3.解释扁桃体、淋巴结肿大的原因。

总结:免疫系统是由免疫器官、免疫细胞和免疫活性物质组成的,这些组成成员相互联系、相互影响,有机地结合在一起,形成统一整体——免疫系统。

【学生活动】

1.结合生活经验,小组分析讨论之后发表观点。其他小组评价、补充。

2.阅读教材,独立完成相关问题。说出免疫器官、免疫细胞和免疫活性物质各包括哪些。

3.尝试构建类似教材上的免疫系统组成的概念模型。

4.理解扁桃体、淋巴结肿大的机理。

【设计意图】

在学生已有的生活经验基础上创设情境,并将问题巧妙地设计到生活情境中,使学生实实在在地感受到免疫学知识和自己的生活息息相关,从而触发学生的学习兴趣和提高学习的主动性。

【评价方式】

通过让学生先自学相关内容,回答问题,再带着问题听老师的讲解,以学生回答问题的情况评价学生的掌握程度。

通过让学生构建概念模型,检查学生构建模型的情况,以此评价学生的科学思维及能力。

任务三:免疫系统的功能

【教师活动】

提出问题:在初中的时候我们已经学过一些关于免疫的相关知识,我们知道,抵御病原体的攻击,人体有几道防线?结合初中所学知识分析,在没有被狗咬破皮肤的情况下,会不会患狂犬病?

播放流感病毒入侵人体过程的视频,要求学生观察并说出组成非特异性免疫的结构和生理功能。

提出问题:如果第一、第二道防线被突破了,那么第三道防线是怎样起作用的呢?引入人体的第三道防线。

讲解:解释抗原、抗原呈递细胞以及抗体的结构特点和作用机理。

区分:要求学生比较第三道防线与第一、二道防线的区别。

思考:1.三道防线说明免疫系统有什么功能?

2.影响人体健康,破坏内环境稳态而使人致病的危险因素除了来自外界的病原体外,还可能有哪些?免疫系统是如何应对、处理的?这体现了免疫系统还有哪些功能?

3.三大免疫功能若失常会导致什么后果?其意义分别是什么?

引导学生围绕三道防线,依托免疫防御功能,厘清免疫功能与免疫器官、免疫细胞和免疫活性物质等组成的关系。

思考:我们该如何增强自己的免疫力?

【学生活动】

1.结合知识及经验进行分析,得出结论:人体有三道防线,没有被狗咬破皮肤不会患狂犬病,皮肤是免疫系统的第一道防线。

2.观看视频后总结:人的第一、第二道防线属于非特异性免疫,主要是抵御病原体的攻击,是每个人与生俱来的,不针对某一类特定病原体。

3.思考回答第三道防线的定义和特点。

4.思考说出除病原体外,体内衰老、损伤和癌变细胞也可能会影响内环境稳态。

5.总结出免疫防御、免疫自稳和免疫监视三大功能。

6.小组思考讨论增强免疫力的方式。

【设计意图】

通过生活情境,使学生初步了解免疫系统的功能,对免疫系统的三道防线有一个整体的认识;通过视频引起学生兴趣,激发学生对免疫系统功能的学习热情,有利于学习本节课的重点知识;基于事实构建免疫系统功能这一重要概念;通过相关的讨论,对知识进行应用和巩固,同时使学生形成健康生活、积极锻炼的意识。

【评价方式】

学生回答问题的全面性和准确性。

【课时板书设计】

免疫系统的组成和功能

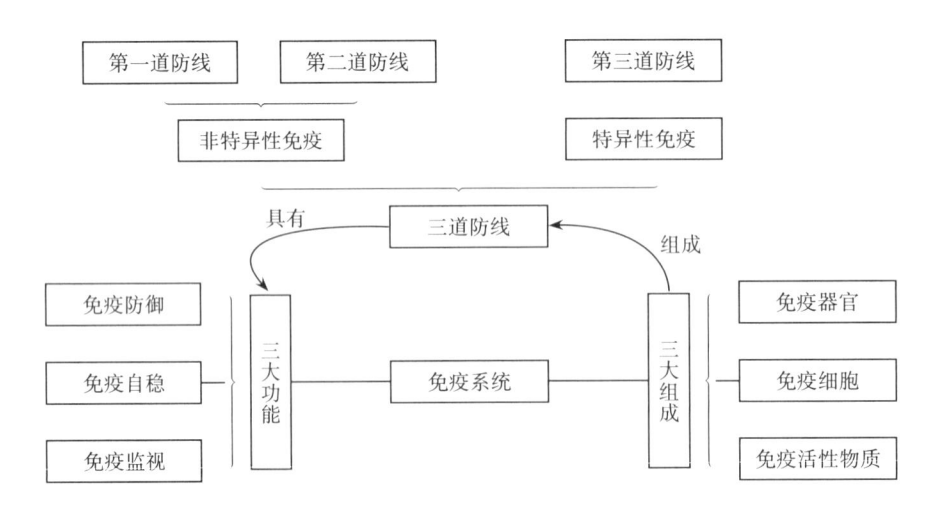

[课时作业设计]

请扫码查看作业及答案

特异性免疫 第2、3课时

[学习重难点]

(一)学习重点

1. 体液免疫的结构基础及维持机体稳态的作用。

2. 体液免疫的基本原理。

(二)学习难点

神经系统、内分泌系统与免疫系统三大系统之间的关系。

[课时学习目标]

核心素养	课时学习目标
生命观念	理解体液免疫的结构基础及应答特点,形成稳态与平衡观、结构与功能观等生命观念,阐述体液免疫维持机体稳态的作用及局限性。
科学思维	基于体液免疫的基本原理,通过概括与归纳等科学思维过程,用图示模型等方法,阐释体液免疫的机制。
科学探究	结合细胞免疫、体液免疫和非特异性免疫的应答和功能特点,查阅资料,论述不同免疫途径针对不同病原体所发挥的独特作用及其相互关系。
社会责任	通过了解免疫学与实际生活的关系,认识科学的发展对人类健康和发展的重要性,建立科学的价值观。认同免疫力有一定的限度以及科学用药的重要性,认同劳逸结合、积极锻炼等提高免疫力的生活方式。

[课时教学过程]

✅ 任务一：创设情境

【教师活动】

组织学生阅读教材第71页"问题探讨"的情境内容。

思考：你认为感冒时都要去医院就诊吗？

【学生活动】

阅读教材，思考问题。

【设计意图】

利用问题情境，激发学生的探索欲望。

【评价方式】

学生回答问题的全面性。

✅ 任务二：免疫系统对异己的识别

【教师活动】

设置情境：揉眼睛、抠鼻子等行为可能使病毒突破黏膜和皮肤等防线进入体液使人感染，病毒进入体液后如何被免疫识别从而引发免疫反应的呢？引导学生自学"身份标识"的内容并观看教材图片及病毒与人体细胞表面的结构、吞噬细胞识别与吞噬并呈递病毒抗原的过程视频。

总结：1.人体细胞表面具有标明其身份的分子标签（一组蛋白质），能够被自身免疫细胞所识别。除了同卵双胞胎外，一般来说，不同人的身份标签存在显著差异。

2.病原体表面具有标明其身份的分子标签。

（1）有些分子标签是许多病原体共有的，具有吞噬作用的细胞（树突状细胞、巨噬细胞等）能依靠细胞表面受体识别这些分子标签。

（2）病原体被加工处理后，暴露出来的抗原信息（分子标签）能反映不同病原体的个性信息，T细胞表面受体可以识别这类抗原信息。

（3）病原体表面的个性信息也可以直接被B细胞表面受体所识别。

【学生活动】

阅读教材,观看视频后结合已知概念进行概括,明确所有细胞及病原体表面都有多种蛋白质作为分子标签,免疫细胞依靠细胞表面的受体对这些分子标签进行相应的识别来区分"敌我"。与教师互动完成吞噬细胞识别、吞噬病毒并呈递抗原过程的示意图。

【设计意图】

通过情境设置、提问等方式,培养学生的概括能力,为特异性免疫的学习作铺垫。

【评价方式】

学生回答问题的全面性和准确性,参与课堂活动的积极性。

任务三:体液免疫的过程

【教师活动】

讲解:病原体突破非特异性免疫的防线后,机体会启动特异性免疫来应对。特异性免疫人为分为体液免疫和细胞免疫两种。B细胞激活后可以产生抗体,而抗体存在于体液中,所以这种主要依靠抗体"作战"的方式称为体液免疫。

阅读资料:1890年Emil Von Behring和Kitasato Shibasaburo发现暴露于破伤风或白喉毒素的动物血清可以赋予其他动物免疫力。血清的这一活性被称为anti-toxin(抗毒素)。后来科学家又提出用antibody这个词来代表赋予血清免疫力的实体化学物质。抗体是从哪里来的呢?20世纪40年代,Mogens Bjrneboe, Harald Gormsen和Astrid Fagraeus发现,用疫苗或者毒素持续刺激兔子,会导致浆细胞群体大量分泌抗体,后来的研究表明浆细胞起源于B细胞。但是浆细胞如何学会产生针对特定抗原的抗体?这一谜团却一直未被解开。

19世纪Ehrlich提出了第一个抗体产生的理论——侧链理论。他认为抗体表达细胞表面拥有独特的蛋白质"侧链",当毒素或致病物质与细胞中的一条侧链结合时,细胞会增加该侧链的数量。由于反复暴露在抗原环境中,侧链最终被释放到血液中,血清中也就具有了抗体。Ehrlich假定了每个抗体表达细胞能产生所有不同类型的抗体,抗原刺激导致抗体表达细胞分泌的特定抗体数量增加。这要求每个抗体表达细胞都含有控制所有抗体类型的基因。后来的研究发现抗体类型上千万甚至上亿,免疫细胞中显然没有那么多的基因。

1957年Frank MacFarlane Burnet提出了另一种假说,他认为机体内具有不同的抗体表达细胞,每一个抗体表达细胞产生一种类型的抗体。抗原刺激导致抗体表达细胞被选择,这些被选中的抗体表达细胞进行克隆(增殖),从而产生大量针对特定抗原的抗体。后来的工作表明Burnet的想法是正确的。

引导学生根据资料阅读教材并尝试回答以下问题。

1. 参与体液调节的细胞有哪些?
2. B细胞如何被激活?
3. T细胞的作用是什么?
4. B细胞活化后有何作用?
5. 抗体如何起作用的?
6. 记忆细胞的功能是什么?
7. 哪个细胞一直没有接触过抗原?
8. 抗原呈递细胞起什么作用?
9. 抗体可否直接导致抗原死亡?
10. 什么是二次免疫?

【学生活动】

阅读资料及课文思考、讨论并回答教师提出的问题,理解体液免疫中各类细胞、免疫活性物质的作用及免疫过程。

【设计意图】

通过资料体会科学发现的过程,进一步理解体液免疫的过程,从而更深层次地理解特异性免疫的特性,发展学生科学思维能力。

【评价方式】

学生参与的积极性、回答问题的全面性与准确性等。

任务四:细胞免疫的过程

【教师活动】

讲解:结核杆菌是胞内感染菌,可侵害人体多种组织和器官,引起结核病,其中以肺结核最为多见。结核分枝杆菌侵入机体被吞噬细胞吞噬后,其荚膜和细胞壁中的多糖和脂质成分可抑制吞噬细胞中的吞噬体与溶酶体的融合,因而能在细胞内长期存活,并干扰宿主细胞的代谢,逃避宿主细胞的杀伤作用。另外,机体自身的细胞在代谢、更新、生长、发育等过程中也会产生一些异常细胞或者癌变细胞,这些细胞也需要被及时清除,才能维持机体的稳态。

思考:机体的免疫系统如何识别并清除这些被胞内病原体感染的细胞以及自身的异常细胞呢?

播放视频:病毒或者胞内寄生菌感染宿主细胞后的抗原呈递过程。

让学生构建细胞免疫过程图并准确描述其过程,回答下列问题。

1. 参与细胞免疫的细胞有哪些?
2. 细胞毒性T细胞的活化需要什么细胞的刺激?
3. 细胞免疫中细胞毒性T细胞从哪些细胞分化而来?
4. 活化后的细胞毒性T细胞的作用是什么?
5. 细胞免疫中能识别抗原的有哪些细胞或物质?
6. 细胞免疫能否彻底清除胞内寄生抗原?

【学生活动】

阅读教材并分组讨论,观看视频构建细胞免疫的过程图,回答问题。

【设计意图】

通过视频进行直观教学,明确特异性免疫的含义,渗透结构与功能观;通过分组讨论、合作,培养学生的团队合作精神,体验科学探究的一般过程,掌握探究的基本思路。

【评价方式】

学生回答问题的情况及参与讨论的热情度、积极性。

任务五:体液免疫和细胞免疫的协调配合

【教师活动】

思考:1. 体液免疫和细胞免疫分别是如何体现针对某种病原体的特异性的?
2. 有人说,辅助性T细胞在免疫调节过程中起着关键的调控作用。你认同这一观点吗？请说出你的理由。

3.体液免疫和细胞免疫之间的联系体现在什么地方？

组织学生讨论体液免疫和细胞免疫的关系。

【学生活动】

思考、讨论并回答问题。

【设计意图】

通过提问、讨论的方式，培养学生归纳与概括的能力，加强对概念的理解。

【评价方式】

学生讨论的情况，过程中是否认真。

任务六：神经—体液—免疫调节网络的关系

【教师活动】

指导学生回顾正常的体温调节过程，描述神经调节和体液调节的关系和相互作用机制，并根据以上机制进一步推测免疫调节与其他调节方式相互作用的机制。

阅读资料：20世纪50年代以后，随着神经生理学技术的发展，科学家发现某些脑部位的毁损或刺激能改变血液中单核细胞的吞噬能力及抗体浓度，而且当机体接受抗原刺激后，脑内一些神经元的电活动发生改变，随着对各种生物活性物质的分离、纯化和鉴定，以及细胞培养技术的发展，科学家发现许多神经递质、神经肽及激素在体内均可影响免疫细胞的应答，免疫细胞除分泌细胞因子之外，还能合成某些激素和神经肽，参与对神经系统和内分泌系统的功能调节。

根据以上资料，组织学生思考下列问题。

1.神经—体液—免疫调节网络如何进行信息交流？

2.神经系统、内分泌系统与免疫系统相互联系的基础有哪些？

3.如何看待神经系统、内分泌系统和免疫系统的独特性和整体性？

神经调节、体液调节和免疫调节存在着相互作用、相互协调。例如，紧张和精神压力可加速免疫性疾病的进程，内分泌失调也会促使免疫性疾病的发生和发展；再如，免疫细胞有能接受各种激素信号的受体，很多类固醇激素可通过相应受体减弱免疫反应，而生长激素、甲状腺激素、胰岛素等可增加免疫反应。

总结：神经系统、内分泌系统与免疫系统之间存在着相互调节，通过信息分子构成一个复杂网络。这三个系统以各自独特的方式在内环境维持稳态中发挥作用，不可相互替代。神经调节、体液调节和免疫调节的实现离不开信号分子，信号分子通过与受体特异性结合发挥作用，信号分子的受体一般为蛋白质。确定受体位置，就可以了解信号分子作用的部位。

组织学生结合以上资料分组讨论，概括三种调节方式的共同作用机制，构建三大调节系统相互作用示意图。

【学生活动】

分析资料，思考回答问题，说出其中涉及的信号分子与相应的作用部位，明确免疫系统也能通过产生的各类细胞因子对神经系统和内分泌系统起到调节作用。回顾之前所学知识，构建出三大系统相互作用的示意图。

【设计意图】

基于生物学事实归纳和概括，阐明免疫系统对神经系统和内分泌系统的影响。构建模型，渗透结构和功能观、稳态与平衡观。

【评价方式】

学生对概念归纳和概括的全面性。

【课时板书设计】

特异性免疫

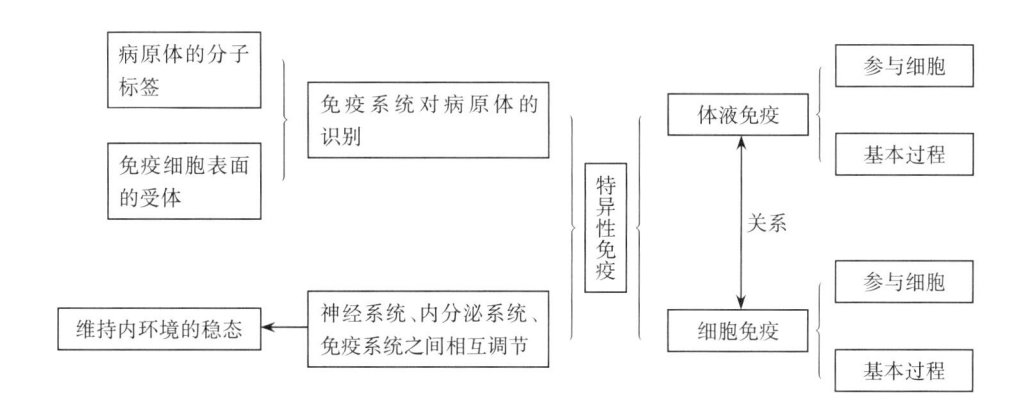

```
病原体的分子标签 ┐                                    ┌ 参与细胞
                ├─ 免疫系统对病原体的识别    体液免疫 ┤
免疫细胞表面的受体┘                                    └ 基本过程
                                                        ↕ 关系
                                                      ┌ 参与细胞
维持内环境的稳态 ← 神经系统、内分泌系统、          细胞免疫 ┤
                  免疫系统之间相互调节                  └ 基本过程
```
（中间为"特异性免疫"）

[课时作业设计]

请扫码查看作业及答案

免疫失调 第4课时

[学习重难点]

(一)学习重点

1.过敏反应的发生机理。

2.HIV感染人体的机理。

(二)学习难点

HIV感染人体的机理。

[课时学习目标]

核心素养	课时学习目标
生命观念	运用结构和功能相适应的观点解释免疫缺陷病的发病机理。
科学思维	通过对各种过敏反应的分析,说明过敏反应发生的机理;通过对多种自身免疫病的分析,说明自身免疫病的致病机理。
科学探究	分析说明HIV感染人体的机理,阐明如何预防艾滋病的传播。
社会责任	结合生活常见的相关实例,讨论健康的生活方式对提高免疫力的意义。

[课时教学过程]

任务一:过敏反应的概念、发生机理

【教师活动】

情境导入:生活中,我们有时看到这样一些现象,有的人吃了鱼虾等食物后,会发生腹泻、腹痛、呕吐,或是皮肤奇痒难耐;有的人吸入花粉后,会引发鼻炎或哮喘。这

些都是过敏反应的表现。据统计,全世界约20%～40%的人被过敏问题所困扰。

思考讨论:1.你还知道哪些过敏现象?

2.你知道上述过敏现象是如何发生的吗?

举例区分过敏原和抗原,指导学生结合教材文字及过敏反应发生机理示意图,构建过敏反应机理的概念图,结合生活实例,总结过敏反应的特点。过敏反应的特点:遗传倾向和个体差异。

对于过敏的人而言,花粉、粉尘等过敏原就是抗原,能引起免疫反应(过敏反应)。但是对于一般人而言,它们属于非致病性异物,不会引起免疫反应。

思考讨论:1.注射青霉素前医生为什么要求做皮试?

2.避免引发过敏反应的措施是什么?

【学生活动】

小组合作讨论问题,列举生活中常见的过敏反应的实例;小组合作构建过敏反应机理的概念图,归纳总结过敏反应的特点;结合过敏原的概念,得出预防过敏反应的措施。

【设计意图】

关注生活中常见的过敏反应,激发学生学习的积极性。认识过敏反应的机理,了解过敏反应的个体差异和危害性。

【评价方式】

学生讨论的情况,过程中是否认真。

任务二:自身免疫病的实例、概念和治疗

【教师活动】

设疑:过敏反应是敏感体质的人对本应是非致病的"异己"过度反应,免疫系统会不会对"自己"成分也过度反应呢?

展示风湿性心脏病的图片,并指导学生阅读教材中关于风湿性心脏病的发病机理相关内容,总结自身免疫病的概念。

结合教材图示,讲述类风湿性关节炎的致病机理,强调免疫失调的危害,指导学生阅读教材系统性红斑狼疮的相关信息并提出问题。

1.如何治疗自身免疫病？为什么治疗很困难？

2.自体造血干细胞移植为何可以治疗自身免疫病？

3.过敏反应和自身免疫病的区别是什么？

【学生活动】

认识常见的自身免疫病，理解自身免疫病的概念和发病机理，阅读教材，思考并回答相关问题，理解治疗自身免疫病的方法和原理，归纳并比较自身免疫病和过敏反应的区别。

【设计意图】

了解常见自身免疫病的发病机理，认识生命现象的复杂性和多样性，关注身体健康，树立敬畏生命的观念，培养正确对待疾病的生活态度和方式。

【评价方式】

学生讨论的积极性，回答问题的准确性。

任务三：免疫缺陷病的概念及类型

【教师活动】

思考：免疫功能是否会表现出低下甚至丧失呢？

播放视频：在完全无菌无毒的庇护塑料里生活的"泡泡男孩"。并指导学生阅读教材中有关免疫缺陷的概念和类型。

免疫缺陷病是指机体免疫功能不足或缺乏而引起的疾病。它分两种类型：(1)先天性免疫缺陷病如重症联合免疫缺陷病，因淋巴细胞发育的有关基因异常，导致缺乏T细胞和B细胞，任何病原体感染都有可能致命。(2)获得性免疫缺陷病，由疾病或其他因素引起的，如艾滋病。

资料1：人类免疫缺陷病毒(HIV)能够攻击人体的免疫系统，主要侵染辅助性T细胞。HIV侵入人体后通常可以潜伏2~10年甚至更长时间。其间HIV会经历迅速增殖，刺激机体产生免疫反应，免疫系统分泌抗HIV的抗体，这也是目前HIV检测的重要依据。直到艾滋病病发时，机体仍会继续分泌抗体。但是随着病毒的复制，T细胞数量持续下降，免疫系统功能减退，感染者出现淋巴结肿大、发热、体重下降等临床症状。最终患者死于免疫功能丧失引起的严重感染或恶性肿瘤等疾病。

资料2：艾滋病的治疗问题是人类面临的巨大挑战。目前科学家仍然没有找到根治HIV感染的有效方法，大多数的治疗方案是控制和降低感染者体内HIV的数量，如用多种抗病毒药物组合进行治疗。

资料3：目前，我国对所有的HIV感染者或艾滋病患者实行"发现就治疗，而且免费"，并遵循自愿原则。

讨论：1.HIV主要攻击辅助性T细胞，为什么最终患者会死于严重感染或恶性肿瘤？患者为什么直到发病时，体内仍具有较高水平抗HIV的抗体？

2."发现就治疗，而且免费"的目的是什么？这样做有什么意义？

3.由于治疗艾滋病非常困难，而人群对HIV普遍易感，所以预防就显得格外重要。请谈谈应该如何预防艾滋病。

阅读教材中的艾滋病传播途径、预防方法，辨析哪些行为不会感染HIV。

【学生活动】

分析资料，阅读教材，回答问题，小组讨论交流认识HIV，辨析传播途径，了解我国相关政策及"世界艾滋病日"。

【设计意图】

掌握艾滋病病毒感染人体的机理，理解艾滋病患者的死因，了解艾滋病的传播途径，认同国家政策，形成关爱他人、关爱生命的社会责任感。

【评价方式】

学生深度思考的情况及对资料的理解、分析能力。

【课时板书设计】

免疫失调

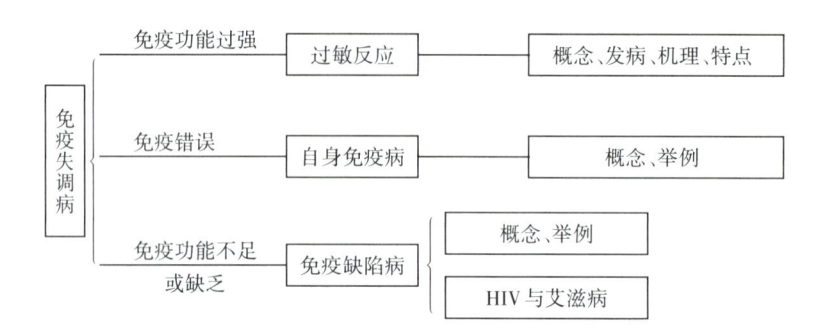

```
                   ┌─ 免疫功能过强 ── 过敏反应 ──── 概念、发病、机理、特点
                   │
免疫失调病 ────────┼─ 免疫错误 ──── 自身免疫病 ──── 概念、举例
                   │
                   │                              ┌── 概念、举例
                   └─ 免疫功能不足 ── 免疫缺陷病 ──┤
                       或缺乏                     └── HIV 与艾滋病
```

[课时作业设计]

请扫码查看作业及答案

免疫学的应用　第5课时

[学习重难点]

(一)学习重点

疫苗发挥作用的原理。

(二)学习难点

1.疫苗发挥作用的原理。

2.器官移植与组织相容性抗原之间的关系。

[课时学习目标]

核心素养	课时学习目标
生命观念	通过讨论预防接种,尝试说明疫苗发挥作用的原理。
科学思维	通过疫苗的应用及疫苗研究进展的学习,强化崇尚科学的意识,制作关于免疫学应用的科普宣传视频或者小报,进行社区宣传。

续表

核心素养	课时学习目标
科学探究	通过讨论器官移植与组织相容性抗原的关系,解释器官移植面临的免疫排斥问题,认同器官捐献,尝试提出解决器官移植面临的捐献短缺问题的解决方案。
社会责任	运用免疫学原理解释疫苗防疫原理,关注疫苗安全性,做到科学防疫,同时结合疫苗的作用和器官移植的相关实例,讨论健康的生活方式对提高免疫力的意义以及向他人宣传器官捐献的意义,培养学生的社会责任意识。

[课时教学过程]

任务一:免疫预防

【教师活动】

创设情境:某同学在流感开始大规模流行前接种了流感疫苗,可是没过一两个月,他患流感了;而他听说接种过一次麻疹疫苗,终生就不会得麻疹了。他对此很困惑:这到底是什么原因呢?

讨论:为什么注射的流感疫苗没起到预防作用呢?

阅读资料:巴斯德研制鸡霍乱疫苗和狂犬疫苗。

爱德华·詹纳接种牛痘预防天花给了科学家启示:可以筛选低毒病原体刺激机体产生免疫。

巴斯德等人起初认为只需要将鸡霍乱病菌反复培养几代,其毒性便会降低。然而,注射培养过多代的霍乱病菌,鸡仍会快速发病死亡。巴斯德等人觉得没有头绪,就去外面放松了一圈,回来后发现实验室还留有一些没有处理的样品,用于接种后,发现毒性减弱(鸡没有死亡)。后来多次验证发现这种"老化病菌培养法"可以用于病菌减毒,从而制备了减毒的鸡霍乱疫苗。

后来巴斯德又着手制备狂犬疫苗。在了解到狂犬病毒主要侵染中枢神经系统之后,巴斯德等人从感染狂犬病毒致死的兔子身上取出一段脊髓,新鲜脊髓制品注入狗体内是致命的(患狂犬病),而把新鲜脊髓制品干燥后再注入狗体内则不致命,由此制备了减毒的狂犬疫苗。

最初制备的疫苗还无法用于人体实验。1885年一位绝望的母亲带着被狂犬咬伤的9岁儿子约瑟芬向巴斯德求助。在未经过人体实验且不清楚适宜剂量的情况下,巴斯德给小男孩连续注射了十几针不同毒性的狂犬疫苗,结果小男孩幸运地活了下来。

巴斯德起初给小男孩注射多针不同毒性的疫苗,带有一定的实验性质。今天来看,其可以起到不断刺激免疫系统的作用,通过叠加作用获得更好的免疫防护。

根据上述资料,引导学生了解疫苗的作用,讨论以下问题。

1. 生产疫苗常用的方法有哪些?
2. 疫苗的作用是什么?
3. 疫苗的应用原理是什么?
4. 疫苗在免疫反应中相当于什么成分?
5. 小时候接种过的卡介苗,长大了还有用吗?
6. 接种过新冠病毒疫苗两针剂的人为什么还要推荐接种加强针?

引导学生根据疫苗的作用原理解释下列疫苗使用时的相关问题。

1. 新冠疫苗接种后为什么要观察30分钟方可离开?
2. 为什么接种疫苗后会有轻微的反应?
3. 患有免疫缺陷的儿童能否接种疫苗?

归纳总结接种疫苗的注意事项,形成接种疫苗是预防传染病的有效措施的认知。

【学生活动】

小组合作交流,讨论回答,根据资料得出生产疫苗的方法及疫苗的种类,讨论并归纳疫苗的概念和作用;根据教师提供的资料,讨论并回答问题,分组讨论,小组展示。

【设计意图】

基于情境资料分析,引导学生归纳疫苗的概念,从而发展和培养学生归纳和概括的科学思维,培养学生辩证思考的能力。通过具体实例分析,归纳总结疫苗应用原理,在遇到相关问题时能够做到理性分析、客观评价。

【评价方式】

学生对资料的分析、概括能力及回答问题的全面性、准确性。

任务二:器官移植的免疫学应用

【教师活动】

医学上把用正常的器官置换丧失功能的器官,以重建其生理功能的技术叫作器官移植。根据教材引导学生思考讨论下面问题。

1. 最初进行的器官移植,为什么总是不成功呢?
2. 在进行器官移植或骨髓移植时,为什么都要先进行配型,即检查供体和受体之间的组织相容性呢?
3. 利用自由体干细胞培养出的组织进行移植,有何优点?
4. 在进行器官移植时,运用免疫抑制剂可以提高成活率。但这些药物会使淋巴细胞减少,因而器官移植时容易患感染性疾病。这一问题该如何解决?
5. 什么是人类白细胞抗原?
6. 器官移植成功的关键是什么?如何提高器官移植的成活率?

【学生活动】

思考、讨论、回答问题。

【设计意图】

引导学生运用免疫学原理解释器官移植面临的免疫排斥问题,并分析、提出解决问题的方案。

【评价方式】

学生独立思考的情况、小组讨论的参与度和积极性。

任务三:免疫诊断和免疫治疗

【教师活动】

提供资料:我国体外诊断试剂以及体外诊断免疫组化监测癌症的方法报道。思考:通过以上资料你对免疫诊断有何认识?你能说明免疫诊断的原理吗?

【学生活动】

阅读资料,思考回答。

【设计意图】

提供前沿资料,引导学生关注与健康息息相关的医学发展。

【评价方式】

学生阅读资料的专注度、回答问题的积极性。

【课时板书设计】

免疫学的应用

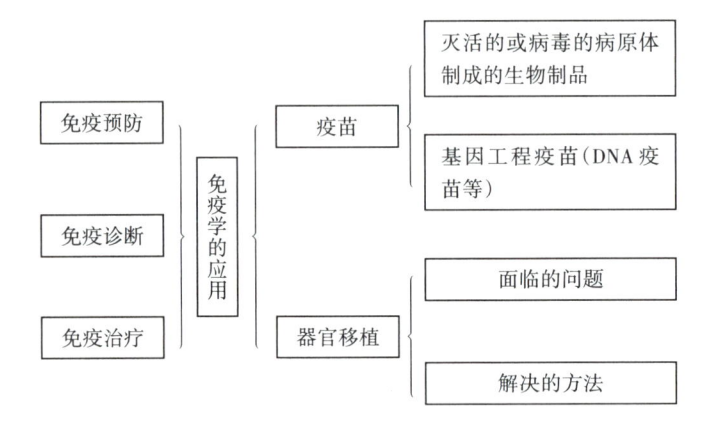

免疫学的应用:
- 免疫预防 → 疫苗
  - 灭活的或病毒的病原体制成的生物制品
  - 基因工程疫苗（DNA疫苗等）
- 免疫诊断
- 免疫治疗
- 器官移植
  - 面临的问题
  - 解决的方法

[课时作业设计]

请扫码查看作业及答案

第 5 单元

植物生命活动的调节

一、单元主题及解读

单元主题：用科学的方法提高黄瓜的产量，体会科学技术对人类生活品质的提升

人生活在地球上，"吃"是第一要素，也是必要条件。食物的健康，是保证身体健康、生活健康的首要保障。

黄瓜不仅是重要的蔬菜，也是植物性别研究的对象。黄瓜能产生雌花、雄花和两性花，这3种花的花芽都发育于两性花原基。目前，已发现多个决定黄瓜性别的基因，它们的功能各不相同，这些基因通过控制生殖器官生长或停止生长而决定花的类型。除遗传物质外，黄瓜性别还受环境和激素等多种因素的调控。在农业生产中如何用科学的手段提高黄瓜雌花和雄花的比例，使其多开雌花，进而提高产量，是本单元的研究主题。

通过本单元的学习，理解植物生命活动的过程，是多种激素相互作用、环境因素影响及植物自身基因表达调控的结果。联系学生实际展开探索生长素类调节剂促进插条生根的最适浓度、尝试用乙烯利催熟水果等实践活动，让学生懂得将所学知识用于生产实践，解决实际问题。通过利用植物生命活动调节原理，创造性开展"调控花期创造美好生活"实践活动，引导学生认识科学技术发展可造福人类，进而构建"生活·生命·生涯"的学习体系。

二、单元概念关系图

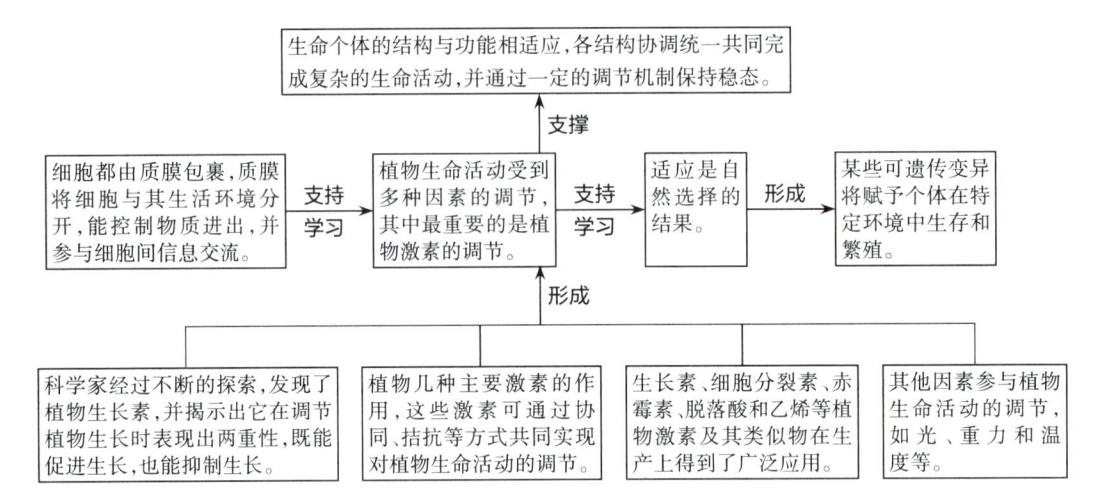

生命个体的结构与功能相适应,各结构协调统一共同完成复杂的生命活动,并通过一定的调节机制保持稳态。

↑ 支撑

| 细胞都由质膜包裹,质膜将细胞与其生活环境分开,能控制物质进出,并参与细胞间信息交流。 | → 支持学习 → | 植物生命活动受到多种因素的调节,其中最重要的是植物激素的调节。 | → 支持学习 → | 适应是自然选择的结果。 | → 形成 → | 某些可遗传变异将赋予个体在特定环境中生存和繁殖。 |

↑ 形成

- 科学家经过不断的探索,发现了植物生长素,并揭示出它在调节植物生长时表现出两重性,既能促进生长,也能抑制生长。
- 植物几种主要激素的作用,这些激素可通过协同、拮抗等方式共同实现对植物生命活动的调节。
- 生长素、细胞分裂素、赤霉素、脱落酸和乙烯等植物激素及其类似物在生产上得到了广泛应用。
- 其他因素参与植物生命活动的调节,如光、重力和温度等。

三、单元导航图

核心素养	学习目标	关键问题	学习任务	课时
生命观念	植物激素、环境因素对于植物生命活动调节来说，都是作为信息起作用的，通过学习，进一步建立生命的信息观。通过探索生长素类调节剂促进插条生根的最适浓度、尝试用乙烯利催熟水果等实践活动，让学生感受如何将所学知识用于生产实践，解决实际问题，同时再次领悟适度与平衡观。	调节黄瓜生长、发育、开花、结果的激素有哪些？	任务1：分析生长素在发现过程中的实验思路，得出相关推论。	第1课时
			任务2：解释植物的向光性。	
		各种植物激素的产生、分布、运输是怎样的？作用特点是怎样的？	任务3：总结生长素的产生、分布、运输。	
科学思维	通过探究"造成黄瓜苗向光性的原因"的活动，及课外实践"验证植物向地性的感受部位在根冠"，锻炼思维的逻辑严密性。透过现象探究本质，训练科学思维。		任务4：从细胞、器官水平解释生长素的生理作用。	第2课时
		各种植物激素的作用及相互关系是怎样的？	任务5：观察、讨论植物激素的调节现象，总结其他植物激素的生理作用，概括植物激素概念。	第3课时
科学探究	通过探究"植物生长调节剂的应用""尝试用一定浓度乙烯利提高黄瓜雌花比例""尝试用短日照、低温条件促进雌花形成"实践活动，学生在锻炼探究能力的同时感受如何将所学知识用于生产实践，以解决实际问题。	有哪些植物生长调节剂可调节黄瓜？如何施用？	任务6：联系生活实际，了解植物生长调节剂的作用，概括生长调节剂的概念。	第4课时
社会责任	认识植物生长调节剂在生产中的应用应该遵守国家相关法律法规，提升社会担当意识。利用植物生命活动调节原理，创造性开展"调控花期创造美好生活"实践活动，引导学生认识科学技术发展可造福人类。	光、重力、温度等环境因素是怎样参与调节黄瓜生长发育的？	任务7：分析资料，了解不同因素对植物生长发育调节的影响。	第5课时

四、任务活动和课时设计

课时	任务	活动
第1课时	任务1:分析生长素发现过程中实验思路,得出相关推论。	活动1:阅读资料,获取信息,找出科学家在实验过程中的实验组、对照组,分析实验得出结论。
	任务2:解释植物的向光性。	活动2-1:引导学生观察、比较图片,用所学知识解释相关性的原理。 活动2-2:学生讨论"问题探讨",归纳对动物和植物激素比较的结果。
	任务3:总结植物中生长素的产生、分布、运输。	活动3:分析教材,归纳整理激素的产生部位、作用部位、功能及其化学本质。
第2课时	任务4:从细胞、器官水平解释生长素的生理作用。	活动4-1:分析资料,对获取的信息进行归纳整理,形成结论。 活动4-2:进一步根据教师提供的探究实验,分析与讨论,得出结论。 活动4-3:梳理知识,用数学模型表达生长素生理作用的特点。 活动4-4:查阅资料,举例顶端优势在生产实际中的应用。
第3课时	任务5:观察、讨论植物激素的调节现象,总结其他植物激素的生理作用,概括植物激素概念。	活动5-1:阅读赤霉素相关资料,推测赤霉素作用,并尝试设计实验证明推测。 活动5-2:分析教材图5-11猕猴桃果实发育和成熟过程中激素的动态变化,归纳其说明了什么。 活动5-3:用表格的形式归纳、总结几种植物激素的合成部位及作用。
第4课时	任务6:联系生活实际,了解植物生长调节剂的作用,概括生长调节剂的概念。	活动6-1:阅读教材,合作讨论植物生长调节剂的作用,并设计一个药品使用说明书。 活动6-2:探究生长素类似物的最适浓度,设计实验方案。
第5课时	任务7:分析资料,了解不同因素对植物生长发育调节的影响。	活动7-1:分析现象,对教材中提供的资料进行讨论分析,认识光参与调控植物生命活动,理解光调控机制,并绘制流程图。 活动7-2:通过春化作用认识温度的调控作用,通过背地性分析重力的调控作用,并认识重力和温度在其他实例中的调节作用。

五、单元作业设计

课时	评价目标	作业类型	核心素养	学业质量水平
第1课时	能够通过阅读生长素的发现过程，归纳一定的实验结论，理解激素研究的方法，并能解释胚芽鞘的向光弯曲原理。	课堂思考（口头表述）课堂练习（思考回答）课后练习（书面作业）	科学思维2 科学探究3	2-3 3-2
第2课时	能够归纳植物激素的概念并与动物激素比较；能够通过资料分析，小组合作探究生长素的原理并用图表的形式表达；通过解读生长素作用特点的曲线图，能够正确分析、准确识图，并能归纳得出生长素的作用及特点。	课堂作业（填表格并表述）课堂作业（绘制流程图并交流）课后作业（基础训练和思维拓展）	科学思维2 科学探究3	2-3 3-2
第3课时	通过设计和分析探究实验，进一步领会演绎推理、逻辑分析在科学研究中的作用，能够针对其他植物激素等特定现象进行观察、提问、实验设计和讨论。	课堂作业（阅读资料和口头表述）课后作业（书面习题和实验设计）	生命观念1 科学思维2 科学探究3	1-2 2-2 3-3
第4课时	通过微视频、教材资料及学生查阅的资料，能使学生正确评述植物生长调节剂在生产中的使用，进一步理解科学技术发展对促进生产的积极作用，同时也要关注负面影响，培养学生的社会责任意识。	课堂作业（构建模型和口头表述）课后作业（书面习题和调查小报）	生命观念1 科学思维2 社会责任4	1-2 2-3 4-3
第5课时	能够根据情境资料了解光、重力、温度等对植物生长发育的调节作用；能够运用图文转换形式构建光作为信息的调节模型，构建相关的模型图，进而明确调节机制；能够绘制出环境因素、基因调控、植物激素共同调节植物生命活动的关系图。	课堂作业（构建模型和口头表述）课后作业（书面习题和情境分析）	生命观念1 科学思维2 社会责任4	1-3 2-4 4-4

六、课时教学设计

植物生长素 第1、2课时

[学习重难点]

(一)学习重点

1. 植物生长素的发现。
2. 植物生长素的生理作用。

(二)学习难点

1. 植物生长素的合成、运输、分布。
2. 植物生长素的生理作用。

[课时学习目标]

核心素养	课时学习目标
生命观念	通过对生长素发现过程的学习,进一步建立生命的信息观;植物生长素发挥的效应的大小与浓度低高有关,与细胞幼老程度等也有关系,由此可以领悟适度与平衡观。
科学思维	通过对植物生长素发现过程的学习,体会科学发现的规律:从现象提出问题,再设计实验开始研究,一步一步发现现象背后的原因,获得生物学新知识。
科学探究	通过开展探究与实践的活动,尝试探索生长素类调节剂促进插条生根的最适浓度,学习如何进行预实验,如何设置不同的浓度梯度来确定最适浓度。
社会责任	通过查阅资料,能举例说出顶端优势原理在农业和林业中的应用,引导学生认识生物科学技术发展可以造福人类。

[课时教学过程]

任务一:创设情境,引入新课

【教师活动】

展示图片1向着窗外生长的植物,图片2水平放置的萌发的玉米种子3 d后的根、茎生长状况,引导学生思考这是什么现象?

【学生活动】

思考、回答问题,得出植物向光性及根的向地性、茎的背地性的概念。

【设计意图】

联系生活实际,激发学生求知欲,引入新课。

【评价方式】

学生能否用准确的语言表达观察到的现象,以及是否能积极思考现象背后的原因。

✓ 任务二:生长素的发现过程

【教师活动】

以时间为节点,展示从达尔文到鲍森·詹森、拜尔再到温特的实验过程,引导学生提炼每位科学家的实验目的、用到了什么实验材料,每位科学家在实验过程中的实验组有哪些、对照组有哪些、得到的实验结论是什么?

【学生活动】

阅读材料,用表格的形式归纳和整理实验目的、实验材料、实验组、对照组、实验结论。

【设计意图】

通过展示实验过程,培养学生的分析能力,提高归纳、整理的能力,并学习科学家在获得知识过程中的探究思路及探究精神。

【评价方式】

学生阅读关键信息的准确度,归纳的全面性,思维的严谨性,结论的针对性。

✓ 任务三:生长素的本质、植物激素的概念

【教师活动】

重温生长素的发现过程,引导学生从教材中获取生长素本质的知识,并结合教材第93页"思考·讨论"中给出的问题,组织学生用列表的形式归纳、比较植物激素与动物激素的异同。

【学生活动】

归纳生长素本质,并用表格的形式比较植物激素与动物激素的异同。

【设计意图】

通过阅读、分析内容,培养学生归纳整理的科学思维、建立数学模型的能力。

【评价方式】

学生分析、总结的全面性和语言表述的准确性。

任务四:解释植物向光性的原因

【教师活动】

展示教材课本上胚芽鞘向光弯曲的图,以提问的形式引导学生思考以下问题。

1.胚芽鞘生长素产生部位在哪里?

2.胚芽鞘的感光部位在哪里?

3.胚芽鞘的弯曲部位在哪里?

4.给胚芽鞘单侧光,胚芽鞘为什么会向光源弯曲?

5.判断以下图中胚芽鞘的生长趋势?

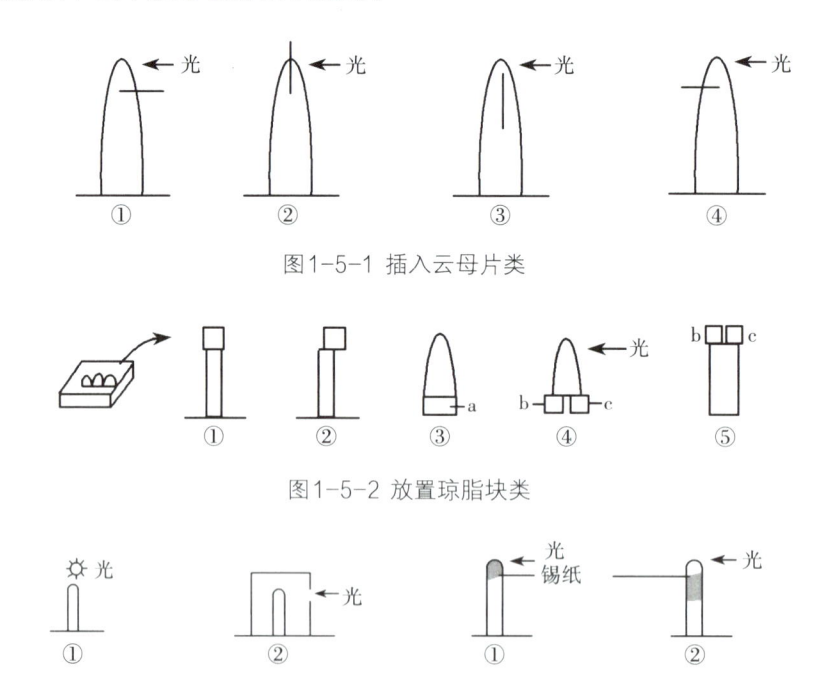

图1-5-1 插入云母片类

图1-5-2 放置琼脂块类

图1-5-3 遮光类

（只旋转植物） （整个装置旋转）
① ② ③

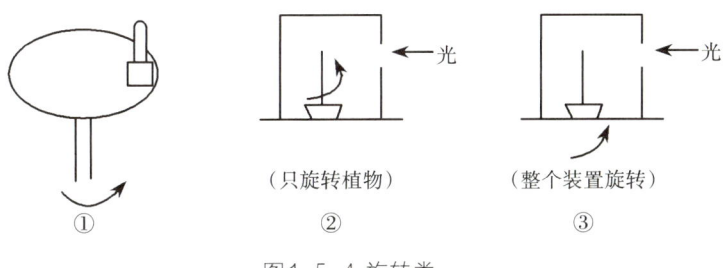

图1-5-4 旋转类

【学生活动】

通过前面的学习,思考以上提出的问题,以小组为单位呈现各自思考的答案,并在全班交流。

【设计意图】

从科学家的实验思路中了解科学的原理,便于让学生形成完整的、有逻辑关系的知识链。通过一系列问题的设置,可以让学生掌握胚芽鞘向光性原理并在实践中应用。同时,通过小组合作,培养学生小组合作意识及语言表达能力。

【评价方式】

学生参与小组活动的积极性,回答问题以及语言表述的准确性,应用知识的灵活性情况。

任务五：生长素的合成、运输、分布

【教师活动】

指导学生阅读教材第93页,回答下列问题。

1. 生长素主要合成部位在哪里？

2. 生长素的运输方向及运输方式是什么？

3. 生长素的分布部位在哪里？

结合教材第95页的思维训练,讨论并回答教材中的问题,学生回答后并追问：你还可以采用什么方法验证生长素的运输特点？请说出你的设计思路。

【学生活动】

阅读教材,思考并回答问题。

【设计意图】

通过问题串的形成和自主设计实验的方式,培养学生问题探究与设计实验的能力及创新意识。

【评价方式】

学生总结归纳和深度思考的情况以及资料的理解分析、语言表达能力。

任务六:生长素的生理作用

【教师活动】

指导学生阅读教材第93页,回答下列问题。

1. 从细胞水平解释生长素促进植物生长的原理。

2. 从器官水平解释生长素促进植物生长的原理。

3. 用流程图的形式表达生长素促进植物生长的机制。

【学生活动】

阅读教材,思考并回答问题,并画出流程图。

【设计意图】

通过阅读教材,在寻找问题答案的过程中,培养学生解释问题的逻辑性,理解生长素作为一种信息分子调节植物生命活动的本质。

【评价方式】

学生归纳总结和深度思考的情况以及资料的理解分析、语言表达能力。

【教师活动】

思考:生长素的作用只有促进生长吗?

资料:1934年,Thimann等人进行了一次经典的实验。他对豌豆进行保留顶芽或去除顶芽的处理,放置一段时间,观察侧芽生长情况,之后,在去顶芽的植株顶端外施生长素,再放置一段时间,观察其侧芽的生长状况。

思考:1. 在正常植株的顶芽与侧芽中,生长素积累较多的部位是哪里?

2. 如果生长素真的能抑制植株生长,那么实验结果可能是怎样的?

提供实验结果：

组别	侧芽增加的长度/mm
A.保留顶芽	3.4±0.5
B.去除顶芽	16.0±2.7
C.去除顶芽,外施生长素	1.8±0.6

3.A、B组处理的结果能否说明生长素抑制了侧芽的生长？

4.B、C组处理的结果说明了什么？

5.该实验的结论是什么？

【学生活动】

阅读资料并分析,思考并回答问题。

【设计意图】

通过引入资料,思考并回答问题,培养学生获取信息、分析实验数据得到相关结论的能力。

【评价方式】

学生深度思考的情况以及资料的理解分析、语言表达能力。

【教师活动】

通过以上资料,得出生长素对植物的作用既有促进作用又有抑制作用,提出问题。

1.生长素在什么情况下起抑制作用呢？

2.这可以归纳出什么作用特点？

3.以茎为例,画出受生长素调节的坐标图,它是否直观地表示出生长素的作用特点？

4.能否在画好的坐标图上添加芽和根受生长素调节的曲线？

【学生活动】

阅读教材,仔细思考,归纳出生长素作用特点,整理出不同部位对生长素敏感程度的区别,并画出茎、芽、根受生长素调节的坐标图。

【设计意图】

通过问题串的形式,培养学生归纳、整理以及用数学模型表达生物概念的科学思维能力。

【评价方式】

学生归纳总结能力和应用数学模型的能力。

任务七:生长素的应用

【教师活动】

展示具有顶端优势的植物图片,自然状态下很多树冠都呈宝塔形,这是源于顶端优势,即顶端优先生长而侧芽受抑制的现象。提出问题。

1. 你能解释顶端优势的原因吗?
2. 在生产实践中,你能列举促进顶端优势的例子吗?
3. 有没有消除顶端优势的例子?如何消除?

【学生活动】

通过前面教师提供的资料及教材的阅读,回答问题。

【设计意图】

通过对生产实践中生长素应用的思考,培养学生关注生活现象,学会用所学知识解释和解决生活中生物学问题。

【评价方式】

学生回答问题的全面性及语言表达能力的情况。

【课时板书设计】

植物生长素

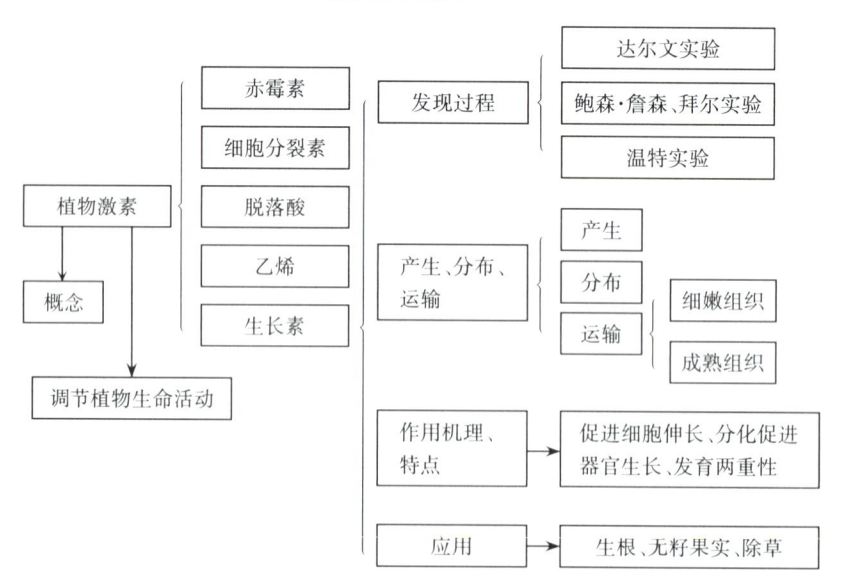

- 植物激素
  - 赤霉素
  - 细胞分裂素
  - 脱落酸
  - 乙烯
  - 生长素
    - 发现过程
      - 达尔文实验
      - 鲍森·詹森、拜尔实验
      - 温特实验
    - 产生、分布、运输
      - 产生
      - 分布
      - 运输
        - 细嫩组织
        - 成熟组织
    - 作用机理、特点：促进细胞伸长、分化促进器官生长、发育两重性
    - 应用：生根、无籽果实、除草
- 概念 → 调节植物生命活动

[课时作业设计]

请扫码查看作业及答案

其他植物激素 第3课时

[学习重难点]

(一)学习重点

1.其他植物激素的种类和作用。

2.植物激素间的相互作用。

(二)学习难点

植物激素间的相互作用。

[课时学习目标]

核心素养	课时学习目标
生命观念	通过对植物激素间相互作用的学习,进一步建立生命的信息观,领会生命系统的复杂性。
科学思维	通过比较、归纳方法的学习,了解植物激素的种类及各自作用,锻炼科学思维。
科学探究	通过资料探究赤霉素的发现及赤霉素的作用,领会科学探究精神的同时,培养学生的探究能力。
社会责任	通过对植物激素的进一步学习,了解植物的生命活动调节离不开植物各激素的相互作用。在农业生产中,各激素的利用要实时、适度,并配合使用,提高社会责任意识。

[课时教学过程]

任务一:创设情境,引入新课

【教师活动】

上节课学习了植物激素中的生长素,低浓度时可以促进植物生长,高浓度时可抑制植物生长,那植物的生命活动调节是不是只有这一种激素就可以正常生长?还有什么是大家熟悉的激素呢?

【学生活动】

跟随教师的思维回忆生长素相关知识,根据已有知识储备思考回答所知的其他激素,比如乙烯。

【设计意图】

承上启下,巩固已学知识,自然过渡到新课中,同时考查学生的知识积累。

【评价方式】

学生对知识点掌握的熟练程度,表述的全面程度。

任务二:其他植物激素的种类和作用

【教师活动】

阅读资料1:1926年,科学家观察到,水稻感染了赤霉菌后会疯长(恶苗病),结实率大大降低。

研究者将赤霉菌培养基的滤液喷施到水稻幼苗上,也出现了恶苗病症状。

思考:我们从这份资料中能得到哪些重要信息? 导致水稻患恶苗病的是赤霉菌菌体,还是赤霉菌产生的某种化学物质?

阅读资料2:20世纪50年代,科学家从赤霉菌培养液中分离和鉴定了可导致水稻患恶苗病的三种不同的赤霉素,分别命名为赤霉素A_1(GA_1)、A_2(GA_2)、A_3(GA_3)。

思考:能不能确定赤霉素属于植物激素?

阅读资料3:20世纪50年代,科学家发现外源赤霉素可以使矮生型玉米(一种突变体)显著长高,达到正常玉米的高度,但是不能使正常(野生型)玉米明显增高。

思考分析以上阅读资料3,矮生型玉米为什么矮?矮生型玉米由正常玉米突变而来,正常玉米不需要外源赤霉素,说明什么?

【学生活动】

阅读资料1,思考并回答问题:引起水稻患恶苗病的不是赤霉菌菌体,而是赤霉菌产生的某种化学物质。

阅读资料2,思考并回答问题:还不能确定赤霉素属于植物激素,并回答原因(不是植物产生的)。

阅读资料3,思考并回答问题:矮生玉米不能自身产生赤霉素使其长高;正常玉米没有突变,也不需要外源赤霉素就可以长高,说明正常玉米可以自身产生赤霉素使其长高。

【设计意图】

培养学生通过分析资料,得出结论的能力,并学习科学家在获得知识过程中的探究思路及探究精神。

【评价方式】

学生阅读关键信息的准确度,思维的严谨性,结论的针对性。

【教师活动】

引导学生阅读教材第96~97页,组织学生用列表的形式归纳、比较几种植物激素的产生、作用。

【学生活动】

归纳整理几种植物激素,并用表格的形式比较各激素的产生部位、作用特点。

【设计意图】

通过比较、分析各激素的产生部位及作用特点,用表格的形式记录,培养学生归纳整理的科学思维、建立数学模型的能力。

【评价方式】

学生分析、总结的全面性和语言表述的准确性。

任务三:植物激素间的相互作用

【教师活动】

引导学生阅读教材第98页,思考以下问题。

1. 激素与激素之间可以表现出什么作用?
2. 举例说明激素之间的关系?

引导学生阅读教材图5-10,图5-11,思考激素在个体发育过程中的变化情况。

【学生活动】

阅读教材,概括、总结各植物激素之间表现的关系,并举例说明。

【设计意图】

通过阅读教材,在思考并回答问题的过程中,培养学生阅读能力、总结概括能力、分析图形转换成语言文字的能力。

【评价方式】

学生总结的全面程度及回答问题的准确性。

【课时板书设计】

其他植物激素

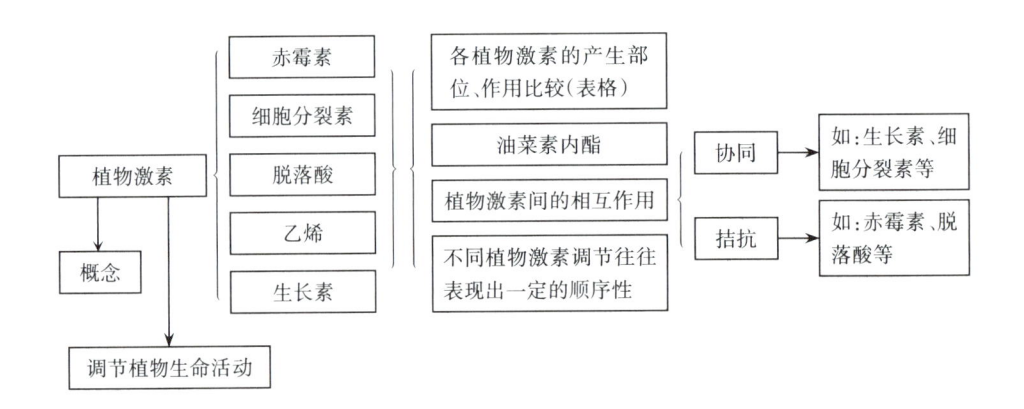

```
                  ┌ 赤霉素           ┌ 各植物激素的产生部
                  │                 │ 位、作用比较(表格)
                  │ 细胞分裂素       │
  植物激素 ──┤                 │ 油菜素内酯        ┌ 协同 → 如:生长素、细胞分裂素等
    │         │ 脱落酸           │                 │
    ↓         │                 │ 植物激素间的相互作用
   概念       │ 乙烯            │                 └ 拮抗 → 如:赤霉素、脱落酸等
    │         │                 │ 不同植物激素调节往往
    ↓         └ 生长素           └ 表现出一定的顺序性
 调节植物生命活动
```

[课时作业设计]

请扫码查看作业及答案

植物生长调节剂的应用 第4课时

[学习重难点]

(一)学习重点

1.植物生长调节剂的类型和作用。

2.探索植物生长调节剂的应用。

(二)学习难点

探索植物生长调节剂的应用。

[课时学习目标]

核心素养	课时学习目标
生命观念	通过学习,进一步建立生命的信息观。植物生长调节剂是作用类似植物激素的人工合成的化学物质,可以解决植物激素微量不足的问题,更好地调节植物生命活动,由此,可以领悟适度与平衡观。
科学思维	通过阅读相关材料,小组合作讨论植物生长调节剂的应用,评价其作用,培养批判性思维,培养获取信息的能力。
科学探究	通过开展探究与实践的活动,尝试探究乙烯的作用,通过学生自主设计探究的问题和方案,领悟预实验的作用,培养科学探究的能力。
社会责任	植物生长调节剂是能通过人工合成又能起到植物激素类似作用的物质,但其使用要遵循一定的使用原则,要适时、适度等,培养社会责任担当意识和能力。

[课时教学过程]

任务一:创设情境,引入新课

【教师活动】

播放视频:香蕉采摘下来的状态,储存条件,且上市前用一定的试剂喷洒处理;草莓、番茄采摘下来时局部青绿,经过试剂处理,出售时已成熟;大蒜经一定试剂处理就不易发芽;西瓜经试剂处理后一碰就炸裂等,请学生思考以下问题。

1.这些试剂可能是什么?

2.这些试剂起什么作用?

3.这些试剂从哪里来?

【学生活动】

观看视频、思考并回答问题。

【设计意图】

通过引入生活实际中的情境,激发学生求知欲,引入新课。

【评价方式】

学生观察现象联系生活实际,思考问题的积极性、参与度。

任务二:植物生长调节剂的类型和作用

【教师活动】

引导学生概括植物生长调节剂的概念,并引导学生阅读教材第100~101页,思考以下问题。

1. 植物生长调节剂有哪些类型?依据什么分类?
2. 举例说出植物生长调节剂在生产生活中的应用有哪些?

【学生活动】

阅读教材,回答问题。

【设计意图】

通过阅读,培养学生获取信息的能力。

【评价方式】

学生阅读关键信息的准确度,结论的针对性。

【教师活动】

师生一起归纳概括教材资料中的相关实例,从中获取知识信息,并展示生长调节剂的常见实例。

用途	种类
延长贮存器官休眠	青鲜素、萘乙酸甲酯
促进生根	吲哚丁酸(IBA)、α-萘乙酸(NAA)
促进茎叶生长	赤霉素、油菜素内酯
抑制茎芽生长	多效唑、矮壮素
诱导产生雌花	乙烯利、萘乙酸、吲哚乙酸、矮壮素
促进果实成熟	乙烯利
提高抗逆性	脱落酸、矮壮素
……	……

阅读资料:2011年,某村民的西瓜,因施用膨大素的时间不当,导致西瓜炸裂。

2010年,某果农的葡萄,因施用乙烯利的剂量不当,导致葡萄未成熟就脱落了。

2016年,某村民的番茄,因施用赤霉素的方法不当,导致空心果的产生。

引导学生思考:植物生长调节剂的使用是不是就意味着增产、增收?

【学生活动】

阅读教材,了解植物生长调节剂在生活中的应用,引导学生关注生活、健康生活。思考并回答问题,明白要正确使用生长调节剂。

【设计意图】

通过整理生长调节剂的用途及种类,培养学生归纳总结的能力;通过引入真实的实例,培养学生的社会责任意识,同时引入下一任务的学习。

【评价方式】

学生认识事物的态度及回答问题的全面度。

任务三:植物生长调节剂的施用

【教师活动】

引导学生阅读教材第102页,了解植物生长调节剂的施用条件,包括时间、用量等。

【学生活动】

阅读教材,整理、归纳内容,并在全班交流。

【设计意图】

学生在阅读教材的同时,培养社会责任意识,让其意识到健康生活应从我做起。

【评价方式】

学生参与小组活动的积极性、回答问题以及语言表述的准确性、生活关注度。

任务四：探究·实践 探索植物生长调节剂的应用

【教师活动】

引导学生阅读教材第 103 页，分小组讨论进行实验设计，并设计表格，记录探究结果。

【学生活动】

阅读教材，小组合作设计实验方案，并在全班交流。

【设计意图】

通过探究实践活动，培养学生问题探究与设计实验的能力及创新意识、语言表达能力。

【评价方式】

学生设计方案的可行性、科学性。

【教师活动】

引导学生根据自己的实验结果，尝试对当地农林业生产中使用生长素类调节剂的情况提出一些建议；引导学生尝试利用乙烯利催熟水果。

【学生活动】

思考并回答问题，小组讨论实验方案，并把探究方案写成报告。

【设计意图】

通过生活、生产中的实例及应用，培养学生观察生活中的现象，联系生活实际理解理论知识，进一步培养实验探究能力。

【评价方式】

学生语言表达能力、实验报告的情况。

【课时板书设计】

植物生长调节剂的应用

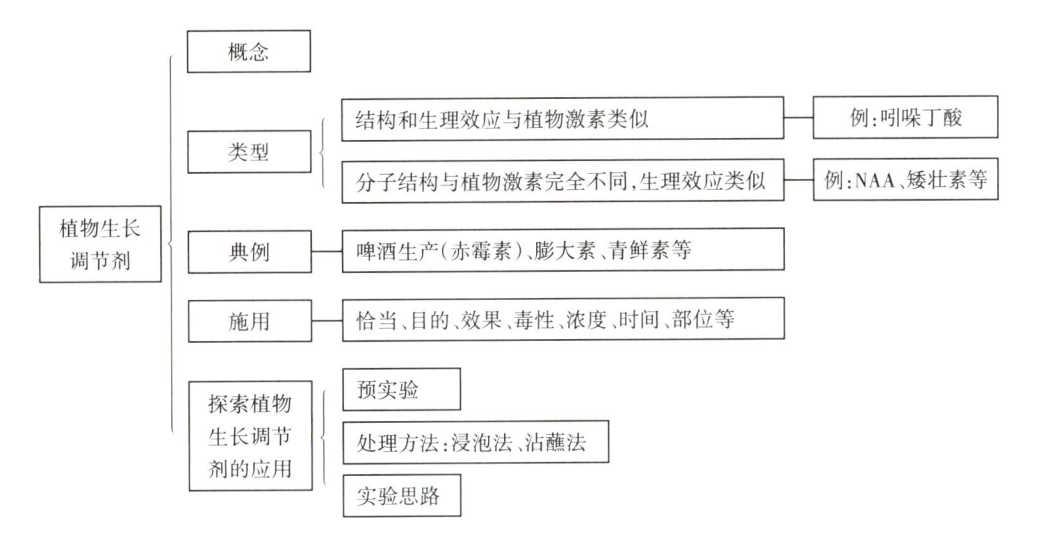

```
                    ┌─ 概念
                    │
                    │         ┌─ 结构和生理效应与植物激素类似 ──── 例：吲哚丁酸
                    ├─ 类型 ──┤
                    │         └─ 分子结构与植物激素完全不同，生理效应类似 ── 例：NAA、矮壮素等
植物生长调节剂 ─────┤
                    ├─ 典例 ── 啤酒生产（赤霉素）、膨大素、青鲜素等
                    │
                    ├─ 施用 ── 恰当、目的、效果、毒性、浓度、时间、部位等
                    │
                    │                      ┌─ 预实验
                    └─ 探索植物生长 ──────┼─ 处理方法：浸泡法、沾蘸法
                       调节剂的应用         └─ 实验思路
```

[课时作业设计]

请扫码查看作业及答案

环境因素参与调节植物的生命活动 第5课时

[学习重难点]

(一)学习重点

1. 光对植物生长发育的调节作用。

2. 植物生长发育调控的复杂性和整体性。

(二)学习难点

植物生长发育调控的复杂性和整体性。

[课时学习目标]

核心素养	课时学习目标
生命观念	通过对光调控植物生长发育的反应机制的案例进行讨论和分析,理解结构与功能适应观。通过建构概念图,体会植物生长发育调控机制的整体性和复杂性。
科学思维	通过对教材中提供的资料进行小组讨论、分析,认识光参与调控植物的生命活动。通过提供光对植物调控机制图片,绘制流程图,培养抽象思维能力,图文转换能力。
科学探究	通过验证植物根向地性的感受部位在根冠的实验方案设计,提高科学探究能力和分析评价能力。
社会责任	通过夏天的小麦、秋天的菊花等熟悉的生活情境,全方位感知生命现象,并进一步关注身边的生命现象,思考现象背后的原理,培养热爱生命的观念。

[课时教学过程]

任务一:创设情境,引入新课

【教师活动】

教师展示春、夏、秋、冬不同季节花的图片,如:迎春花、荷花、桂花、蜡梅的图片,引导学生思考以下问题。

1. 为什么冬天荷花不开,春天梅花不开?
2. 你认为影响开花的环境因素是什么?

【学生活动】

学生观看图片,联系生活经验和知识基础,讨论问题并提出自己的假设,回答两个问题。

【设计意图】

利用学生熟悉的生物情境引入新课,激发学生的探究热情,同时导入本节课。

【评价方式】

学生讨论的积极性,回答问题的准确性。

✓ 任务二：光对植物生长发育的调节

【教师活动】

指导学生阅读教材第105页"思考·讨论"中提供的3个资料,引导学生从种子萌发、植株的形态建成、开花等角度初步认识光在植物生长发育中的调节作用。

【学生活动】

分组讨论,联系已有知识,对光照与植物生命活动的关系形成新的认知,体会植物对环境的适应性。

【设计意图】

通过分析生命现象,总结出不同生命现象背后的共性规律,同时形成生物与环境相适应的观点。

【评价方式】

学生阅读关键信息的准确度,归纳的全面性,思维的严谨性,结论的针对性。

【教师活动】

植物的向光性生长,实际是植物对光刺激的反应,但植物是怎样感受光照的呢?指导学生阅读教材第106页,观察教材中图5-12,思考下列问题。

1. 光敏色素与光合色素有什么区别?
2. 光调控植物生长发育的机制分为几个阶段?
3. 各阶段与细胞的哪一部分结构相关?

【学生活动】

阅读教材,思考、讨论并回答问题。

【设计意图】

通过问题串的形式,培养学生前后知识的联系能力,锻炼比较、归纳的能力。

【评价方式】

学生分析、总结的全面性和语言表述的准确性。

【教师活动】

在讨论回答的基础上,引导学生构建光调控植物生长发育的反应机制流程图。

【学生活动】

独立完成流程图绘制并交流展示。

【设计意图】

学生阅读教材的同时,学会分析图形,并归纳出相应的知识,锻炼学生思维的逻辑性。

【评价方式】

学生绘制流程图的全面程度,语言描述的科学性、准确性。

任务三:参与调节植物生命活动的其他环境因素

【教师活动】

播放风信子播种前要在冰箱里处理等春化现象,"人间四月芳菲尽,山寺桃花始盛开"的景象视频,引导学生思考以下问题。

1. 这种现象发生的原因是什么?
2. 春化作用是哪一环境因素对植物生长发育的调节?
3. 这有什么意义?

【学生活动】

观看视频,讨论、总结温度对植物开花的调节,举例温度通过影响种子萌发、植株生长、开花结果和叶的衰老、脱落等活动参与调节植物的生长发育。

【设计意图】

通过生活情境春化作用,使学生体会温度对植物生命活动的影响。通过举例说明,引导学生关注生活中的生命现象,形成生物与环境相适应的生命观念,同时培养学生的表达与交流能力。

【评价方式】

学生总结归纳和深度思考的情况以及资料的理解分析、语言表达能力。

【教师活动】

展示:倒伏玉米自动恢复直立生长,发芽玉米粒根向地生长的图片,引导学生思考以下问题。

1.植物是如何感知重力呢?

2.茎的背地生长有什么意义?

3.植物的向地性与重力有关系吗?

指导学生阅读教材第108页关于"淀粉—平衡石假说"的内容,并用信息观来分析重力对生长素分布的影响。

【学生活动】

观察茎的背地性,对已有知识进行回顾,同时分析环境因素在该过程中的作用,独立阅读教材内容,了解重力通过影响生长素的运输参与植物生长的调节。

【设计意图】

通过引导学生对背地性的复习,认识重力对植物生长发育的影响,同时培养学生的批判性思维。

【评价方式】

学生关注生活现象的情况,回答问题的认真情况。

任务四:植物生长发育的整体调控

【教师活动】

课件展示关于EPP2基因的发现、作用及生长素和细胞分裂素对例题mRNA翻译的影响等科研成果资料,引导学生分析植物生长发育的不同调节方式之间的关系。

指导学生阅读教材第108页内容,请学生用概念图表示植物生长发育的调控网络。

【学生活动】

回顾本节所学内容,分析相关实例得出结论,完成概念图构建,理解不同调节方式之间的关系。

【设计意图】

培养学生归纳、总结的能力,通过概念图的构建,使学生形成更为科学合理的知识结构,同时发展学生建模与概括等思维的能力。

【评价方式】

学生概念图的准确性。

【课时板书设计】

环境因素参与调节植物的生命活动

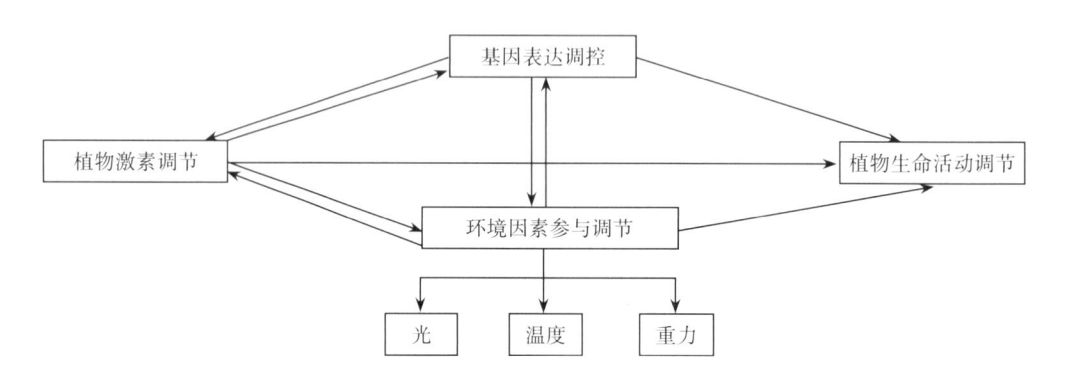

```
          基因表达调控
         ↗    ↕    ↘
植物激素调节 ←——————→ 植物生命活动调节
         ↘    ↕    ↗
         环境因素参与调节
              ↓
         ┌────┼────┐
         光  温度  重力
```

[课时作业设计]

请扫码查看作业及答案

选择性必修 2

认识生命
敬畏生命

第1单元

种群及其动态

一、单元主题及解读

单元主题：拯救最后的中华鲟——保护长江流域的生物种群

"种群及其动态"属于选择性必修2第1章的内容。本单元内容与必修1的"生命系统的结构层次"等内容联系密切。同时本单元的学习延续了必修2"生物进化"的部分，由个体层次向种群层次迈进，为后续学习更复杂的生命系统——群落、生态系统，学习"人与环境"中人口增长与生态足迹等内容打下基础。

从课程标准的要求来看，本单元内容三个中心问题分别是：种群的数量特征、种群的数量变化以及影响种群数量变化的因素。从知识内容的安排来看，本单元以问题为导向，三个中心问题层层递进，具有紧密的内在逻辑联系。

确立"拯救最后的中华鲟——保护长江流域生物种群"为单元主题，通过学习种群的数量特征来探讨种群数量的现状，让学生掌握调查种群密度的方法与技能，模拟探究中华鲟个体数量，从而加强学生对濒危生物的保护意识，让学生学会敬畏生命；通过实例揭示种群数量的变化、开展调查酵母菌种群数量变化的综合实践活动，让学生逐步掌握建构种群增长的数学模型，培养学生的科学思维及科学探究精神；通过归纳和总结影响种群数量变化的具体因素、介绍植保员的职业特点，并引导学生将所学知识充分应用到种群研究的实践中去，尝试制订濒危物种的保护措施，有助于学生增强社会责任意识。总之，通过本单元理论知识的学习，科学研究方法的综合实践应用，在培育学生社会责任意识、拓宽学生生涯规划路径等方面有重要的作用。

二、单元概念关系图

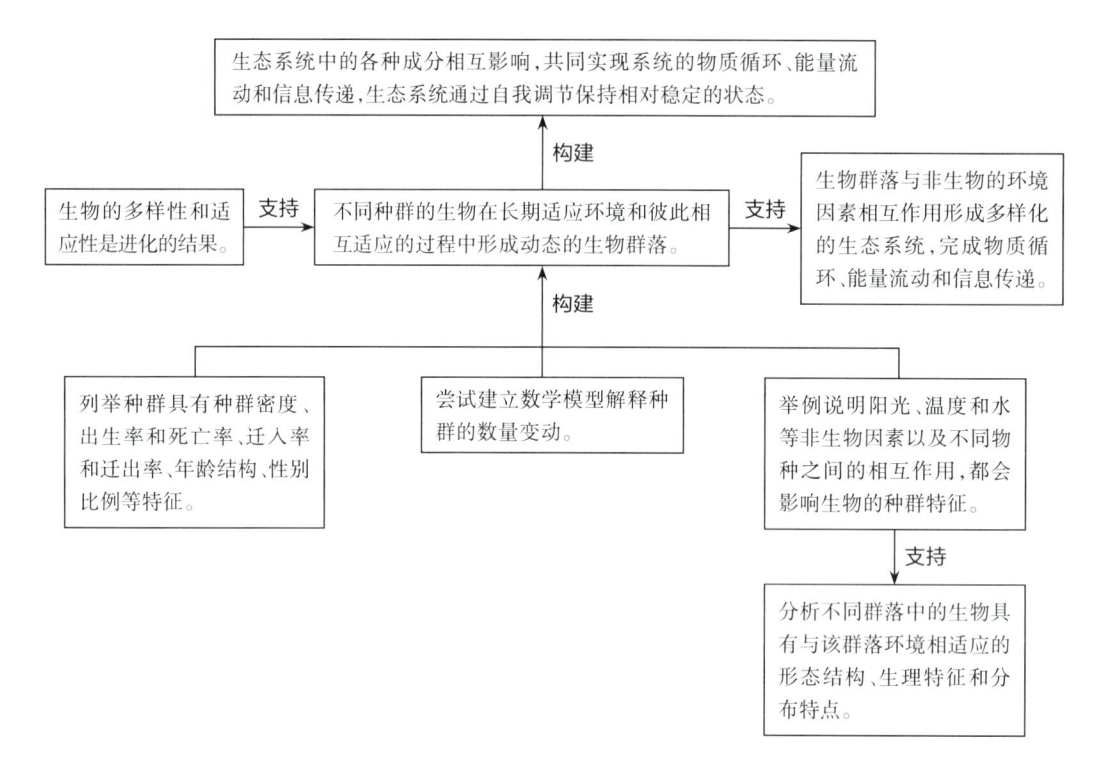

```
                    ┌──────────────────────────────────────────────────────────────┐
                    │ 生态系统中的各种成分相互影响,共同实现系统的物质循环、能量流 │
                    │ 动和信息传递,生态系统通过自我调节保持相对稳定的状态。       │
                    └──────────────────────────────────────────────────────────────┘
                                              ↑ 构建
┌──────────────┐  支持  ┌────────────────────────────┐  支持  ┌──────────────────┐
│ 生物的多样性 │───────→│ 不同种群的生物在长期适应环 │───────→│ 生物群落与非生物 │
│ 和适应性是进 │        │ 境和彼此相互适应的过程中形 │        │ 的环境因素相互作 │
│ 化的结果。   │        │ 成动态的生物群落。         │        │ 用形成多样化的生 │
└──────────────┘        └────────────────────────────┘        │ 态系统,完成物质 │
                                    ↑ 构建                     │ 循环、能量流动和 │
          ┌─────────────────────────┼─────────────────────────┐│ 信息传递。       │
          │                         │                         │└──────────────────┘
┌──────────────────┐  ┌──────────────────┐  ┌──────────────────┐
│ 列举种群具有种群 │  │ 尝试建立数学模型 │  │ 举例说明阳光、温 │
│ 密度、出生率和死 │  │ 解释种群的数量变 │  │ 度和水等非生物因 │
│ 亡率、迁入率和迁 │  │ 动。             │  │ 素以及不同物种之 │
│ 出率、年龄结构、 │  └──────────────────┘  │ 间的相互作用,都 │
│ 性别比例等特征。 │                        │ 会影响生物的种群 │
└──────────────────┘                        │ 特征。           │
                                             └──────────────────┘
                                                      │ 支持
                                                      ↓
                                             ┌──────────────────┐
                                             │ 分析不同群落中的 │
                                             │ 生物具有与该群落 │
                                             │ 环境相适应的形态 │
                                             │ 结构、生理特征和 │
                                             │ 分布特点。       │
                                             └──────────────────┘
```

三、单元导航图

核心素养	学习目标	关键问题	学习任务	课时
生命观念	在探讨种群数量特征、环境容纳量的变化过程中，促进系统观、稳态与平衡观等生命观念的形成与发展。	种群的数量特征是怎样的？	任务1：开展种群密度和模拟调查中华鲟实验。	第1课时
		如何开展种群密度的模拟调查实验？	任务2：分析种群数量特征之间的关系。	
科学思维	学会分析循环因果关系，运用演绎与推理、数学建模等科学思维方式，探讨种群数量特征之间的关系和种群数量变化规律。	种群数量特征之间的关系是怎样的？	任务3：开展植物种群密度调查实验。	第2课时
科学探究	针对种群数量变化的现象提出问题，并设计方案，开展模拟调查、实验研究、资料分析等。通过调查草地中某种双子叶植物的种群密度和探究培养液中酵母菌种群数量的变化等综合实践活动，培养学生严谨的科学态度、坚持不懈的探索精神，促进科学探究素养的发展。	如何构建种群增长的数学模型？	任务4：建构种群增长模型的方法。	
			任务5：分析"J"形种群增长数学模型。	第3课时
		自然条件下种群增长的规律是怎样的？	任务6：分析"S"形种群增长数学模型。	
			任务7：探究培养液中酵母菌种群数量的变化。	第4课时
社会责任	能主动关注生态保护问题，能用种群数量变化规律去解释濒危动物保护、渔业捕捞、有害动物防治的政策制定依据，了解植保员的职业特点，促进人与自然和谐共处基本观念的形成与发展，拓宽生涯规划路径。	影响种群数量变化的因素有哪些？	任务8：分析影响种群数量变化的因素。	第5课时

四、任务活动和课时设计

课时	任务	活动
第1课时	任务1:开展种群密度和模拟调查中华鲟实验。	活动1-1:确定种群密度的调查方法。 活动1-2:模拟调查长江中华鲟种群密度实验。
	任务2:分析种群数量特征之间的关系。	活动2-1:分析长江中华鲟种群数量的其他特征。 活动2-2:总结种群数量特征之间的联系,构建概念图。 活动2-3:围绕种群的数量特征,思考并讨论如何增加长江中华鲟的种群密度,从而保护长江中华鲟。
第2课时	任务3:开展植物种群密度调查实验。	活动3:调查校园草地中某种双子叶植物的种群密度。
第3课时	任务4:建构种群增长模型的方法。	活动4:建构种群增长模型的方法。
	任务5:分析"J"形种群增长数学模型。	活动5:构建种群的"J"形增长数学模型。
	任务6:分析"S"形种群增长数学模型。	活动6-1:构建种群的"S"形增长数学模型。 活动6-2:分析长江中华鲟种群数量变化规律。
第4课时	任务7:探究培养液中酵母菌种群数量的变化。	活动7:探究培养液中酵母菌种群数量的变化。
第5课时	任务8:分析影响种群数量变化的因素。	活动8-1:分析非生物因素和生物因素对种群数量变化的影响。 活动8-2:分析影响长江中华鲟种群数量变化的因素。 活动8-3:归纳总结种群特征和变化规律在实践方面的意义。

五、单元作业设计

课时	评价目标	作业类型	核心素养	学业质量水平
第1课时	能够列举说明种群的数量特征,模拟调查种群密度的调查方法,构建种群数量特征间的相互关系,并围绕种群的数量特征尝试解决相关问题。	课堂作业（口头表述） 课后作业（书面习题和调查小报）	生命观念1 科学思维2 科学探究2	1-2 2-2
第2课时	能够运用调查种群密度的调查方法——样方法,调查植物种群密度,了解样方法在实际应用中的注意事项。	课堂作业（口头表述） 课后作业（书面习题）	科学思维3 科学探究3	1-1 2-1

续表

课时	评价目标	作业类型	核心素养	学业质量水平
第3课时	能够建立数学模型,并应用模型说明种群"J"形增长和"S"形增长、波动等数量变化情况。	课堂作业（构建模型和口头表述）课后作业（书面习题和构建模型）	生命观念4 科学思维4	2-2 3-2
第4课时	能够运用统计思维,使用显微镜、血细胞计数板等工具对培养液中酵母菌种群数量变化进行监测。	课堂作业（口头表述）课后作业（书面习题）	科学思维3 科学探究4	1-3 2-3
第5课时	能够举例说明非生物因素、生物因素对种群数量变化的影响,学会使用"分析循环因果关系"分析种群数量变化的影响,并了解生物防治、生物保护等在实践中的应用。	课堂作业（构建模型和口头表述）课后作业（书面习题和小作文）	科学思维2 社会责任4	2-1 3-4

六、课时教学设计

种群和数量特征　第1、2课时

[学习重难点]

(一)学习重点

1.种群的数量特征。

2.调查种群密度的方法。

(二)学习难点

调查草地某种双子叶植物的种群密度。

[课时学习目标]

核心素养	课时学习目标
生命观念	通过构建种群数量特征之间的关系网络,从系统观的角度理解种群及其特征。
科学思维	通过模拟实验和情境探究,能够独立运用样方法和标记重捕法调查种群密度,能概述两种科学方法的适用范围。
科学探究	通过分析资料、思考与讨论,说出种群的各个数量特征,并说明它们之间的关系。

续表

核心素养	课时学习目标
社会责任	通过了解农业部(现农业农村部)关于印发《中华鲟拯救行动计划(2015—2030年)》的通知,明白基础科学研究的重要意义,关注野生濒危动物的保护。

[课时教学过程]

任务一:创设情境,引入新课

【教师活动】

播放《中华鲟拯救行动计划》视频。

思考:长江流域的中华鲟是否可以看成一个种群?

展现长江流域中华鲟种群数量图,引导学生思考下面问题。

思考:保护中华鲟,第一要务就是确保种群数量,那种群数量有哪些特征?我们可以从哪些方面入手保护中华鲟?

【学生活动】

观看视频、图片,思考并回答相关问题。

【设计意图】

从学生熟悉的长江生物中华鲟保护情境入手,引发同学们对学习生物学能学以致用的价值思考。通过复习种群的概念,让学生明白生物是以种群为单位的。有关种群数量的特征思考,学生的回答不一定准确,但学生的答案都可以成为本节课的教学素材,以此激发学生学习本节课的兴趣。

【评价方式】

学生回答问题的积极性表现,语言的表述能力及对生物保护措施的了解情况。

任务二:了解种群密度的调查方法和模拟调查中华鲟种群密度实验

【教师活动】

讲授种群密度是种群最基本的数量特征,引导学生阅读教材第2~3页,找出调查种群密度的基本方法。

引导学生思考下列问题。

1.哪一种方法适用于调查长江中华鲟的种群密度？

2.请学生两人一组,借助塑料盒(模拟长江)、乒乓球(模拟长江中华鲟)、记号笔等工具,如何模拟调查长江中华鲟的种群密度？

待学生活动开始后,及时关注各个小组模拟探究实验的进程,并在探究活动实施过程中进行实时指导,听取各小组代表的总结交流发言并进行评析,与学生一起探讨在模拟调查中误差形成的原因以及应采取何种解决方案来减小误差。

【学生活动】

1.阅读教材第2~3页,勾画并回答调查种群密度的基本方法:黑光灯诱捕法、样方法及标记重捕法。

2.学习各种调查方法的一般步骤,找出适于调查长江中华鲟种群密度的方法——标记重捕法。

3.根据确定的调查方案,分小组合作实施模拟实验,调查长江中华鲟的种群密度,并派代表交流发言,总结本小组采用的调查方案以及选取本方案的理由,调查得到的具体数据以及就误差形成的可能原因进行分析。

【设计意图】

通过自主学习、模拟实验和小组合作探究,培养学生的沟通与合作能力。通过对数据的处理及误差的分析,培养学生科学探究的能力及严谨实验的科学态度。学会使用标记重捕法调查种群密度,并能科学分析数据误差出现的原因,提高科学思维能力。

【评价方式】

学生勾画教材的情况,小组合作交流的情况,小组现场总结汇报的情况。

任务三:分析种群数量特征之间的关系

【教师活动】

让学生阅读教材第3~4页,思考并回答以下问题。

1.找出除种群密度以外,长江中华鲟的种群数量特征还应该有哪些？这些特征各自具有什么特点？以及如何决定或者影响种群密度？

2.根据归纳总结出的种群数量特征之间的联系,请学生以小组为单位使用概念图构建它们的关系,并请各小组代表评述构建的概念图。(教师进行点评并纠错)

3.完成教材第4页"思考·讨论"的相关问题。

4.围绕种群的数量特征概念图,思考并讨论如何增加长江中华鲟的种群密度,从而保护长江中华鲟。请每位同学至少找到两条可实施措施。

教师向学生介绍长江十年禁渔政策的实施和取得的成果等,师生共同讨论探索保护长江中华鲟的各种可行措施。

【学生活动】

1.阅读教材第3~4页,找出并勾画除种群密度以外,长江中华鲟种群数量的其他特征如出生率和死亡率、迁入率和迁出率、年龄结构和性别比例等,以及这些特征的特点、如何影响种群密度。

2.归纳总结种群数量特征之间的联系,尝试自主构建概念图。小组代表利用实物展台展示本小组的概念图,并向同学们介绍概念图构建的过程和依据等。

3.各小组针对教材第4页思考与讨论中年龄结构类型展开讨论,根据数据说明我国人口在年龄结构上发生的变化。

4.围绕种群的数量特征概念图,学生自由发言并提供两条增加长江中华鲟种群密度的可实施措施。

【设计意图】

通过阅读教材,培养学生获取信息的能力,引导学生分析种群数量各个特征之间的内在联系,明确种群数量各特征之间的联系,形成清晰的概念图,培养学生的逻辑思维能力。在各个小组的讨论进程中,学生通过互动交流,产生思想的火花,学会取长补短,进一步内化知识点,同时表达交流的过程也有助于培养学生语言表达能力。在研讨增加长江中华鲟种群密度的过程中,可增强学生保护生态环境的社会责任意识,增强野生濒危动物的保护意识。

【评价方式】

学生构建模型的情况以及分析、交流、总结和表述能力的情况。

任务四：开展植物种群密度调查实验

【教师活动】

阅读教材第5页，要求每小组同学思考下列问题。

1.为什么选双子叶草本植物为调查对象？

2.常用的取样方法有哪些？取样的关键在于什么？样方大小是多少？

3.如果所取样本在样方边界线上我们应该怎样计数？

选取校园内某处或周边空地为调查地，实地观察调查地的情况，并组织学生制订相应的调查规则。

各小组完成调查后集合，整理数据、汇总结果。要求各小组上报数据时说出以下三点：小组名称、取样方法、所得数据。

组织学生思考并讨论分析数据误差产生的主要原因，教师针对各小组调查情况进行总结。

【学生活动】

带着问题阅读教材第5页内容，尝试用简要语言总结答案。学习识别单子叶和双子叶植物的方法，并使用样方法，展开双子叶植物的种群密度实践调查。调查结束后，整理数据、汇总结果。并对各小组数据进行比对，分析数据误差产生的主要原因。

【设计意图】

让学生自主阅读、分析书本、解决问题，并要求用简要语言总结，这既能提升学生的自学能力，发挥学生的主体作用，又能培养学生的概括、总结能力。实践调查双子叶植物种群密度，既培养学生的实践能力，又让学生在实践中学习团结、协作。调查后对数据进行分析、交流，培养学生数据整理能力和表达交流能力。

【评价方式】

学生回答问题的情况及实践的积极性，与其他同学进行表达交流的情况及调查的完成度。

【课时板书设计】

种群的数量特征

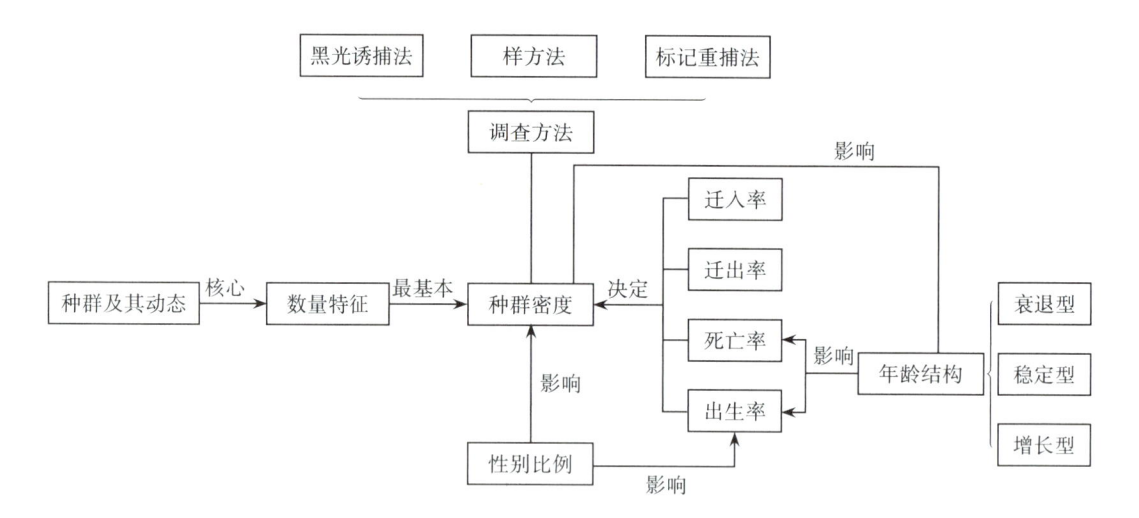

```
      黑光诱捕法    样方法    标记重捕法
              ↓
           调查方法
                                              影响
                          迁入率  ←─────────────┐
                          迁出率                │
种群及其动态 —核心→ 数量特征 —最基本→ 种群密度 —决定— 死亡率 —影响— 年龄结构 ─ 衰退型
                          出生率                          稳定型
                              ↑                          增长型
                            影响
                          性别比例 —影响—
```

[课时作业设计]

请扫码查看作业及答案

种群数量的变化　第3、4课时

[学习重难点]

(一)学习重点

1.建构种群增长模型的方法。

2.种群的"J"形增长和"S"形增长。

(二)学习难点

建构种群增长的数学模型。

[课时学习目标]

核心素养	课时学习目标
生命观念	运用数学方法解释生命现象,揭示生命活动规律。了解自然状态下种群"S"形增长的生命现象,说出在有限条件下种群通过种内调节维持相对稳定的机制。
科学思维	建立和运用数学模型,能用数学模型来表征、解释和预测种群的数量变化。
科学探究	通过"探究培养液中酵母菌种群数量的变化"实践活动,养成严谨求实的科学态度,培养坚持不懈的探索精神和意志品质。
社会责任	认识环境容纳量及其对生物种群数量变化的影响,通过对调控 K 值保护长江中华鲟等野生动物、控制鼠害等实际问题的讨论,学以致用,体验生物学学习的意义和价值,增强社会责任意识。

[课时教学过程]

✓ 任务一:创设情境,引入新课

【教师活动】

播放《中华人民共和国长江保护法》视频。

思考:落实《中华人民共和国长江保护法》,落实"十年禁渔"政策,对长江野生生物种群数量有何影响?

【学生活动】

观看视频,思考落实"十年禁渔"政策,对长江野生生物种群数量带来的影响,并自由发表看法。

【设计意图】

通过视频引入新课,在激发学生学习兴趣的同时又科普了法律知识,提高了学生的社会责任意识。

【评价方式】

学生参与活动和回答问题积极性的情况。

✅ 任务二:建构种群增长模型的方法

【教师活动】

为有效控制某些生物的数量,科学家需要了解种群数量的变化规律。如何研究种群数量的变化规律呢？展示教材第8页"问题探讨"中细菌的背景资料,思考以下问题。

1. 1个细菌,如果在营养和生存空间没有限制的情况下,以每20 min繁殖一代的速度计算,72 h后细菌的数量为多少？

2. 如果我们用N表示细菌数量,n表示细菌繁殖的代数,请尝试写出细菌种群增长的公式。

3. 以时间为横轴,细菌数量为纵轴,尝试画出细菌种群增长的曲线。

待学生回答后,教师进行点评,师生共同总结建构数学模型的研究方法:提出问题—合理假设—数学表达—检验或修正。

思考:常见数学模型的表达方式有几种？各有什么优、缺点？

【学生活动】

通过教师的引导,在假设的前提下,思考并回答:细菌通过分裂繁殖,得到第N代细菌的数量为$N_n=2^n$,并在教材中相应位置完成绘图。

总结数学模型表达方式:数学公式、曲线图,及其各自的优点和缺点。

【设计意图】

引导学生认识数学模型构建的基本过程,使其熟悉并掌握这种技能。同时初步培养学生的建模思维,以及归纳、总结的能力。

【评价方式】

学生回答问题的积极性,构建数学模型的准确性。

✅ 任务三:分析"J"形种群增长数学模型

【教师活动】

思考:自然界中,种群的数量变化情况是怎样的？

组织学生阅读教材第8页"思考·讨论"的内容,并以小组为单位思考下列问题。

1. 在有关野兔和环颈雉的两个资料中,两个种群的增长情况有什么共同点?

2. 种群出现这种增长的原因是什么?

3. 这种种群增长的趋势能不能一直持续下去? 为什么?

总结:自然界有类似细菌在理想条件下种群增长的形式,曲线大致呈"J"形,这种类型的增长称为"J"形增长。

师生总结种群"J"形增长的特点,并构建"J"形增长的数学模型。

【学生活动】

阅读教材,独立思考,讨论并回答相关问题。

小组归纳总结:在食物和空间条件充裕、气候适宜、没有敌害等理想条件下,种群数量每年以一定倍数增长,第二年的数量是第一年的 λ 倍。如果种群的起始数量是 N_0,t 年后种群数量的增长公式:$N_t=N_0\lambda^t$。

【设计意图】

通过对野兔和环颈雉两个种群数量增长案例的分析,加深学生对细菌种群增长模型的认识,并通过小组讨论构建"J"形增长的模型,进一步培养其建模思维。

【评价方式】

学生在小组活动中的参与度和积极性,构建概念模型图的具体情况及回答问题的正确率。

任务四:分析"S"形种群增长数学模型

【教师活动】

思考:如果遇到资源、空间等方面的限制,种群还会呈"J"形增长吗?

教师利用课件展示生态学家高斯培养大草履虫的实验,以及教材第9页图1-5,提出以下问题。

1. 教材图1-5中种群数量变化属于哪种类型?

2. 这是什么原因决定了这种变化?

3. 随着时间的推移,种群的数量会发生怎样的变化?

4. 大草履虫增长速率最快的点大概在什么位置?

思考:在实际生活中,研究种群的数量变化有哪些应用呢?

教师指导学生阅读教材第10页"思考·讨论"的内容,并以小组为单位互相讨论并回答问题。

思考:种群数量达到K值后,一定会在K值左右保持稳定吗?

教师利用课件展示飞蝗种群数量的波动,并提出以下问题。

1.影响东亚飞蝗种群数量波动的原因是什么?

2.根据《中华人民共和国长江保护法》的要求,如果由你来提出保护濒危动物——中华鲟的策略,你会提出哪些具体措施?

【学生活动】

阅读教材第9~10页的内容,独立思考问题,再与小组成员讨论并回答相关问题。提出1~2项保护濒危动物——中华鲟的策略。

【设计意图】

通过对已有实验结果和图像的分析,培养学生获取处理图像信息的能力。通过对比种群"J"形增长和"S"增长时的前提条件、变化趋势,以及这两种模型中各参数的具体含义,培养学生比较、归纳的能力。

通过研究种群的数量变化,联系实际,培养学生利用生物学知识解决实际问题的能力,使学生形成保护濒危物种的观点。

【评价方式】

学生参与活动的积极性,对"S"形曲线模型的分析准确性,以及对学习成果的应用情况。

任务五:探究培养液中酵母菌种群数量的变化

【教师活动】

提出本节探究实践活动的问题:在封闭的环境中,酵母菌的种群数量是怎样随时间而变化的?

作出假设:引导、鼓励学生提出新的探究问题并作出假设。

讨论探究思路:教师利用课件播放实验的视频并结合教材第11页的实验步骤,提出以下问题。

1.怎样对酵母菌进行计数?

2.本实验需要对照实验吗？如果不需要请说明理由。

3.为什么要做重复实验？

4.怎样记录结果？记录表是怎样设计的？

教师介绍抽样检测的方法、血细胞计数板的使用方法，引导学生推导计算酵母菌种群密度的公式。

制订计划、实施计划：指导学生制订具体实验计划并有序实施。

分析结果、得出结论：组织小组进行汇报，引导学生分析实验数据，汇总各小组的探究实验结果。总结出影响酵母菌种群数量变化的因素。

【学生活动】

1.学生思考并自由发言，提出不同的探究问题，如在不同温度条件下酵母菌种群数量增长情况如何，或在不同培养基中酵母菌种群数量增长情况如何。

2.学生自由发言，针对所提出的新的探究问题作出假设：酵母菌种群的数量随培养时间的延长呈"S"形增长，或呈"J"形增长。

3.观看实验视频，阅读教材学习血细胞计数板的使用方法，并在教师指导下推导计算酵母菌种群密度的公式，回答上述问题。

4.分小组讨论，制订具体实验计划，并开展实验。

5.分小组进行汇报，对实验数据进行分析。根据各小组实验结果，总结出影响酵母菌种群数量变化的因素。

【设计意图】

让学生经历完整的"提出问题、作出假设、讨论思路、制订计划、实施计划、分析结果、得出结论、表达和交流"过程，对于培养学生的科学探究能力、统计思维和所学内容的理解等都有重要意义。

【评价方式】

学生回答问题的积极性和准确性，参与小组合作交流的情况，各小组实验设计的可行性及具体操作的科学性，及学生表达交流的准确性。

【课时板书设计】

种群数量的变化

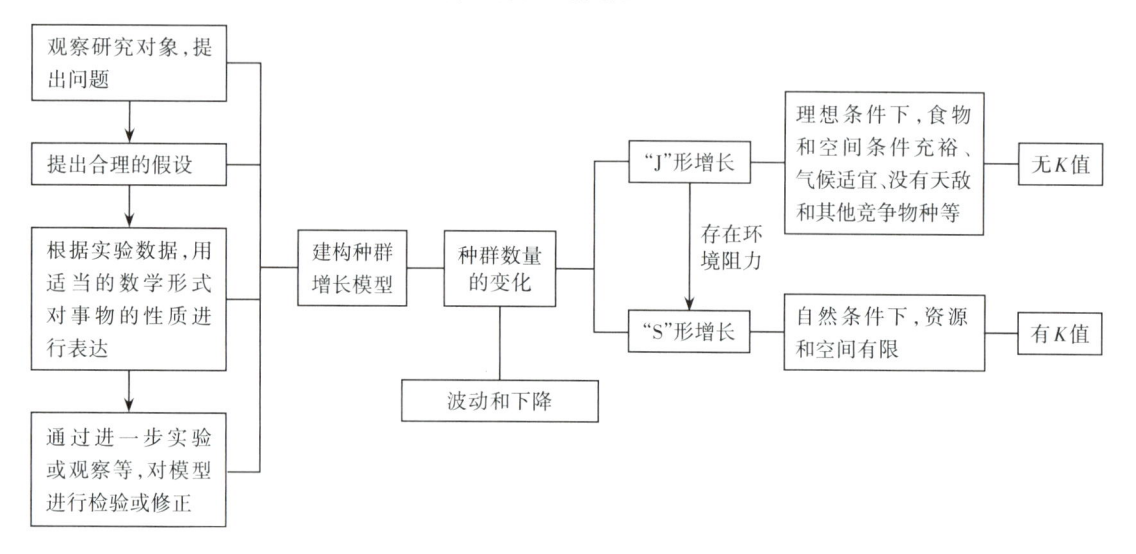

```
观察研究对象，提出问题
        ↓
提出合理的假设
        ↓                                                      理想条件下，食物
根据实验数据，用         建构种群      种群数量      "J"形增长 —— 和空间条件充裕、—— 无K值
适当的数学形式  ——   增长模型  ——  的变化                       气候适宜、没有天敌
对事物的性质进                          ↓                        和其他竞争物种等
行表达                             存在环境阻力
        ↓                                         
通过进一步实验                          "S"形增长 —— 自然条件下，资源 —— 有K值
或观察等，对模型                                    和空间有限
进行检验或修正
                                   波动和下降
```

[课时作业设计]

请扫码查看作业及答案

影响种群数量变化的因素 第 5 课时

[学习重难点]

(一)学习重点

非生物因素和生物因素对种群数量变化的影响。

(二)学习难点

非生物因素和生物因素对种群数量变化的综合影响。

[课时学习目标]

核心素养	课时学习目标
生命观念	通过种群数量变化规律,得出影响种群数量的因素,形成理解种群数量变化因素多种多样且错综复杂的系统观、稳态与平衡观。
科学思维	认识生物学中因果关系的循环性,运用数学模型表征种群数量变化的规律,分析和解释影响这一变化规律的因素。
科学探究	深入剖析种群数量变化规律,探究种群数量变化的因素。
社会责任	将影响种群数量变化规律的因素应用于实践活动中,将知识还原于生活,切实找出践行保护长江生物种群的可行性策略。养成关注生产实践以及解决实际问题的能力,提升社会责任感。了解植保员的职业特点,拓宽生涯规划路径。

[课时教学过程]

任务一:创设情境,引入新课

【教师活动】

图片展示我国北方某原野上草本植物的现状,在春夏季节各种草本生长繁茂,欣欣向荣,种群密度越来越高,可是到了秋冬季节则恰恰相反。

思考:1.导致这些植物种群数量出现季节性变化的主要环境因素是什么?

2.这些植物种群的数量变化对当地动物种群的出生率和死亡率有什么影响?

待学生回答后,师生一起总结影响因素分为非生物因素和生物因素,引入新课。

【学生活动】

思考问题并回答。

【设计意图】

通过联系生活实际情境,充分挖掘学生已有经验,将当前所学的内容与学生自身的经验联系起来,引起学生学习的兴趣。

【评价方式】

学生回答问题的情况。

任务二：分析非生物因素对种群数量变化的影响

【教师活动】

展示教材第13页"思考·讨论"中的资料。

讲授：郁闭度是指森林中乔木树冠彼此相接，遮蔽地面的程度。郁闭度越大，说明林下光照越少。根据教材的资料得出：一年蓬、加拿大一枝黄花属于阳生植物，刺儿菜属于阴生植物。

组织学生讨论以下问题。

1. 影响该地草本植物种群密度的非生物因素是什么？

2. 在同样的非生物因素的影响下，不同种植物的种群密度有较大差异，这是为什么？

3. 除上述因素外，种群数量的变化还受哪些非生物因素的影响？试分别举例说明。

4. 春夏时节，动植物种群的数量普遍迅速增长，这是为什么？

【学生活动】

阅读课本中的内容，根据问题提示思考并回答问题。总结影响种群数量的非生物因素：①影响植物种群数量变化的非生物因素包括光照、温度、水、风、火、无机盐等。②同一非生物因素对不同动植物种群的影响是不同的。③各种非生物因素对种群数量变化的影响往往是综合性的。

【设计意图】

教师利用图片，营造情境，丰富教材中的资料，有助于激活学生的思维，同时该板块知识教材总结详细，主要是让学生根据问题自行梳理，总结影响种群数量的非生物因素。

【评价方式】

学生回答问题及归纳总结的情况。

任务三：分析生物因素对种群数量变化的影响

【教师活动】

随着种群的增长，种内竞争会加剧，从而使种群的增长受到限制，这说明种群数量的变化受到种群内部生物因素的影响。种群的数量变化是否受到种群外部生物因素——其他生物的影响呢？

教师利用课件展示教材中"思考·讨论"的两个资料，提示群落中的种间关系，再提出问题，让学生以小组为单位，讨论并回答问题。

1.展示双小核草履虫和大草履虫，在单独培养与混合培养时的数量变化曲线图，提问：

（1）单独培养时，为什么两种草履虫的数量不能无限增长？

（2）混合培养的实验初期，为什么两种草履虫的数量都增加？

（3）混合培养的实验后期，为什么大草履虫的数量不断减少甚至全部消失？

（4）混合培养双小核草履虫种群的 K 值为什么比单独培养时低？

（5）混合培养时，两种草履虫是什么关系？

2.展示猞猁和雪兔在不同年份数量变化曲线图，提问：

（1）二者是什么种间关系？

（2）二者谁的数量先增加？

（3）怎样解释二者种群数量变化的同步周期性？

（4）猞猁和雪兔种群数量的变动，哪个是因、哪个是果？

（5）影响雪兔数量变动的还有其他因素吗？

等小组汇报讨论成果后，教师指导学生一起总结生物因素对种群数量变化的影响，并解释循环因果关系。

师生共同建构影响种群数量变化的非生物因素和生物因素的思维导图。

【学生活动】

分小组思考讨论，回答上述问题。总结影响种群数量增长的生物因素包括：竞争（种内、种间）、捕食、寄生等，它们通过影响种群的出生率、死亡率、迁入率和迁出率等特征来影响种群数量。捕食者与被捕食者之间往往表现出循环因果关系。

尝试建构影响种群数量变化的非生物因素和生物因素的思维导图。

【设计意图】

利用图片营造情境,有助于激活学生思维。先分析短期的捕食关系曲线,明确简单因果关系,再分析长期的捕食关系曲线,明确循环因果关系。联系实际生活现象,学有所用,培养学生根据现象综合分析的能力,运用已有知识解决实际问题的能力。

【评价方式】

学生参与问题讨论的积极性,对问题回答的情况,小组归纳总结概念图的情况。

任务四:归纳总结种群特征和变化规律在实践方面的意义

【教师活动】

思考:研究种群的特征和数量变化规律,有什么意义呢?

回顾自然条件下种群数量增长的S形曲线,其中K值,$K/2$的含义,组织学生思考回答下列问题。

1.分析影响长江中华鲟种群数量变化的因素,提出保护长江野生濒危物种的最有效措施是什么?

2.有害动物如家鼠的有效防治措施应该怎么做?

【学生活动】

分析种群数量曲线,结合问题展开讨论,并回答问题。

【设计意图】

温故知新,归纳总结,培养学生的社会责任感,帮助学生树立生态观和可持续发展观。

【评价方式】

学生积极参与问题的讨论、回答情况。

【课时板书设计】

影响种群数量变化的因素

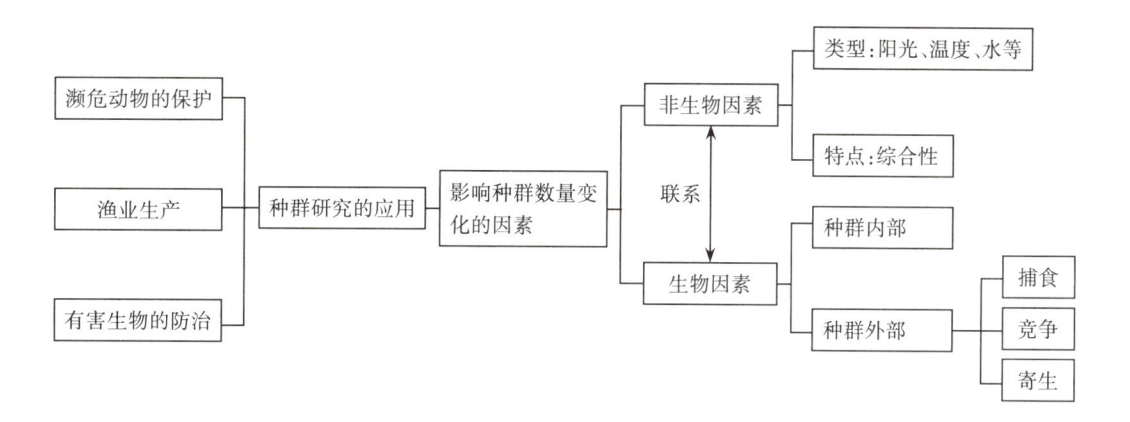

```
濒危动物的保护 ┐                                    ┌─ 类型：阳光、温度、水等
              │                         ┌─ 非生物因素 ┤
渔业生产 ──────┼─ 种群研究的应用 ─ 影响种群数量变 ─┤            └─ 特点：综合性
              │                  化的因素      │ 联系
有害生物的防治 ┘                         │                  ┌─ 种群内部        ┌─ 捕食
                                        └─ 生物因素 ──────┤                 ├─ 竞争
                                                          └─ 种群外部 ──────┤
                                                                            └─ 寄生
```

[课后作业设计]

请扫码查看作业及答案

第2单元 群落及其演替

一、单元主题及解读

单元主题：塞罕坝生物群落的"前世今生"

塞罕坝生物群落经历了从森林生物群落退化到荒漠生物群落，再恢复到森林生物群落的变迁历程，其退化和恢复在很大程度上受到人类活动的影响，其恢复过程展示了我国对生态环境修复、改善的决心和取得的丰硕成果。"群落及其演替"单元主要包括"群落的结构""群落的主要类型""群落的演替"三部分内容。通过引导学生分析或探讨塞罕坝生物群落的结构，生物群落中各物种的复杂关系，了解群落的动态变化，尝试理解群落的变化是生物与生物、生物与环境长期进化适应的结果。从而让学生进一步从整体上认识群落，理解生命，在稳态与平衡观、系统观、进化与适应观等生命观念之间建立联系，提升系统思维。

了解人类活动对生物群落演替的影响，有助于学生进一步认识生命、敬畏生命，形成保护环境、改善环境的社会责任意识。学生联系实际开展调查身边某生物群落中某种生物的生态位，调查土壤中小动物类群的丰富度的活动，营造"群落在身边，生活即学习"的氛围。学习塞罕坝生物群落各类型适应特征，了解塞罕坝生物群落演替进程，领会生物与生物、生物与环境的适应性，体验林业工程师的职业乐趣，有助于学生进行生涯规划，进而构建"生活·生命·生涯"的学习体系。

本单元是选择性必修2第2章的内容。本单元需要依靠学生把了解种群的特征及数量变化作为学习本单元的基础，学习本单元有助于学生从系统的角度深化理解各种群之间的关系，为物质循环和能量流动的学习奠定基础。所以本单元又是后续章节的基础。另外，本单元的部分内容与必修2的进化与适应相关内容紧密联系，这样前后呼应，可强化学生进化与适应观等生命观念。

二、单元概念关系图

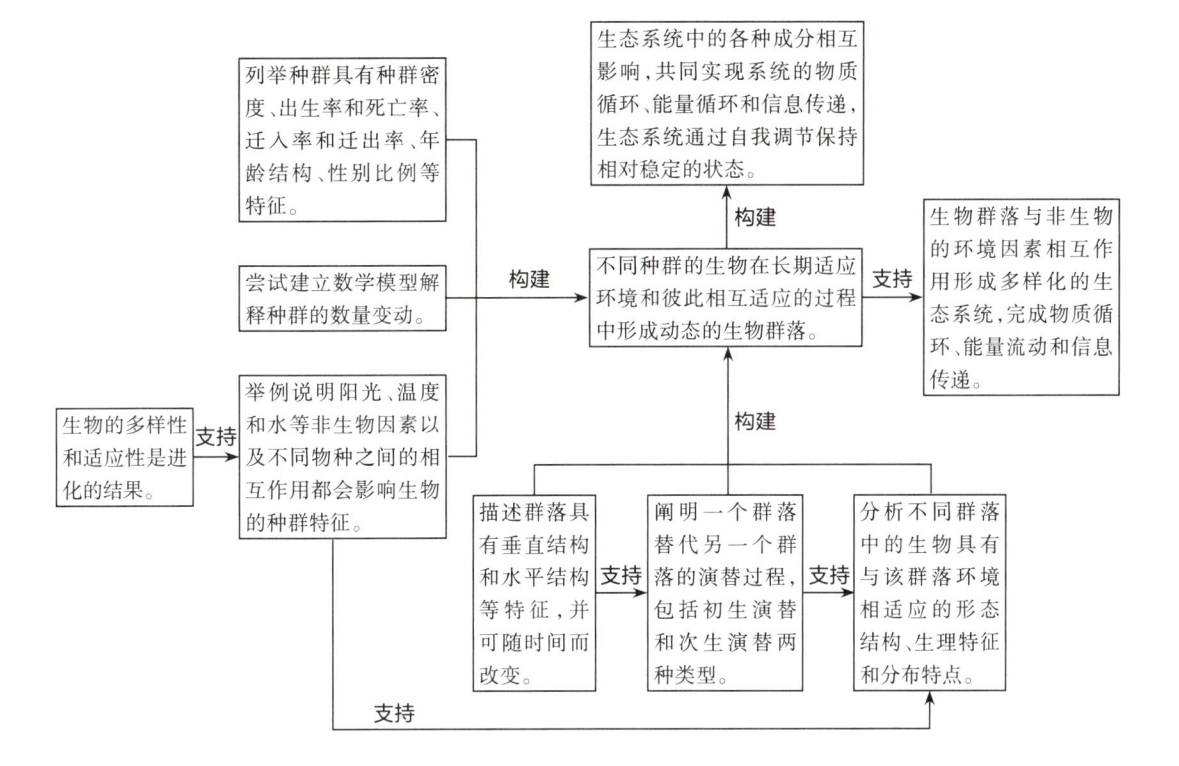

```
列举种群具有种群密              生态系统中的各种成分相互
度、出生率和死亡率、            影响,共同实现系统的物质
迁入率和迁出率、年              循环、能量循环和信息传递,
龄结构、性别比例等              生态系统通过自我调节保持
特征。                        相对稳定的状态。
     │                              ↑
     │                           构建│                生物群落与非生物
尝试建立数学模型解                   │                的环境因素相互作
释种群的数量变动。  ──构建──→  不同种群的生物在长期适应  ──支持──→  用形成多样化的生
                              环境和彼此相互适应的过程              态系统,完成物质循
                              中形成动态的生物群落。                环、能量流动和信息
                                    ↑                              传递。
                                 构建│
生物的多样性    举例说明阳光、温度
和适应性是进 ─支持→ 和水等非生物因素以
化的结果。       及不同物种之间的相
                互作用都会影响生物
                的种群特征。
                     │       描述群落具  阐明一个群落      分析不同群落
                     │       有垂直结构  替代另一个群      中的生物具有
                     │       和水平结构 ─支持→ 落的演替过程, ─支持→ 与该群落环境
                     │       等特征,并     包括初生演替          相适应的形态
                     │       可随时间而    和次生演替两          结构、生理特征
                     │       改变。        种类型。              和分布特点。
                     └──────支持───────────────────────────────────↑
```

寻"三生"之秘　解"单元"之码

三、单元导航图

核心素养	学习目标	关键问题	学习任务	课时
生命观念	群落的结构中关于植物分层内容体现了结构与功能观。群落在生长期适应环境从而形成群落中特定的物种组成和种间关系，这体现了稳态与平衡观、适应与进化观。本单元研究的内容都是以群落为整体进行的，体现了系统观。通过学习在各生命观念间建立联系，进而认识生命、敬畏生命。	分析塞罕坝生物群落的结构是怎样的？	任务1：初识群落生命系统。分析塞罕坝生物群落的物种组成、种间关系及空间结构。	第1课时
			任务2：分析塞罕坝生物群落生态位分化对群落和物种的意义。	第2课时
科学思维	本单元突出对系统思维和网状图因果关系的分析。教材中思考与讨论内容注重引导学生在情境中运用分析、比较、判断、归纳等方法来解决实际问题。		任务3：研究土壤中小动物类群的丰富度。	第3课时
科学探究	通过"研究土壤中小动物类群的丰富度"锻炼学生的实践探究能力。分析身边某地某种群生态位，让学生从该种群的生境、食性、相互关系等方面，探究理解生态位概念。从生活实践出发，感受科学探究的魅力。	分析塞罕坝生物群落的"前世今生"，分别属于哪些生物群落类型？	任务4：明确陆地生物群落的主要类型，分析生物群落内的生物是如何与环境相适应的。	第4课时
社会责任	了解人类活动对自然中各群落带来的影响，正确看待人与自然的关系，认识生命，敬畏生命，增强环境保护意识、强化爱国情怀。感受不同职业风采，进而完善生涯规划。	塞罕坝生物群落的演替历程是怎样的？	任务5：明确群落演替的类型及群落演替的大致过程。	第5课时
			任务6：分析人类活动对群落演替的影响。	第6课时

四、任务活动和课时设计

课时	任务	活动
第1课时	任务1：初识群落生命系统。分析塞罕坝生物群落的物种组成、种间关系及空间结构。	活动1-1：以种群和群落为例，初识群落生命系统。 活动1-2：分析群落的物种组成、种间关系和空间结构。
第2课时	任务2：分析塞罕坝生物群落生态位分化对群落和物种的意义。	活动2：分析群落的季节性，通过资料分析塞罕坝生物群落中某物种的生态位。
第3课时	任务3：研究土壤中小动物类群的丰富度。	活动3：综合实践活动，研究土壤中小动物类群的丰富度。
第4课时	任务4：明确陆地生物群落的主要类型，分析生物群落内的生物是如何与环境相适应的。	活动4-1：分析陆地生物群落的主要类型。 活动4-2：比较在不同生物群落中生物的主要特征，阐述群落中生物具有与环境相适应的形态、结构、生理特征。 活动4-3：阐述群落中生物具有的适应性。
第5课时	任务5：明确群落演替的类型及群落演替的大致过程。	活动5：阐述群落演替的概念、类型和过程。
第6课时	任务6：分析人类活动对群落演替的影响。	活动6-1：分析人类活动对群落演替的影响。 活动6-2：欣赏塞罕坝生物群落"今生"美景，认同我国实行退耕还林、还草、还湖的政策。

五、单元作业设计

课时	评价目标	作业类型	核心素养	学业质量水平
第1课时	以种群和群落为例，明确视角，决定研究问题。	课堂作业（口头表述） 课后作业（书面习题）	生命观念1 科学思维2	1-2 1-2
	能够掌握丰富度概念，分析群内种间关系和空间结构。	课堂作业（口头表述） 课后作业（书面习题）	生命观念1 科学思维2	1-1 2-3
	说明群落是物种通过复杂的种间关系形成的有机整体。	课堂作业（口头表述） 课后作业（书面习题）	科学思维2	2-3

续表

课时	评价目标	作业类型	核心素养	学业质量水平
第2课时	描述群落的季节性。	课堂作业（口头表述）课后作业（书面习题）	生命观念1	1-2
	尝试从群落中某物种的生境，占用资源情况及其他种间关系等方面描述生态位。	课堂作业（口头表述）课后作业（实践作业）	科学思维2 科学探究3	2-3 3-3
第3课时	掌握研究土壤中小动物类群丰富度的一般方法步骤。	课堂作业（书面学案）课后作业（实践作业）	科学思维2 科学探究3	2-2 3-2
第4课时	分析陆地生物群落的主要类型。	课堂作业（口头表述）课后作业（书面习题）	科学思维2	2-1
	比较在不同生物群落中生物的主要特征，阐述群落中生物具有与环境相适应的形态、结构、生理特征。	课堂作业（书面学案）课后作业（书面习题）	生命观念1 科学思维2	1-2 2-3
	阐述群落中生物具有适应性。	课堂作业（口头表述）课后作业（书面习题）	生命观念1 科学思维2	1-2 2-3
第5课时	阐述群落演替的概念、类型和过程。	课堂作业（口头表述）课后作业（书面习题）	生命观念1 社会责任4	1-2 4-3
	分析人类活动对群落演替的影响。	课堂作业（口头表述）课后作业（书面习题）	生命观念1 社会责任4	1-2 4-3
第6课时	全面了解塞罕坝生物群落的"前世今生"，认同我国实行退耕还林、还草、还湖的政策。	课堂作业（口头表述）	社会责任4	4-3

六、课时教学设计

群落的结构 第1、2、3课时

[学习重难点]

(一)学习重点

1. 群落的物种组成与种间关系。
2. 群落的空间结构。

(二)学习难点

1. 群落的结构特征和生态位。
2. 研究土壤中小动物类群的丰富度。

[课时学习目标]

主题学习目标	课时学习任务
生命观念	通过教材阅读,总结说出群落研究的问题,了解探究视角的重要性,并尝试从不同视角提出新问题。理解群落中各物种组成是长期适应进化的结果。
科学思维	通过分析实例,理解群落的物种组成、种间关系和空间结构等,说明群落是各物种通过复杂的种间关系形成的有机整体。
科学探究	通过资料分析某地的某种群生态位,从该种群的生境、食性、相互关系等方面探究理解生态位概念。尝试运用取样调查法研究生活周边土壤中小动物类群的丰富度,营造"群落在身边,生活即学习"的氛围。
社会责任	通过分析某物种生态位,认同自然界中每个物种存在都有特殊的意义,从而形成保护动植物的观念。正确看待人与自然的关系,认识生命、敬畏生命,增强环保意识。

[课时教学过程]

任务一:初识群落生命系统

【教师活动】

展示塞罕坝生物群落的历史变迁资料及图片。并提出问题:塞罕坝生物群落从荒漠恢复成森林的过程中,群落里的动物数量是如何变化的,为什么?

在学生积极思考回答后总结:在一定时间、空间范围内,不同的种群间存在复杂的种间关系,为了更全面地认识生活在同一区域的所有生物,我们需要从更高的生命系统——群落来研究。指出群落是在相同时间聚集在一定地域中各种生物种群的集合。

【学生活动】

1.感受我国塞罕坝地区的变化,了解我国改善环境的决心和成果。

2.积极讨论问题,并总结:由于环境的改善,动物们的食物和栖息空间得到改善,各种动物数量会逐渐增加。

【设计意图】

通过资料图片引入新课,让学生感受生物多样性。通过创设情境、提出问题,让学生思考在一定范围环境中各种群之间存在的复杂关系,从而引出更高层次的生命系统——群落。

【评价方式】

学生情感反馈以及问题回答的情况。

【教师活动】

在不同的生命系统层次,我们关注的角度和问题将大有不同。

提出问题:1.回忆在种群水平上,我们都研究了哪些问题?

2.在群落水平上,我们又将研究哪些问题呢?

在学生积极思考回答后总结:从系统观出发,我们可以研究群落的组成、优势种、种间关系、生态位、群落的空间结构等问题。从发展观出发,我们又可以研究群落的演替等问题。

【学生活动】

阅读教材第22页"科学方法"的内容,回忆并总结:在种群水平上,我们研究了种群的数量特征和种群的数量变化等问题。在群落水平上,我们将研究群落的组成、种间关系、生态位、群落的空间结构、群落的演替等问题。

【设计意图】

通过归纳学习,让学生明确针对不同的研究对象,应从不同的视角出发,发现新的问题,获得新的知识。

【评价方式】

学生阅读的认真程度,回答问题的情况。

【教师活动】

展示塞罕坝森林生物群落、重庆仙女山草原生物群落图片及主要物种名录。组织学生阅读教材第23页内容,思考并回答以下问题。

1.比较两个群落物种组成的主要差别是什么?

2.分析造成不同群落物种丰富度差异的原因。

3.这两个生物群落中数量占据最多的物种是什么,它的优势地位会一直不变吗?

在学生积极思考并回答后总结:塞罕坝森林生物群落主要由高大乔木构成,重庆仙女山草原生物群落主要由草本构成。一个群落的物种数目称为物种丰富度。群落中数量多,对其他物种影响大,占据优势的物种称为优势种。随时间和环境的变化,生物群落的优势种会发生变化。

【学生活动】

1.认真观察这两个生物群落,思考并回答相关问题。

2.体会不同生物群落丰富度存在的差异,随时间和环境的变化,生物群落的优势种会发生变化。

3.通过阅读教材,理解控制过度放牧对维持草原生态系统稳定、保护生物多样性的重要意义。

【设计意图】

学生通过学习,掌握丰富度、优势种概念。理解群落中物种的组成是变化的,所以适当控制人类活动对其影响,对于保护群落生物多样性意义重大,引导学生形成人与自然和谐发展的可持续发展观念。

【评价方式】

学生阅读的状态,回答问题的情况及情感反馈的情况。

【教师活动】

生物群落中各个种群并不是简单地聚集在一起的,而是通过复杂的种间关系,形成一个有机整体。引导学生阅读教材第24页内容,总结不同物种间有怎样的关系,并举例说明。

展示教材第25页思考与讨论中资料1和资料2的内容,并提出以下问题。

1.两物种的竞争对两个种群的分布有什么影响?

2.资料2说明捕食、种间竞争在群落中是怎样相互联系的？

3.除了种间关系，还有哪些因素会影响群落？

【学生活动】

1.阅读教材第24页的内容，归纳总结寄居蟹与海葵的原始合作关系、大豆与根瘤菌的互利共生关系、翠鸟与鱼的捕食关系、马蛔虫与马的寄生关系、非洲狮与斑鬣狗的种间竞争关系。

2.小组讨论并积极回答相关问题。

(1)两物种的竞争会导致某些生物的活动范围、觅食生境改变，从而减少重叠而减弱竞争。

(2)捕食关系有利于捕食者和被捕食者的协同进化。自然状态下原本共存的中间竞争生物，在人为去除捕食者后，优势种随时间的推移发生变化，种间竞争的关系及结果发生变化，说明在一定程度上，捕食者的存在有利于维持生物多样性。

(3)影响群落因素有自然因素和人为因素，自然因素有生物因素和非生物因素，除种间关系外，生物因素还有种内竞争等，非生物因素主要有光照、温度、水、无机盐等。在这些因素中，往往人为因素影响巨大。因此，我们要认识到每个物种有着特殊的意义，应当尊重每一种生命，并尽量减少人类活动对群落稳态的影响，实现人与自然的和谐发展。

【设计意图】

引导学生总结各种间关系，通过资料分析种间关系对群落的影响，锻炼学生的资料分析能力，理解捕食对生物多样性的影响，强化进化与适应观。通过分析影响群落的因素，明确环境保护的重要性，培养学生的社会责任感。

【评价方式】

学生对各种间关系的认识情况，举例说明的情况。

【教师活动】

群落中各物种通过复杂的关系形成一个有机整体，引导学生阅读教材第25~26页的内容，回答以下问题。

1.塞罕坝生物群落各种群分布有什么特点？

2.群落的空间结构有哪些？

3.影响植物在空间上分层的主要因素是什么？动物分布是否有类似植物在空间

上分层呢,主要影响因素又是什么?

4.认真观察教材图2-5,群落在水平方向上的分布有什么特点呢?

5.在水平结构上,影响群落内生物分布的原因是什么?

【学生活动】

阅读教材第25~26页的内容,积极思考并回答相关问题。

1.生物群落中各种群的分布特点是每个种群都有自己占据的特定空间。

2.群落的空间结构分为垂直结构和水平结构。

3.植物分层主要受光照影响。动物分层主要受栖息空间和食物的影响。

4.在教材图2-5中,群落在水平方向具有分布不均匀的特点,其呈镶嵌分布。

5.在水平结构上,群落内生物的分布主要受地形变化、土壤湿度和盐碱度、光照强度等因素的影响。

【设计意图】

通过阅读教材、观察图片,引导学生直观了解群落在垂直结构和水平结构上的分布,推理造成这种分布的原因,让学生学会溯因推理,培养学生的科学思维能力。

【评价方式】

学生阅读教材的认真情况,回答问题的情况。

任务二:分析塞罕坝生物群落生态位分化对群落和物种的意义

【教师活动】

多媒体视频展示塞罕坝地区生物群落四季景色变化。

提出问题:1.群落的外貌和结构受到哪些因素的影响。

2.举例说明生物季节性变化对群落的影响。

【学生活动】

观看视频,积极思考并回答。

1.由于阳光、温度和水分等随季节的变化,群落的外貌和结构也会随之发生有规律的变化。

2.植物的生长周期对群落的物种组成和空间结构的影响,动物季节性迁徙、冬眠、夏眠等对群落的影响。

【设计意图】

通过视频直观感受群落的季节性变化,分析具体原因,从现象到本质的深化学习过程,锻炼了学生的分析能力、思维能力。

【评价方式】

学生观看视频的状态,问题回答的情况。

【教师活动】

群落中生物分布不同,优势地位不同,与其他物种的关系不同,所以在群落中起的作用也不同。每个物种在群落中都有着自己独特的地位和作用。所以要研究一个物种在种群中的地位和作用,通常要研究它所处的空间位置,占用资源情况,以及与其他物种的关系等,即生态位。引导学生阅读教材第28页思考与讨论的资料,回答以下问题。

1.动物的生物位通常需要研究哪些问题,生物的生态位又需要研究哪些问题?

2.资料中的四种鸟选择觅食生境的策略有哪些异同?哪一种鸟觅食生境的范围更宽?

3.如果两种鸟的觅食生境一样,生态位就完全一样吗?

4.任选一种鸟,分析它的食性。从觅食的角度来说,与它有竞争关系的鸟类有哪些?

5.任选一种鸟,从觅食生境、种间关系等多个方面综合描述这种鸟类的生态位。

6.群落中每种生物都占据相对稳定的生态位,这有何意义?

【学生活动】

小组讨论,分析回答相关问题。

1.植物通常要研究它的出现频率、种群密度、植株高度等特征以及与其他物种的关系等。动物通常要研究它的栖息地、食物、天敌以及与其他物种的关系等。

2.①绿翅鸭和鹤鹬选择觅食生境的策略基本相同,两者均选择生境1和生境3,并以生境1为主,不选择生境2;②绿头鸭主要选择生境1;③青脚鹬在3个生境中都出现,在生境3出现的概率高于前两处。青脚鹬的觅食生境范围更宽。

3.如果两种鸟的觅食生境一样,生态位不一定完全一样。绿翅鸭和鹤鹬选择的觅食生境基本相同,但是食物种类有较大差异,与其他物种的关系也不一样。

4.以绿翅鸭为例,绿翅鸭以小坚果为主要食物,还吃茎类、螺类、贝类等。绿头鸭与绿翅鸭存在明显的种间竞争关系。而绿翅鸭与鹤鹬、青脚鹬也有种间竞争关系,因为它们都捕食螺类,绿翅鸭与鹤鹬都吃贝类。

5.以青脚鹬为例,①青脚鹬的觅食生境包括上述生境1、2、3;②青脚鹬以草屑、螺类、甲壳类为食;③青脚鹬与鹤鹬存在明显的种间竞争,另外,与绿翅鸭、绿头鸭也存在种间竞争,因为它们都捕食螺类。

6.群落中每种生物都占据相对稳定的生态位,有利于不同生物充分利用环境资源。

【设计意图】

利用教材资料提供的数据,进行分析、归纳,深刻理解群落内部每一种生物都有自己在群落中的地位或作用,这也是生物与生物、生物与环境之间长期进化与适应的结果。在思考、回答问题的过程中,培养学生分析、归纳能力,落实系统观、进化与适应观的生命观念。

【评价方式】

小组讨论的情况,学生交流、展示的情况。

✓ 任务三:综合实践活动,研究土壤中小动物类群的丰富度

【教师活动】

土壤是无数动物的家园。常见的动物有蜘蛛、鼠妇、蜈蚣、马陆、蚯蚓,以及多种多样的昆虫,等等。有些土壤动物实在太小了,我们一般不会关注它们,但是它们对动植物遗体的分解起着重要的辅助作用。土壤的肥力往往跟土壤中的小动物类群密切相关。那么,我们该如何研究土壤中小动物类群的丰富度呢?引导学生阅读教材第30页探究与实践的内容,回答以下问题。

1.研究土壤中小动物类群的丰富度用什么方法?

2.采集土壤中小动物可以用样方法吗,为什么?

3.统计群落中物种相对数量有哪些方法?

PPT展示在实验过程中涉及的实验用具及实验方法,例如:取样器的制作过程,诱虫器、吸虫器的使用方法等。引导学生总结实验中需要用到哪些工具,如何使用?

【学生活动】

认真阅读教材,积极思考并回答相关问题。根据PPT认识实验过程中的材料用具,学会使用方法。

【设计意图】

通过综合实践活动,明确土壤中小动物类群的重要性,同时帮助学生明确实验原理及方法,认识本探究实验相关实验器具。

【评价方式】

学生回答问题的情况。

【教师活动】

引导学生阅读教材第30~31页的内容,以小组为单位讨论,明确本小组所要探究的问题,制订计划,落实注意事项。然后让学生根据计划按步骤实施,进行数据汇总和分析,撰写学习实验报告。

【学生活动】

小组讨论,体验探究实验的一般方法及过程,制订计划,认真学习注意事项,实施实验,并汇总数据,撰写学习实验报告。

【设计意图】

明确实验原理及目的,梳理探究实验的一般过程及方法步骤,为后续实践探究打好理论基础。

【评价方式】

小组计划制订及完成情况,分工情况。

【课时板书设计】

群落的结构

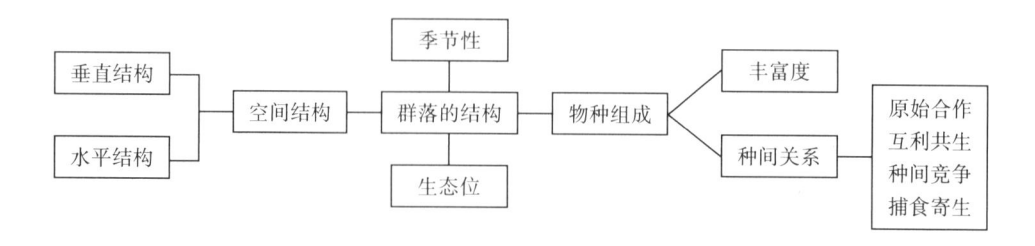

群落的结构
- 空间结构
  - 垂直结构
  - 水平结构
- 季节性
- 生态位
- 物种组成
  - 丰富度
  - 种间关系
    - 原始合作
    - 互利共生
    - 种间竞争
    - 捕食寄生

[课时作业设计]

请扫码查看作业及答案

群落的主要类型　第4课时

[学习重难点]

(一)学习重点

1.群落的主要类型。

2.不同群落中的生物具有与环境相适应的形态、结构和生理功能。

(二)学习难点

群落中生物的适应性。

[课时学习目标]

主题学习目标	课时学习任务
生命观念	通过比较不同生物群落中生物的主要特征,阐述不同群落中的生物具有与环境相适应的形态、结构和生理功能。
科学思维	通过分析实例,理解群落的生物彼此相互适应,占据不同的生态位,形成统一的整体观。
科学探究	通过资料分析,探究不同森林群落中植物对环境的适应性。
社会责任	通过分析群落中生物的适应性,深刻理解群落中不同种群相互依存、相互制约形成有机整体,从而维持协调和平衡的生态关系。认同人类应减少干预,敬畏生命,增强环保意识的观念。体验林业工程师的职业乐趣,进行相关的生涯规划。

[课时教学过程]

✓ 任务一:明确陆地生物群落的主要类型,

分析生物群落内的生物如何与环境相适应

【教师活动】

播放塞罕坝地区经过一代代人的努力,创造了荒原变林海的绿色奇迹的相关视频。

提出问题:1.森林和荒漠在群落外貌和群落结构上有什么不同?

2.塞罕坝林场最初几年的建设为什么不顺利?

【学生活动】

观看视频,积极讨论并回答问题。

【设计意图】

借助视频,直观感受不同生物群落的外貌差异,初步探讨群落中生物与环境是如何相互适应的。

【评价方式】

学生情感反馈、回答问题的情况。

【教师活动】

讲述:观察一个生物群落,首先看到的是它的外貌特征,然后根据群落的外貌特征和物种组成的差异等方面,我们可以将生物群落进行分类。比如,森林生物群落、草原生物群落、荒漠生物群落、湿地生物群落、海洋生物群落等。同时展示多种生物群落的外貌图片。

【学生活动】

认真听讲。观察各生物类群的外貌特征和物种组成的差异。

【设计意图】

通过图片直观感受不同生物群落差异,比较不同生物群落外貌特征和物种组成的差异,并理解分类依据。

【评价方式】

学生观看材料及听讲状态的情况。

任务二：比较不同生物群落中生物的主要特征，阐述群落中生物具有与环境相适应的形态、结构、生理特征

【教师活动】

播放荒漠生物群落视频、内蒙古草原生物群落相关视频、热带雨林生物群落相关视频。引导学生阅读教材第33~34页的内容，回答以下问题。

1.总结荒漠生物群落、草原生物群落、森林生物群落的外貌特征、分布及主要动植物类型。

2.分析荒漠生物群落中各生物分别具有哪些适应群落环境的共同特征？

3.分析草原生物群落中动植物分别具有哪些适应群落环境的特征？

4.分析森林生物群落中动植物分别具有哪些适应群落环境的特征？阴生植物为什么能适应弱光条件？

5.假如将森林中善于攀缘生活的动物种群和草原上善于奔跑的动物种群对调，这对种群来说有什么影响？

6.结合之前所学的"群落的结构"对群落中生物生态位的分析，说一说不同物种之间是如何彼此协调、共同生活在一起的。

【学生活动】

认真阅读教材，小组讨论回答问题。

【设计意图】

通过视觉冲击，直观感受不同类型的生物群落。通过自主学习，了解各类型生物群落的外貌特征、物种组成等，理解不同生物群落与环境具有适应性。基于事实，运用比较、归纳等科学思维的方法，深化结构与功能观、适应观。

【评价方式】

小组讨论，问题的完成情况。

任务三：阐述群落中生物具适应性

【教师活动】

讲述：群落内生物的适应性不仅体现在与环境相适应，而且体现在与其他物种相

适应。PPT展示下列资料。

资料1:在我国东部湿润地区往往随处可见森林,内陆半干旱地区分布有大片的草原,西部的干旱地区则出现荒漠群落。(图片展示我国从沿海到内陆的地域分异规律。)

资料2:我国从南到北都有森林分布,典型的森林类型可以分为热带雨林、热带季雨林、亚热带常绿阔叶林、暖温带落叶阔叶林、温带针阔叶混交林和寒温带针叶林等。(图片展示我国从南到北的地域分异规律。)

资料3:天山山脉沿东西向我国新疆中部横贯,很多山峰的海拔超过4000 m。如果你有机会从天山北麓的奎屯登山,从山脚到山顶,你可以依次看到荒漠、草原、森林、草甸等多种群落类型。研究表明,这些群落类型千百年来基本不变。类似的群落在垂直高度上的分布,是有共同规律的。(图片展示天山北麓,从山脚到山顶的地域分异规律。)

提出问题:不同海拔、纬度分布着不同的群落类型,可能是由哪些因素决定的?这与我国东、中、西部群落类型的分布规律有哪些相似之处?

待学生积极思考回答后小结:由于水分、温度等因素的影响,不同的环境孕育出不同的群落,而群落中的生物又总是与环境相适应。

【学生活动】

认真阅读资料,积极思考,回答相关问题。总结得出不同生物群落类型主要受水分、温度等因素的影响。这与我国东、中、西部群落类型的分布是相似的。我国同纬度地区从东向西,由湿润趋向干旱,东部湿润地区分布着森林生物群落,中部的内陆半干旱地区分布着草原生物群落,西部干旱地区分布着荒漠生物群落。

【设计意图】

通过资料分析,不仅深入学习了生物的多样性,还展示了中国的地大物博,增强学生对国家的自豪感,能更好地渗透爱国主义教育,明确社会责任。

【评价方式】

学生回答问题的正确性。

【教师活动】

荒漠生物群落、草原生物群落、森林生物群落等生物群落又可以分为更具体的生物群落。比如森林生物群落可分为寒温带针叶林、温带针阔叶混交林、暖温带落叶阔叶林、亚热带常绿阔叶林、热带季雨林和热带雨林等。同样都是森林群落,在不同的森林类型中,生物适应群落生活的特点完全相同吗?阅读并分析教材第36页"思考·讨论"资料1和资料2的内容,小组讨论并回答以下问题。

1.这两类群落在物种组成、垂直结构上有哪些不同?

2.这两类群落中的植物在适应环境方面有哪些不同的特征?

3.在这两类群落内,阳光、通风等条件有哪些不同?林下的各类生物又是怎样适应各自群落内环境的?

【学生活动】

根据教材资料,小组讨论并回答相关问题。

【设计意图】

通过资料分析,明确每种生物都有适宜自己的生存环境,理解群落是一定时空条件下不同物种的天然集群。

【评价方式】

学生回答问题的情况。

【课时板书设计】

群落的主要类型

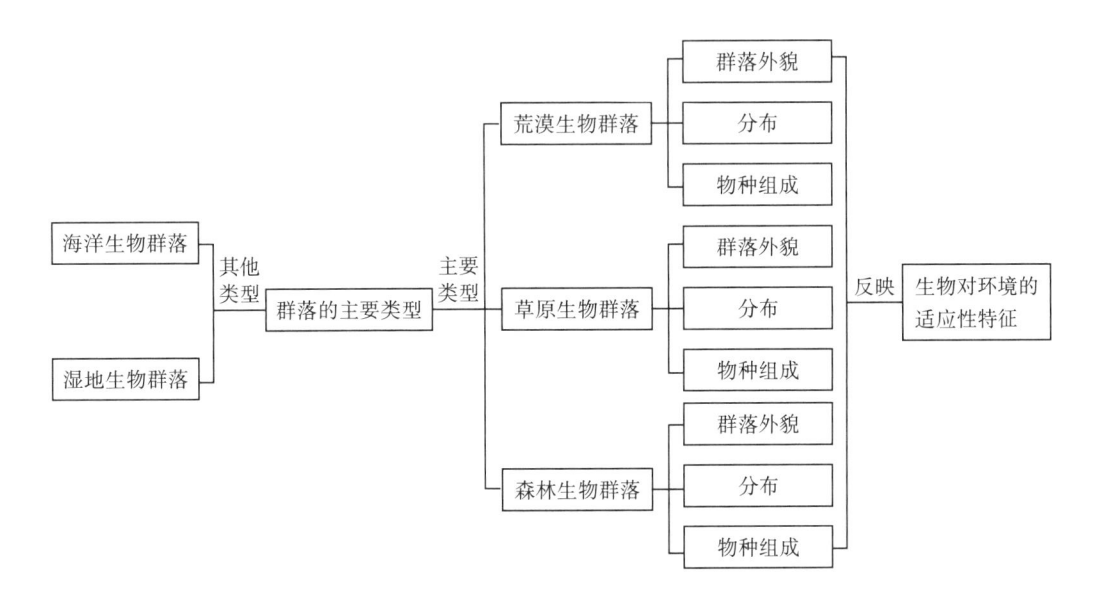

```
                                    ┌─ 群落外貌 ─┐
                          ┌ 荒漠生物群落 ─┼─ 分布 ─────┤
                          │              └─ 物种组成 ─┤
    ┌ 海洋生物群落 ┐  其他 │              ┌─ 群落外貌 ─┤
    │              ├ 类型 │              │            │  反映   生物对环境的
群落的主要类型 ────┤      ├─ 主要 ─ 草原生物群落 ─┼─ 分布 ─────┼───────  适应性特征
    │              │      │ 类型         │            │
    └ 湿地生物群落 ┘      │              └─ 物种组成 ─┤
                          │              ┌─ 群落外貌 ─┤
                          └ 森林生物群落 ─┼─ 分布 ─────┤
                                         └─ 物种组成 ─┘
```

[课时作业设计]

请扫码查看作业及答案

群落的演替　第5、6课时

[学习重难点]

(一)学习重点

群落的演替过程。

(二)学习难点

群落的演替过程。

[课时学习目标]

主题学习目标	课时学习任务
生命观念	群落的演替过程本质是群落里生物进化与适应的过程。以群落为整体来研究群落的变化过程,体现生命的系统观。
科学思维	通过引导学生在情境中运用分析、比较、判断、归纳等方法来解决问题,分析裸岩上的演替和弃耕农田上的演替类型,理解演替的概念、类型和过程。
科学探究	收集塞罕坝地区不同时期的资料,比较荒漠、森林面积变化,探究塞罕坝生物群落变化的原因。
社会责任	通过分析人类活动与演替的关系,说明人类活动对群落演替的影响。展示我国人工治沙、退耕还林、还草、还湖等成就,正确看待人与自然关系,敬畏生命,增强环保意识,培养学生的爱国情怀。

[课时教学过程]

　　✓ 任务一:明确群落的演替的类型及群落演替的大致过程

【教师活动】

展示造林前的塞罕坝生物群落和造林后的塞罕坝生物群落对比照片,简要讲述塞罕坝造林过程。

思考:塞罕坝生物群落在造林前后是同一个生物群落吗,为什么?

【学生活动】

认真观看图文资料,积极思考回答,理解气候、环境等因素发生变化,那么生物群落的物种组成、种间关系、空间结构等方面都将发生巨大的变化。

【设计意图】

通过设置实例情境,激发学生学习兴趣,初步了解群落演替的概念,导入新课。

【评价方式】

学生讨论状态和回答问题的情况。

【教师活动】

同塞罕坝生物群落一样,大多数群落都处于一个动态变化的过程。后一个群落代替前一个群落的过程,就是群落演替的过程。组织学生阅读教材第38页问题与探讨的相关资料。讲述火山岩所到之处,寸草不生,火山岩冷却后,原先的土壤不复存在,变成光秃的岩石。

思考:光裸的岩石上是怎样长出森林的呢?生物是如何一步一步地定居在新的土地上的?

引导学生阅读教材第38~39页的内容,并讨论以下问题。

1. 最先在裸岩上定居的生物是什么?为什么不是苔藓和草本植物呢?

2. 地衣阶段为苔藓的生长提供了怎样的基础?地衣被苔藓取代了吗?

3. 苔藓出现后,它们和地衣是什么关系?它们对地衣的生长产生了什么影响,结果如何?

4. 小动物为什么从在草本植物阶段才开始进入这个地区?它们对土壤条件有什么影响?

5. 森林阶段,群落中的地衣、苔藓、草本植物和灌木被完全取代了吗?

6. 初生演替经历了哪些阶段?

7. 随着演替进行,群落物种丰富度和群落的结构会发生怎样的变化?

待学生思考回答后总结:群落是不断发展的动态系统,群落内物种通过复杂的关系相互影响,物种的变化过程是"优势取代",而不是"取而代之"。每个阶段的动植物都是与当时环境条件相适应的。在裸岩上发生的群落的演替过程,属于初生演替。

【学生活动】

认真阅读教材,回答相关问题,探究群落的土壤变化,群落丰富度和结构的变化,总结群落演替的一般规律和方向。

【设计意图】

通过归纳总结,了解群落演替的一般规律和方向。用发展的眼光看待群落里物种的进化与适应。明白物种此消彼长处于动态平衡的过程,形成稳态与平衡观。

【评价方式】

学生回答问题的情况。

【教师活动】

展示一块弃耕的农田图片。讲述在废弃的农田上也会发生群落的演替,并提问这种演替和发生在裸岩上的演替过程完全相同吗?引导学生阅读教材第40页内容,小组讨论并回答以下问题。

1.在废弃的农田上,首先定居的是什么生物?

2.在演替的过程中,土壤条件如何变化?

3.随着演替的进行,群落物种组成和群落结构如何变化?

待学生思考回答后总结:发生在废弃的农田上的演替属于次生演替。次生演替与初生演替都是从简单的群落结构发展为复杂的群落结构。

【学生活动】

认真阅读教材,小组交流探讨次生演替的一般规律和方向。

【设计意图】

从生活经验及现有知识出发,解决实际问题,学以致用。

【评价方式】

学生回答问题的情况。

【教师活动】

通过前面的学习,我们了解了两种典型的群落演替。请同学们小组讨论回答以下问题。

1.初生演替和次生演替分类的主要依据是什么?哪一种演替经历的时间更长,为什么?

2.初生演替和次生演替还有哪些差异？

3.这两种演替有哪些共同点？

4.演替都会发展成森林吗？请举例说明。

【学生活动】

小组合作讨论，比较两种演替类型差异，积极回答相关问题。

【设计意图】

运用比较、归纳的方法概括两种演替的异同点，以训练学生的科学思维能力。

【评价方式】

学生回答问题的情况。

任务二：分析人类活动对群落演替的影响

【教师活动】

我国内蒙古的草原生物群落经历了千万年的演替，为什么没有发展到森林阶段？影响生物群落演替的因素有哪些呢？

【学生活动】

积极回答问题，理解由于气候等环境变化、生物的迁入与迁出、群落内部种群相互关系的变化，以及人类活动等因素都将影响群落的最终演替。

【设计意图】

通过提问的方式直接抛出问题，让学生加深对群落演替是一个进化与适应动态平衡的过程的理解。

【评价方式】

学生回答问题的情况。

【教师活动】

群落的演替结果，往往是由环境和群落内部生物共同作用决定的。但是人类活动对群落的演替的影响有时往往超过其他因素。展示教材第42页"思考·讨论"资料1和资料2，并提出以下问题。

1.上述资料中,人类活动使群落演替向什么方向进行?

2.人类活动对上述群落的演替速度有什么影响?

3.如果没有人类活动,这些群落又会向什么方向演替?

4.人类活动对群落演替的影响都是不良的吗?请举例说明。

【学生活动】

小组讨论,积极思考并回答问题。总结人类活动正影响着群落的演替,并且往往使群落演替按照不同于自然演替的方向和速度进行。当人类掌握了群落演替的基本规律后,预测群落的未来,以正确掌握群落动向,使之朝着对人类有益的方向发展。

【设计意图】

通过对资料的归纳、分类,锻炼学生的科学思维能力。正确看待人与自然的关系,顺应自然规律,敬畏生命,增强环保意识,关注我国生态建设成就,培养学生的爱国情怀。

【评价方式】

学生情感反馈、回答问题的情况。

任务三:欣赏塞罕坝生物群落"今生"美景,认同我国实行退耕还林、还草、还湖的政策

【教师活动】

展示现在被赞誉为"河的源头、云的故乡、花的世界、林的海洋、珍禽异兽的天堂"的塞罕坝风景图,展示陕西省延安市吴起县实施退耕前后对比图。

组织学生阅读教材第43页的内容,回答以下问题。

1.为了处理好经济发展同环境保护的关系,走可持续发展道路,我国做了哪些努力?

2.退耕还林工程的实施给你带来哪些启示?

【学生活动】

认真阅读教材,了解我国施行的《退耕还林条例》政策,思考并回答相关问题。理解人类活动应顺应自然规律,走可持续发展的道路。

【设计意图】

通过联系生活实际案例,了解我国在保护生态环境方面作出的努力和成就。认同退耕还林政策的意义,形成人与自然和谐相处的观念,增强学生对自然、对社会的责任感,以及共建生态文明的使命感。

【评价方式】

学生情感反馈、政策认同感、回答问题的情况。

[课时板书设计]

群落的演替

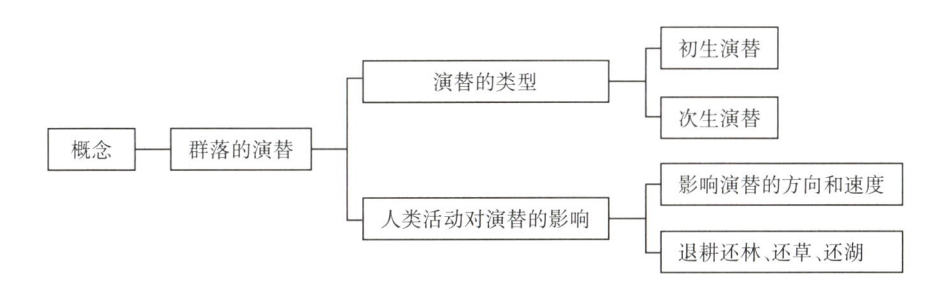

概念 → 群落的演替 → 演替的类型 → 初生演替 / 次生演替

群落的演替 → 人类活动对演替的影响 → 影响演替的方向和速度 / 退耕还林、还草、还湖

[课时作业设计]

请扫码查看作业及答案

第3单元

生态系统及其稳定性

一、单元主题及解读

单元主题：发展农业生态高产出，促进生产效益可持续

本单元主题是生态系统，教材按照从结构到功能，再到稳定性的顺序，由浅入深地安排内容。本单元在介绍生态系统的结构和组成成分部分涉及了较多概念，如食物链、营养级等，这些概念也是后面学习能量流动、物质循环等的基础。能量是维持生态系统功能、使生态系统保持稳定的关键。在能量流动的过程中，太阳能转化为化学能，能量就有了物质实体依托。能量伴随着物质的变化沿食物链流动，物质不灭，循环往复；能量驱动生命运转。在这个过程中，信息起重要的调控作用。当结构和功能处于相对稳定的状态时，生态系统达到了平衡。生态系统都具有维持生态平衡的能力，即生态系统的稳定性。由此可见，生态系统的结构、功能、稳定性等内容相互关联，具有很强的逻辑顺序。

本单元以"发展农业生态高产出，促进生产效益可持续"为核心，围绕该核心，设置"桑基鱼塘""贵州从江稻鱼鸭水生智慧——稻花香里有鱼鸭"等真实情境，把生活、生产实践带进课堂，基于生活、生产实践回归学生学习的本质。对现代农业生产的情境进行分析，并解释现代农业生产应用的原理，解决农业生态发展中面临的问题，尝试提出促进现代农业发展的新思路、新方法。"以知促行"，让学生体验学以致用的满足感，提升学生自我认同感，培养新时代青年的社会责任与使命感，为学生生涯规划的形成支撑、助力。同时，在认识碳循环过程、生物富集危害，设计提高生态系统稳定性的方案等过程中，树立生态意识和人与自然、人与社会和谐发展的正确生命观。

二、单元概念关系图

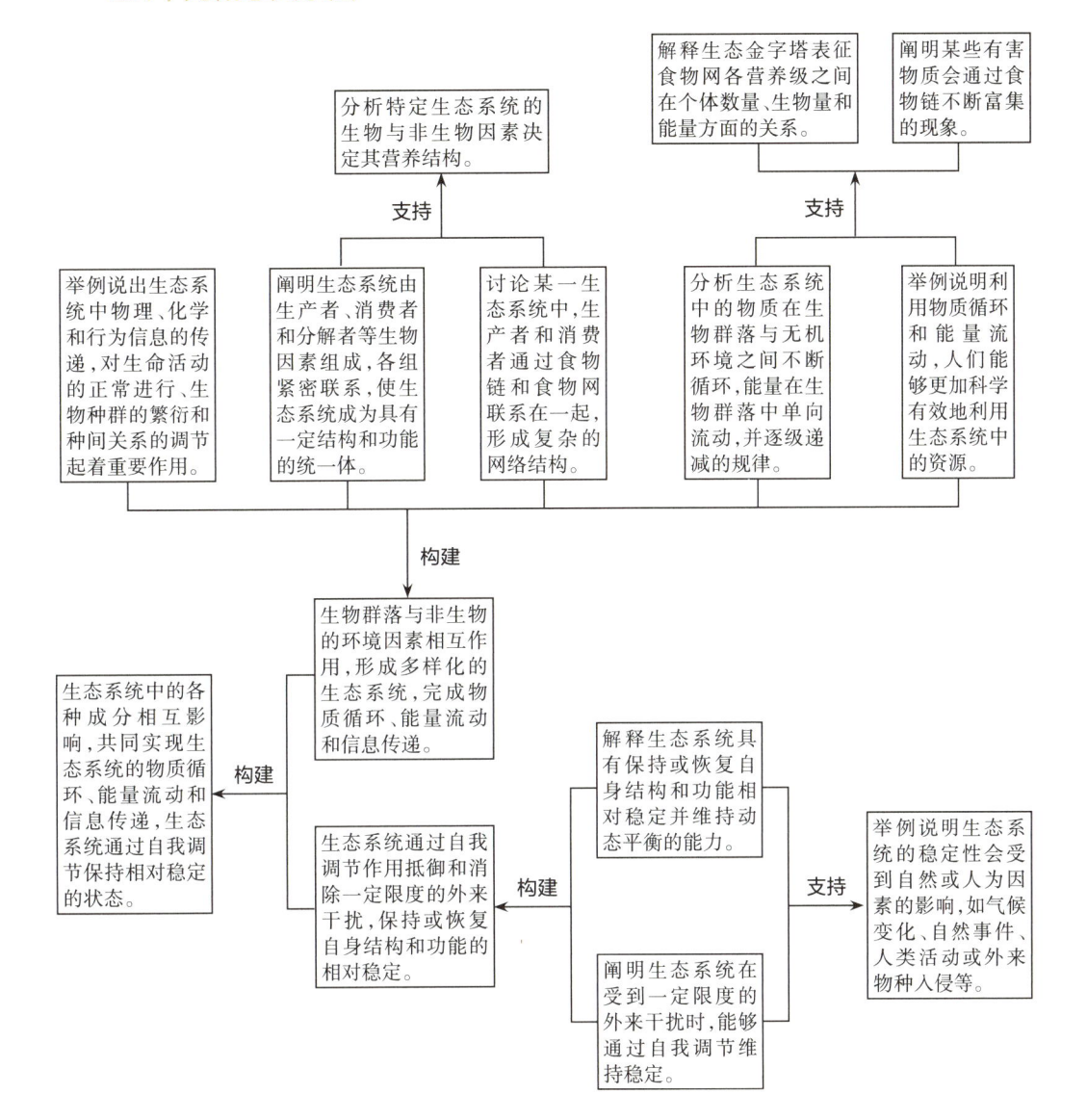

```
                                                        解释生态金字塔表征    阐明某些有害物
                        分析特定生态系统的                食物网各营养级之间    质会通过食物
                        生物与非生物因素决                在个体数量、生物量和  链不断富集
                        定其营养结构。                    能量方面的关系。      的现象。
                                ↑                                ↑                ↑
                              支持                              支持

举例说出生态系    阐明生态系统由      讨论某一生      分析生态系统      举例说明利
统中物理、化学    生产者、消费者      态系统中，生    中的物质在生      用物质循环
和行为信息的传    和分解者等生物      产者和消费者    物群落与无机      和能量流动，
递，对生命活动    因素组成，各组      通过食物链      环境之间不断      人们能够更加
的正常进行、生    紧密联系，使生      和食物网        循环，能量在生    科学有效地利
物种群的繁衍和    态系统成为具有      联系在一起，    物群落中单向      用生态系统中
种间关系的调节    一定结构和功能      形成复杂的      流动，并逐级递    的资源。
起着重要作用。    的统一体。          网络结构。      减的规律。

                              构建 ↓

                        生物群落与非生物
                        的环境因素相互作
生态系统中的各          用，形成多样化的
种成分相互影            生态系统，完成物
响，共同实现生          质循环、能量流动
态系统的物质循    构建  和信息传递。
环、能量流动和    ←
信息传递，生态
系统通过自我调          生态系统通过自我    解释生态系统具
节保持相对稳定          调节作用抵御和消    有保持或恢复自
的状态。                除一定限度的外来    身结构和功能相    举例说明生态系
                        干扰，保持或恢复    对稳定并维持动    统的稳定性会受
                        自身结构和功能的    态平衡的能力。    到自然或人为因
                        相对稳定。    构建                  素的影响，如气候
                                        ←          支持    变化、自然事件、
                                                            人类活动或外来
                                        阐明生态系统在      物种入侵等。
                                        受到一定限度的
                                        外来干扰时，能够
                                        通过自我调节维
                                        持稳定。
```

寻"三生"之秘　解"单元"之码

三、单元导航图

核心素养	学习目标	关键问题	学习任务	课时
生命观念	分析能量摄入并在生态系统中流动，这个过程伴随物质的变化，而信息在其中起重要的调控作用。生态系统具有反馈调节能力，保证了生态系统处于动态平衡中，构建生命的系统观、稳态与平衡观、物质与能量观、信息观等。	生态系统有哪些主要组成成分？它们是如何构成生态系统的？生态系统具有怎样的营养结构？	任务1：运用具体生态系统的资料，阐明生态系统的组成成分，分析各种成分之间的结构联系。	第1课时
		能量在生态系统中是怎样流动的？研究能量流动有什么实践意义？	任务2：分析食物网中能量流动的途径和过程，分析单向流动和逐级递减的规律及实践意义。	第2课时
科学思维	引导学生构建概念模型，如生态系统的结构模型、能量流动模型、金字塔模型、碳循环模型等。用"科学方法"栏目介绍研究能量流动的基本思路等。	生态系统的物质循环过程是怎样的？物质循环与能量流动的关系是怎样的？	任务3：依据生态系统中生物间的营养关系、能量流动规律，解释食物网各营养级之间生物的个体数量、生物量和能量的金字塔特征。	第3课时
科学探究	通过调查、探究、制作等不同形式的活动，如分析生态系统的结构、生态系统中的能量流动，分析碳循环的过程，设计提高生态系统稳定性的方案等，进一步提高学生的探究能力和实践能力，增强团队合作精神、探究精神。	怎样理解生物富集的成因和危害？	任务4：以碳元素为例，通过资料探究，分析生态系统的物质循环过程、特点及实践意义。阐明有害物质的富集现象及其对相关实践的指导意义。	第4课时
		生态系统中的信息有哪些类型？生态系统中的信息传递起着什么作用？		
社会责任	通过认识物质循环、能量流动、生物富集，设计提高生态系统稳定性的方案等综合实践性课堂、课后作业设计，让学生参与社会热点实践，体验科学生活，形成生涯规划，树立生态意识，增强生态文明思想和建设美丽中国的信念。	如何运用生态系统的信息传递原理提高农作物产量、进行有害动物的防治？	任务5：通过阅读教材，概述生态系统中信息的种类和在生态系统中的作用。	第5课时
		什么是生态平衡？生态系统如何自我调节？	任务6：举例分析干扰生态系统稳定和平衡的因素及其在实践中的应用。	第6课时

四、任务活动和课时设计

课时	任务	活动
第1课时	任务1：运用生态系统的资料，阐明生态系统的组成成分，分析各种成分之间的结构联系。	活动1-1：通过分析具体生态系统中生物与生物、生物与非生物环境的关系，建立生态系统的概念。 活动1-2：对农田生态系统的组成成分进行分析、比较、归类，归纳概括各组成成分的作用及相互关系，建构生态系统的结构模型。 活动1-3：通过对实例的分析讨论，建立食物链和食物网的概念。
第2课时	任务2：分析食物网中能量流动的途径和过程，分析单向流动和逐级递减的规律及实践意义。	活动2-1：通过对能量流动第一、第二营养级的分析，简述如何研究生态系统的能量流动过程。 活动2-2：通过对赛达伯格湖能量流动的定量分析，概述生态系统能量流动的特点。
第3课时	任务3：依据生态系统中生物间的营养关系、能量流动规律，解释食物网各营养级之间生物的个体数量、生物量和能量的金字塔特征。	活动3-1：用生态金字塔表征生态系统的能量流动等特点。 活动3-2：尝试用生态系统的能量流动规律为生产实践提出合理建议，认同研究能量流动具有实践意义的观念。
第4课时	任务4：以碳元素为例，通过资料探究，分析生态系统的物质循环过程、特点及实践意义。阐明有害物质的富集现象及其对相关实践的指导意义。	活动4-1：通过分析碳循环的过程，构建概念模型，概述生态系统的物质循环。 活动4-2：通过对案例的分析讨论，阐明生物富集的成因和危害，并提出科学的防治建议。 活动4-3：通过分析、比较生态系统物质循环和能量流动的过程，说明两者的关系。 活动4-4：根据生态系统物质循环、能量流动的规律，为科学、有效地利用农业生态系统中的资源等提出有价值的建议和措施。
第5课时	任务5：通过阅读教材，概述生态系统中信息的种类和在生态系统中的作用。	活动5-1：通过对案例的分析与讨论，概述生态系统中信息的类型和信息传递的过程。 活动5-2：阐明生态系统中信息传递与物质循环及能量流动的关系。 活动5-3：举例说明信息传递在生态系统中的作用。 活动5-4：分析信息传递在农业生产中应用的案例，并评价其合理性。

续表

课时	任务	活动
第6课时	任务6:举例分析干扰生态系统稳定和平衡的因素及其在实践中的应用。	活动6-1:概述生态平衡的特征,认同生态平衡是一种动态平衡。 活动6-2:通过对案例的分析和讨论,阐明生态系统通过自我调节来维持平衡,概述负反馈调节机制。 活动6-3:结合实例区分生态系统稳定性的两个方面,构建数学模型比较不同生态系统的抵抗力稳定性和恢复力稳定性。 活动6-4:以蝗灾等生态问题为例,运用稳态与平衡观、结构与功能观设计提高该生态系统稳定性的方案,关注人类活动对生态平衡的影响。

五、单元作业设计

课时	评价目标	作业类型	核心素养	学业质量水平
第1课时	分析生态系统的结构,归纳生态系统的组成成分,构建生态系统的结构模型。	课堂作业（构建模型和口头表述）课后作业（书面习题）	生命观念2 科学思维2 社会责任1	3-2 4-1
第2课时	分析生态系统的能量流动过程,构建生态系统的能量流动模型,说出模型各组分之间的关联。	课堂作业（构建模型和口头表述）课后作业（书面习题和调查报告）	生命观念3 科学思维3 科学探究3 社会责任3	3-2 4-1
第3课时	能将能量在生态系统中流动的特点运用至农业生产实践。	课堂作业（构建模型和口头表述）课后作业（书面习题和调查报告）	生命观念3 科学思维3 科学探究3 社会责任3	3-2 4-1
第4课时	分析生态系统的物质循环过程,构建生态系统物质循环的模型,理解生态系统中能量流动和物质循环的关系;应用物质循环解释温室效应、生物富集现象等生态污染的成因和危害,并提出解决策略。	课堂作业（口头表述）课后作业（书面习题和调查报告）	生命观念3 科学思维3 社会责任3	3-2 4-4

续表

课时	评价目标	作业类型	核心素养	学业质量水平
第5课时	能举例说明生态系统中信息的类型和信息传递的过程；阐明生态系统中信息传递与物质循环、能量流动的关系；了解当地农业生产存在的问题，尝试运用信息传递提出解决方案。	课堂作业（构建模型和口头表述）课后作业（书面习题和调查小报）	生命观念1 科学思维2 科学探究4 社会责任4	3-1 4-1
第6课时	能举例说明生态平衡的特征，及生态平衡调节的机制；根据实例分析抵抗力稳定性和恢复力稳定性的区别并构建数学模型；设计提高农业生态系统稳定性的方案。	课堂作业（构建模型和口头表述）课后作业（书面习题和方案设计）	生命观念3 科学思维3 社会责任4	3-3 4-3

六、课时教学设计

生态系统的结构 第1课时

[学习重难点]

(一)学习重点

1.分析生态系统的结构，归纳生态系统的组成成分，构建生态系统的结构模型。

2.分析生态系统的营养结构。

(二)学习难点

1.构建生态系统的结构模型。

2.阐明生态系统是一个统一的整体。

[课时学习目标]

核心素养	课时学习目标
生命观念	通过对具体案例的分析，说出生态系统的概念和组成成分。
科学思维	通过生物组成成分和非生物物质与能量之间的联系，建构生态系统的结构模型。
科学探究	分析生态系统各组成成分之间物质循环和能量流动的关系。
社会责任	阐明生态系统是一个统一的整体，树立保护生态的环保意识。

[课时教学过程]

⊘ 任务一：创设情境，导入新课

【教师活动】

播放某农田生态系统的介绍视频，了解该农田生态系统中的生物类型。提出问题：这个生态系统包含哪些成分？这些成分分别对该生态系统起着什么作用？

【学生活动】

观看视频，结合当地的生态条件、环境状况，大概了解该农田生态系统中的生物组成。

【设计意图】

引用真实情境，吸引学生注意力，调动学生的积极性，引发学生思考。

【评价方式】

学生对生态系统的了解情况、回答问题的积极性和语言的表述能力。

⊘ 任务二：分析塞罕坝的组成成分

【教师活动】

展示某农田生态系统的种植资料图片，组织学生结合资料思考、分析以下问题，并以小组为单位展开讨论。

1.该生态系统的生物组成是怎样的？请进行简单的归类。

2.该生态系统除资料中提到的生物外，还可能具有哪类生物？

【学生活动】

认真分析资料，进行小组讨论，展示资料分析结果。根据这些生物的共性，可大概将其分为动物、植物、微生物三类。

【设计意图】

通过小组合作学习，对资料中的生物种类进行分类，培养学生合作交流的能力和归纳概括的科学思维。

【评价方式】

学生小组讨论的分工情况,再根据小组展示的结果,考查学生归纳、概括的能力。

【教师活动】

生物的生存都离不开物质和能量。组织学生对生物按照物质和能量的获取方式进行分类归纳。小组讨论后将结果整理在表格中并进行展示。

【学生活动】

分类讨论植物、动物、微生物获取物质和能量的方式,分小组进行展示。

生物	植物	动物	微生物
物质和能量获取方式	光合作用(无机物→有机物)	捕食	分解排遗物和遗体

【设计意图】

必修1所学的光合作用、呼吸作用涉及能量转化和物质利用,通过表格方式让学生对已学知识进行再梳理,搭建从旧知到新知的桥梁。

【评价方式】

学生对旧知的梳理情况,分析、总结和表述的情况。

【教师活动】

小组展示后进行归纳总结:像绿色植物这样能通过光合作用制造有机物的生物称为生产者,属于自养型生物;以捕食为生的动物称为消费者,消费者除了植食性、肉食性、杂食性动物外,营寄生生活的生物也属于消费者;营腐生生活的微生物称为分解者,依靠分解有机物获取能量和物质。

思考:1.该农田生态系统中生产者、消费者、分解者这三个组分分别起到了什么作用?

2.根据这三者的功能,思考组分之间有什么关系?用箭头和文字等绘制生产者、消费者、分解者三者之间联系的图解。

总结:在生态系统中,生产者通过光合作用,将太阳能固定在其制造的有机物中。太阳能转化为化学能,被生物所利用,所以生产者是生态系统的基石。消费者通过自身的新陈代谢,将有机物转化为无机物,这些无机物排出体外后又可以被生产者重新利用,所以消费者的存在能够加快生态系统的物质循环。此外,消费者还可以帮助植物进行传粉和种子的传播。分解者能将动植物遗体和动物的排泄物分解成无机物。

如果没有分解者,动植物的遗体和动物的排泄物会堆积如山,生态系统就会崩溃。因此,生产者、消费者和分解者是紧密联系、缺一不可的。

【学生活动】

建立生产者、消费者、分解者的概念,构建生产者、消费者、分解者三者关系的模型。

【设计意图】

构建生产者、消费者、分解者三个重要组分的概念,并建构模型有助于学生理解三个组分的功能和关系,为生物组分与非生物的物质和能量之间的关系建立奠定基础。

【评价方式】

学生辨析概念和构建模型的情况。

【教师活动】

思考:除了生产者、消费者、分解者等生物成分外,在生态系统中还存在哪些成分,请举例说明。这些成分与生物成分之间有何联系?

引导学生在建立好生物成分之间的联系基础上,思考生物成分与非生物的物质和能量之间的关系可以怎么体现?并用图解表示。

【学生活动】

思考回答问题,并构建生产者、消费者和分解者的关系图。

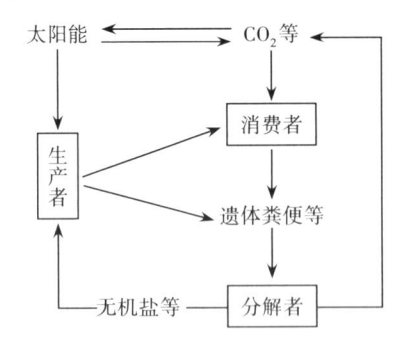

图2-3-1 生产者、消费者和分解者的关系

【设计意图】

在生物组分的基础上,通过问题引导学生构建生态系统的结构模型,构建生物组分与非生物物质和能量的关系,以培养学生的建模能力。

【评价方式】

学生参与度与构建模型的情况。

✅ 任务三：食物链和食物网

【教师活动】

绿色植物所固定的太阳能可通过食物链进行传递,根据上述农田生态系统的相关资料,引导学生至少写出三条食物链,构建食物网。

思考:每种生物是不是只存在一条食物链上呢?

讲解营养级与食物链的关系,每一个环节即为一个营养级,处在第几位即为第几营养级。食物链上一般不超过5个营养级,为什么？根据学生的回答作补充和评价。

【学生活动】

1.根据资料写出三条食物链。

2.明确每种生物不只固定在一条食物链上,能够根据图片理解食物网的概念,即许多食物链彼此相互交错连接成的复杂营养结构叫作食物网。

3.理解各个营养级的生物会因呼吸作用消耗大部分能量,其余能量有部分流入分解者,只有一小部分能被下一营养级的生物利用。流到第五营养级时,余下的能量很少,甚至不足以养活一个种群,因此食物链上一般不超过5个营养级。

【设计意图】

引导学生自主观察、讨论食物网中营养级的特点。

【评价方式】

学生回答问题、总结的情况。

✅ 任务四：生态系统的范围

【教师活动】

总结生物与生物之间、生物群落与非生物环境之间的关系,得出生物与环境直接又复杂的相互作用,错综复杂的食物网使得生态系统保持稳定,生物与环境形成统一的整体。引导学生总结生态系统的概念。

介绍农田、森林等生态系统,了解生态系统的范围,以及地球上最大的生态系统——生物圈。

【学生活动】

1.理解生物与生物、生物与非生物之间的相互作用关系,理解生态系统的概念:在一定空间内,由生物群落与它的非生物环境相互作用而形成的统一整体。

2.明确生态系统是有范围的,能举例说出不同的生态系统。

3.体会食物链和食物网在生态系统中的作用。

【设计意图】

通过对农田生态系统组成成分的分析,体现生物与环境的相互影响,密不可分,经过分析与综合,归纳形成概念。

【评价方式】

学生回答问题的情况。

【教师活动】

播放"塞罕坝生态奇迹,从一棵松到百万亩林海"视频,引导学生就生物多样性和生态系统保护问题进行讨论。

【学生活动】

学生表达自己关于生态系统保护的观点。

【设计意图】

通过对生态系统结构与功能的了解,有助于学生树立生态意识,增强生态文明思想和建设美丽中国的信念。

【评价方式】

学生参与、自由发言的情况。

【课时板书设计】

生态系统的结构

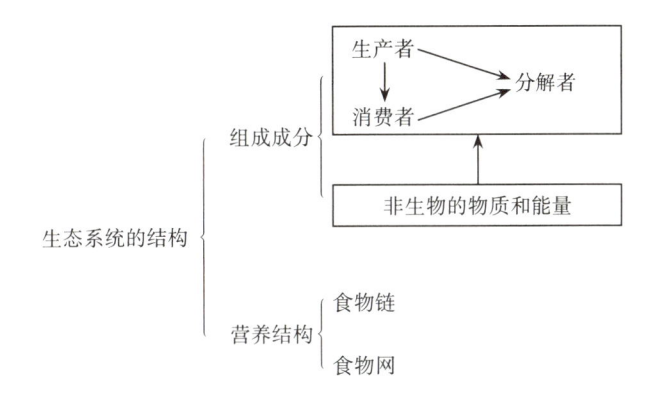

生态系统的结构
- 组成成分
  - 生产者
  - 消费者
  - 分解者
  - 非生物的物质和能量
- 营养结构
  - 食物链
  - 食物网

[课时作业设计]

请扫码查看作业及答案

生态系统的能量流动　第2、3课时

[学习重难点]

(一)学习重点

生态系统能量流动的过程和特点。

(二)学习难点

生态系统能量流动规律的相关应用。

[课时学习目标]

核心素养	课时学习目标
生命观念	分析生态系统能量流动的过程与特点,概述研究生态系统能量流动的意义。
科学思维	通过分析能量流动的过程,构建能量流动的模型图;通过赛达伯格湖能量流动图解和数据的分析,阐述能量流动的特点;通过能量金字塔物理模型的构建,进一步理解生态系统能量流动的特点。

续表

核心素养	课时学习目标
科学探究	运用生态系统能量流动特点解决生活中的实际问题,增强科学探究意识。
社会责任	关注农业的发展和生态农业的建设,培养社会责任感。

[课时教学过程]

任务一:创设情境,引入新课

【教师活动】

播放"桑基鱼塘"视频。

讲述:桑基鱼塘是一种植桑养蚕同池塘养鱼相结合的生产方法。在池埂上或池塘附近种植桑树,用桑叶进行养蚕,然后用蚕沙、蚕蛹等作为鱼的饲料和肥料,又以塘泥作为桑树的肥料,从而形成池埂种桑、桑叶养蚕、蚕蛹喂鱼、塘泥肥桑的生产结构或者生产链条。

思考:桑基鱼塘的设计蕴含了哪些科学道理呢?在这个鱼塘生态系统中能量又是如何流动的呢?

【学生活动】

观看视频,结合生态系统的结构进行思考。

【设计意图】

利用生物实践性农业应用的案例,创设情境,引发学生思考。

【评价方式】

学生思考与交流的情况。

任务二:能量流动的过程

【教师活动】

思考:在研究能量流动的过程中,应当以个体还是种群为单位?

出示下图并让学生回答以下问题。

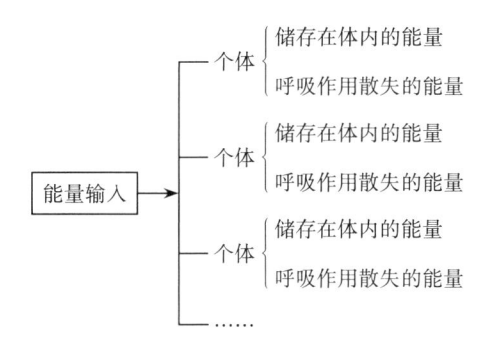

```
                    ┌─ 个体 ┬ 储存在体内的能量
                    │      └ 呼吸作用散失的能量
                    │
                    ├─ 个体 ┬ 储存在体内的能量
        能量输入 ──→│      └ 呼吸作用散失的能量
                    │
                    ├─ 个体 ┬ 储存在体内的能量
                    │      └ 呼吸作用散失的能量
                    └ ……
```

图 2-3-2 能量流经一个种群

1. 以个体为研究单位有什么问题？
2. 如果以种群为研究单位，那么上图可以概括为何种形式呢？

【学生活动】

1. 思考并回答问题：以个体为研究单位，范围太小，个体具有较大的偶然性和差异性。

2. 画概括图。

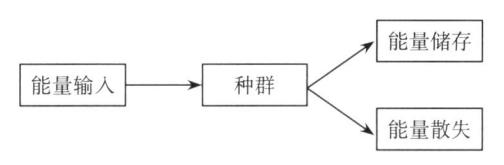

```
                          ┌──→ 能量储存
   能量输入 ──→ 种群 ──┤
                          └──→ 能量散失
```

图 2-3-3 能量流经一个种群的情况

【设计意图】

问题驱动，形成矛盾，分析以个体为研究单位的问题所在，存在不科学性，引导学生在进行科学探究时，要注意探究方式，学习和应用科学的探究方法。

【评价方式】

学生自由发言的情况。

【教师活动】

思考：一个较为复杂的食物网，如果将种群作为一个研究单位，又会遇到什么问题？

如果将一个营养级作为一个整体来研究，可以较为精确地测量每一个营养级能量的输入值和输出值。那么应该如何用图示来表示呢？

【学生活动】

1.思考问题：食物网过于复杂时，不好进行分析，可能会影响结果的准确性。

2.构建模型图。

图2-3-4 能量流经某个营养级的情况

【设计意图】

问题驱动，形成矛盾，分析以种群为研究单位的问题所在，存在不科学性，引导学生在进行科学探究时，要注意探究方式，学习和应用科学的探究方法。

【评价方式】

学生回答问题和构建模型的情况。

【教师活动】

展示一个桑基鱼塘生态系统的图片，以该生态系统为例，对该生态系统的能量流动情况进行探究。思考以下问题。

1.桑树的能量从哪里来？

2.桑树固定的能量以什么形式储存？

3.桑树固定的能量有哪些去向？

4.根据以上问题，构建模型。

【学生活动】

认真思考问题，并构建模型图。

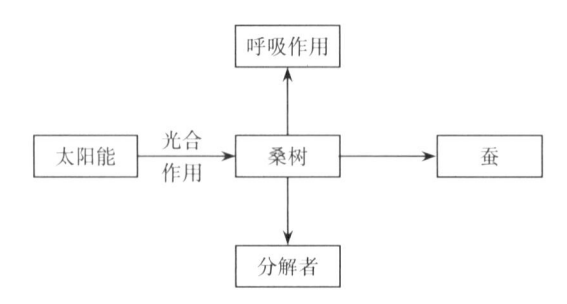

图2-3-5 桑基鱼塘的能量流动情况

【设计意图】

根据问题串引导学生构建模型,更有效地让学生理解能量的流入和流出,梳理能量之间的逻辑关系,训练学生的科学思维。

【评价方式】

学生的参与度和积极性,构建概念模型图的具体情况及回答问题的正确率。

【教师活动】

提出问题:当能量流入食草动物体内后,会有哪些去向呢?

播放"蚕的一生"的视频,包括取食、生长、繁殖、排泄、被捕食和被分解者分解。思考并回答以下问题。

1. 蚕摄入的能量能否全部被利用?
2. 同化的能量在生命活动中有损失吗?
3. 用于生长的能量又会流向哪里?

指导学生活动,利用问题的结论进一步构建从桑树到蚕这个食物链中能量流动关系的模型图。

【学生活动】

根据问题思考,在教师的引导下得出以下能量关系及构建能量流动关系模型图。

摄入量=同化量+粪便量

同化量=生长发育繁殖+呼吸作用散失

生长发育繁殖量=被捕食+分解者利用

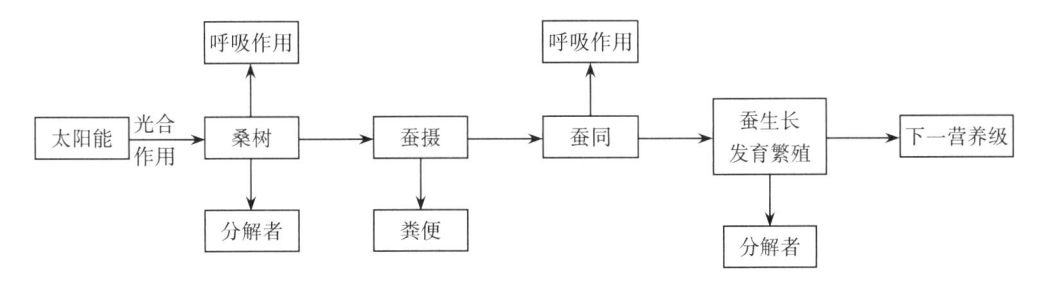

图2-3-6 桑树到蚕的能量流经关系

【设计意图】

利用问题串,引导学生发现能量之间的关系,并进一步构建模型,完善结构模型图,修正和补充学生对能量流动的理解,同时训练学生的科学思维。

【评价方式】

学生问题解答和根据结论构建模型的情况。

【教师活动】

利用类比推理的方式,引导学生描述出第三营养级的能量流动过程。

组织小组讨论,引导学生观察桑树和蚕的能量流动过程,尝试对生产者、初级消费者和次级消费者的能量流动过程进行整合,构建生态系统的能量流动过程模型。

【学生活动】

在教师的引导下构建模型图。

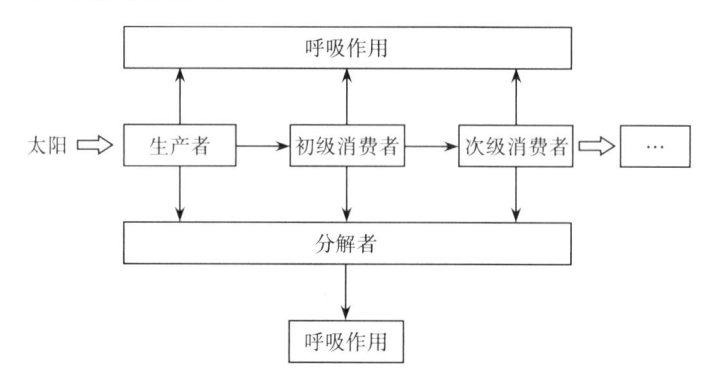

图2-3-7 生态系统能量流经的情况

【设计意图】

学生主动对能量流动过程进行剖析,再构建模型,通过这样层层递进的过程,加深学生对能量流动过程的理解,训练学生科学探究的能力。

【评价方式】

学生参与活动的积极性,构建模型图的准确性及对活动成果的评价情况。

【教师活动】

针对能量流动的过程,提出以下问题。

1.在能量流动过程中,输入的总能量是多少?

2.在能量流动过程中,以什么形式、沿着什么方向进行传递?

3.在能量流动过程中,发生了哪些能量的转化?

4.在能量流动过程中,通过什么形式散失?

总结能量流动的概念:生态系统中能量的输入、传递、转化和散失的过程。

【学生活动】

思考并回答问题。

【设计意图】

学生通过对能量流动过程的深入剖析和解读,总结得出能量流动的概念。学生生命观念的形成过程贴合新课标的要求。

【评价方式】

学生回答问题的情况,对能量流动概念的整理和构建情况。

任务三:能量流动的特点

【教师活动】

对生态系统中能量流动过程的学习,是对能量流动的定性分析,并未对生态系统中的能量进行定量分析。出示赛达伯格湖能量流动的数据图,针对资料,提出以下问题。

1.生产者固定了多少能量?有哪些去处?

2.生产者有多少能量被初级消费者同化?能量传递的效率(后一营养级同化的能量与前一营养级同化的能量的比)是多少?

3.能量的流动有什么特点?

4.能量在食物链中能否逆向流动?原因是什么?

5.能量在生态系统中能否循环?原因是什么?

总结:能量总是由被捕食者传入捕食者体内,不可能逆向流动,也不能循环流动,因此为单向流动。而这个过程中能量不可能百分之百地流入下一个营养级,因此是逐级递减的。

对生态系统中能量流动的特点进行补充:在生态系统中能量的传递效率大约为10%~20%,也就是说一个正常的生态系统,前一营养级的能量只有约10%~20%能输入下一个营养级。

【学生活动】

思考并回答问题。

【设计意图】

通过对具体的生态系统进行定量分析和计算,用数据说话,对能量流动的特点进行总结,训练学生分析、解决问题的能力。

【评价方式】

学生回答问题的情况及参与度。

任务四:生态金字塔

【教师活动】

组织学生小组讨论,进一步修正能量流动过程的模型,要求能体现出能量流动的特点。如:可以用方框的面积表示能量的多少。

对金字塔模型进行扩充:同样的方法还可以表示各个营养级生物量(每个营养级所容纳有机物的总干重)之间的关系,即生物量金字塔;除此之外,还可以表示各个营养级个体的数目比值关系,即数字金字塔。

【学生活动】

小组讨论,按照生态系统的能量流动特点,从生产者→初级消费者→次级消费者→……的过程中,各营养级的能量应该是逐级递减的,并针对这一特性对生态系统的能量流动模型图进行修正。

【设计意图】

通过对模型的修正,训练学生建构模型的能力。

【评价方式】

学生小组合作的参与度和构建模型的情况。

任务五:研究能量流动的实践意义

【教师活动】

思考:1.从能量流动的视角来分析,桑基鱼塘的成功实践,蕴藏着什么生物学原理?

2.除了桑基鱼塘外,还有哪些利用能量流动推进农业生产的实例?

【学生活动】

思考回答,各抒己见,讨论人类利用生态系统的能量流动在生产生活中的实践应用,如间种套作、蔬菜大棚中多层育苗等。

【设计意图】

学生进行分析讨论,尝试用生物学知识解决生产生活中的实际问题,并将生物学中的生物规律实践于生产生活。

【评价方式】

学生自由发言的情况,对生产生活实践应用的了解情况。

【课时板书设计】

生态系统的能量流动

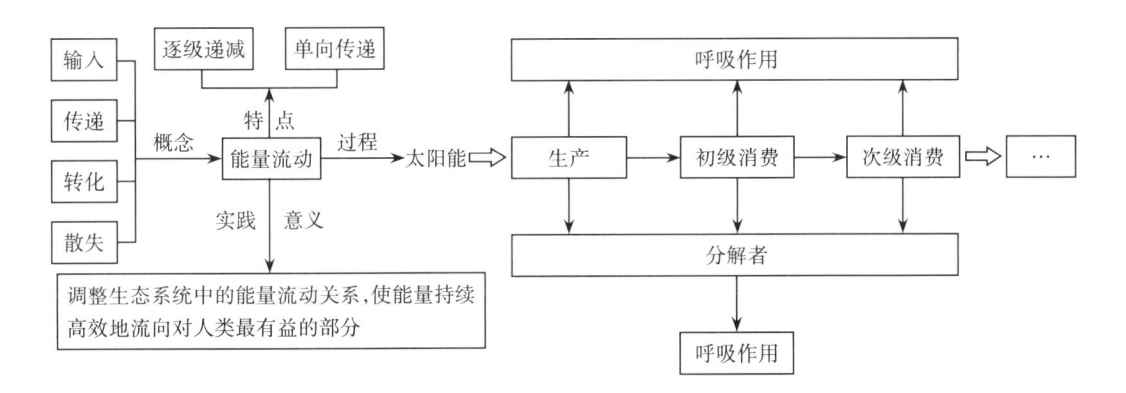

```
输入 ┐                    逐级递减  单向传递
传递 ├─概念─能量流动─过程─太阳能⇒生产→初级消费→次级消费⇒…
转化 │       特点 │                    ↑↓         ↑↓       ↑↓
散失 ┘       实践 意义                  呼吸作用
        │                              分解者
        调整生态系统中的能量流动关系,使能量持续      ↓
        高效地流向对人类最有益的部分              呼吸作用
```

[**课时作业设计**]

请扫码查看作业及答案

生态系统的物质循环 第4课时

[**学习重难点**]

(一)学习重点

分析生态系统中的物质循环。

(二)学习难点

能量流动和物质循环的关系。

[课时学习目标]

核心素养	课时学习目标
生命观念	概述碳循环的过程;以碳循环为例,分析生态系统中的物质循环;在构建碳循环模型和能量流动模型的过程中,比较、说明能量流动和物质循环的关系。
科学思维	分析碳循环的过程,联系生态系统的能量流动,构建碳循环模型和能量流动模型。
科学探究	自主构建能量流动和物质循环模型,比较能量流动和物质循环的区别与联系。
社会责任	关注碳循环平衡失调与温室效应的关系,培养学生保护环境、低碳生活的意识。

[课时教学过程]

⊘ 任务一:创设情境,引入新课

【教师活动】

播放"贵州从江稻鱼鸭水生智慧——稻花香里有鱼鸭"视频,思考在这个农田生态系统中,动物产生的 CO_2 分子进入到环境之后,会开始怎样的旅程?

以小组为单位,描绘碳原子之旅的结构模型。

【学生活动】

结合光合作用和呼吸作用的相关知识,初步构建模型。

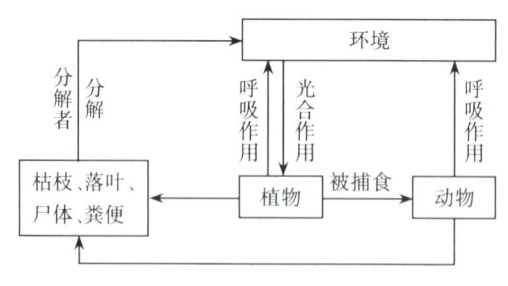

图2-3-8 初建碳循环的过程

【设计意图】

通过小组讨论,对已学知识进行整合,初步构建出碳循环的模型,为后面的学习奠定基础。

【评价方式】

学生参与度及构建模型的情况。

任务二：碳循环的过程及生态系统物质循环的概念和特点

【教师活动】

组成生物体的蛋白质、糖类、脂质和核酸都是以碳链为基本骨架形成的。大气中的碳主要是 CO_2。生物体和大气中的碳含量是怎样维持相对稳定的？引导学生思考以下问题。

1. 碳在非生物环境和生物体内分别以什么形式存在？
2. 碳是如何进入和离开生产者、消费者、分解者体内的（以什么形式、通过哪种生命活动、形成哪些产物等）？

【学生活动】

学生思考并作答。

1. 碳在非生物环境中主要以 CO_2 的形式存在大气或水中；在生物体内碳主要以有机物的形式存在。
2. 非生物环境中的碳元素以 CO_2 的形式通过光合作用形成有机物进入生产者体内；消费者以生产者为食，使生产者体内的有机物进入消费者；生产者、消费者遗体和排出物中的有机物可以被分解者利用。生产者、消费者和分解者都通过呼吸作用将有机物分解为 CO_2 等，使碳元素返回非生物环境。

【设计意图】

通过提出问题，点出碳的存在形式和循环的路径，解决核心问题：碳含量维持相对稳定的原因。

【评价方式】

学生自由发言的情况。

【教师活动】

组织学生以小组为单位，在前面所构建的模型基础上，进一步修正和完善碳循环的模型,并评价总结。

【学生活动】

根据CO_2的存在形式和循环的路径,完善碳循环的模型。

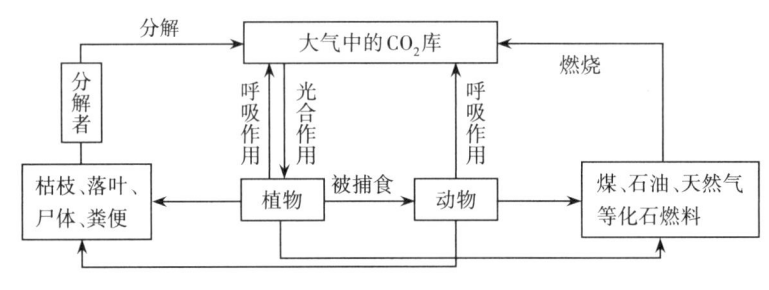

图2-3-9 碳循环的过程

【设计意图】

通过评价总结,对构建模型图中存在的问题进行补充,有利于帮助学生梳理碳循环的过程,加深对其理解。

【评价方式】

学生参与活动的积极性,构建模型图的准确性。

【教师活动】

出示氮循环、磷循环、水循环的示意图。

思考:这些物质循环有何共同点?

引导学生概括出生态循环的概念。

总结:组成生物体的碳、氮、氧、氢、磷、硫等元素,都在不断进行着从非生物环境到生物群落,又从生物群落到非生物环境的循环过程。这一循环过程,就是生态系统的物质循环。

【学生活动】

认真识图,理解物质在生物和非生物环境中循环往复运动的特点。

【设计意图】

通过对氮循环、磷循环、水循环的特点比较,让学生归纳、概括得出生态系统中物质循环的概念。

【评价方式】

学生回答问题的情况,对概念的概括和归纳情况。

任务三：温室效应和生物富集的成因及危害

【教师活动】

在自然生态系统中，绿色植物从大气中吸收CO_2的速率和通过生物的呼吸作用和分解作用而把碳释放到大气中的速率大致相同。随着现代工业的发展，碳循环的平衡已被打破，请对照碳循环的模式图，分析哪些活动可能造成碳循环的平衡被打破？碳循环的平衡被打破后会出现什么后果？要维持碳循环的平衡，可以采取哪些措施？

【学生活动】

思考并回答问题。认识化石燃料的开采和利用、森林被破坏等都会打破碳循环的平衡。理解碳循环的破坏会使得大气中的碳含量增多，进而导致温室效应。了解可采取的措施有：开发新能源，减少CO_2的排放；植树造林，提高森林覆盖率等。

【设计意图】

运用物质循环的知识解释生活中的现象，针对成因，分析解决的方案，培养学生的社会责任感。

【评价方式】

学生参与度和自由发言的情况。

【教师活动】

在日常生产生活中，人类向环境中排放了许多有害物质，包括一些重金属，如铅、汞、镉等，以及一些人工合成的有机化合物，如DDT、六六六等，当这些物质进入环境中，也会像碳循环一样吗？

组织学生结合以下问题，自主学习教材第63页的有关内容。

1.什么是生物富集？

2.生物富集有什么危害？

3.生物富集有什么特点？

【学生活动】

思考并回答问题。

（1）生物体从周围环境吸收、积蓄某种元素或难以降解的化合物，使其在机体内浓度超过环境浓度的现象，称作生物富集。

（2）生物富集对生物体的健康造成危害。

(3)生物富集的物质会沿着食物链积累,可以通过大气、水和生物迁移等途径扩散,具有全球性。

【设计意图】

组织学生自主学习相关内容,训练学生获取信息、分析问题、解决问题的能力,通过总结生物富集的危害和特性,培养学生的环保意识和社会责任感。

【评价方式】

学生回答问题和语言表述的情况。

任务四:能量流动和物质循环的关系

【教师活动】

提问:生态系统的能量流动和物质循环之间具有什么样的关系呢?引导学生复习能量流动的过程,再结合物质循环的过程,完成能量流动和物质循环的对比表格。

【学生活动】

完成能量流动和物质循环的对比表格。

	能量流动	物质循环
特点	单向流动、逐级递减	循环往复、全球性
范围	生态系统的营养级	生物圈
联系	同时进行,彼此依存	
	能量的固定、储存、转移和释放离不开物质的合成和分解	
	物质是能量流动的载体,能量是物质循环的动力	

【设计意图】

用表格总结能量流动和物质循环的特点、范围、联系,有助于培养学生的思辨能力。

【评价方式】

学生归纳、概括的情况。

✅ 任务五：能量流动和物质循环在现代农业中的应用

【教师活动】

氮元素在生物群落和非生物环境之间也是不断循环的。为什么还要向农田不断地施加氮肥？

讲解：农产品源源不断地自农田生态系统输出，其中氮元素并不能都返回土壤，所以需要施加氮肥，保证物质输入和输出的平衡；且为了保证农产品的高产，需要额外添加氮肥。

【学生活动】

思考并回答问题。

【设计意图】

通过问题的形式，检测学生对概念的理解和应用物质循环解决生活实际问题的能力。

【评价方式】

学生回答问题的情况。

【教师活动】

普通的稻田通常要施加化肥以补充养分，但是易造成水体富营养化的问题。"贵州从江稻鱼鸭水生智慧——稻花香里有鱼鸭"却可以减少稻田生态系统对化肥的依赖。尝试运用生态系统中物质循环的规律解释这种模式的原理。

【学生活动】

思考并解释原理：在稻田中养殖鱼、鸭等动物，它们的粪便被分解后其中的氮、磷等可以被水稻吸收利用，它们呼出的 CO_2 可以作为补充光合作用的原料，另外，这些动物还能促进物质循环，这种模式可以更加有效地利用生态系统中的资源。

【设计意图】

回扣主题，应用物质循环的知识解释现代农业技术的原理，思考现代农业生产发展的方向。

【评价方式】

学生自由发言的情况及回答问题的参与度。

【课时板书设计】

生态系统的物质循环

```
┌─────────────────────────────────┐
│ 生物体从周围环境吸收、积蓄某种元素或难以降解的化合物， │
│ 使其在机体内浓度超过环境浓度的现象               │
└─────────────────────────────────┘
              │ 概念
              ▼
          ┌────────┐
          │ 生物富集 │
          └────────┘
              │
              ▼
    ┌──────────────────┐      ┌────────┐
    │ 生态系统的物质循环 │──────│ 碳循环  │
    └──────────────────┘      └────────┘
       载体│ │动力                  │
           ▼ │                      ▼
       ┌────────┐              ┌────────┐
       │ 能量流动 │              │ 物质循环 │
       └────────┘              └────────┘
```

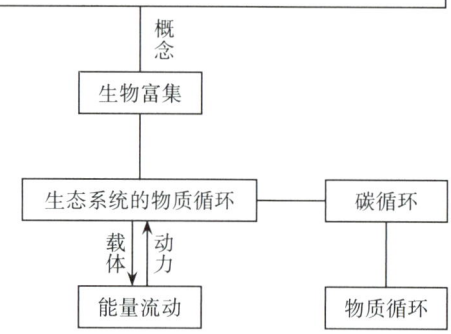

[课时作业设计]

请扫码查看作业及答案

生态系统的信息传递　第5课时

[学习重难点]

(一)学习重点

概述信息传递在生态系统中的作用。

(二)学习难点

概述信息传递在生态系统中的作用。

[课时学习目标]

核心素养	课时学习目标
生命观念	深化结构与功能相统一的观念、生物与环境相互作用的系统观、稳态与平衡观。解释生态系统的信息传递的功能特点，是由其组成成分、营养结构和生物的代谢等特点决定的。

续表

核心素养	课时学习目标
科学思维	阐述生态系统中信息传递与物质循环及能量流动的关系,举例说明信息传递在生态系统中的应用。
科学探究	通过对生物传递信息的方式和应用的探究性学习,培养学生崇尚科学的态度和实事求是的精神。
社会责任	分析信息传递在农业生产中应用的案例,并评价其合理性。

[课时教学过程]

任务一:创设情境,引入新课

【教师活动】

播放蜜蜂跳圆圈舞或摆尾舞的视频,组织同学们讨论以下问题。

1.蜜蜂为什么要跳圆圈舞或摆尾舞?蜜蜂是怎样传递"100 m以内"的信息的?
2.什么是信息?

【学生活动】

观看视频并讨论相关问题,提出自己的想法。

加深对信息的认识,理解信息的传递一般需要经过信息的发出、信息的传送和信息的接收等过程。

【设计意图】

通过生活情境,激发学生学习欲望,强化学习动机,让学生初步了解信息的概念。

【评价方式】

学生自由发言的情况。

任务二:生态系统中信息的种类

【教师活动】

思考:蜜蜂可以通过特殊的行为,比如圆圈舞或摆尾舞来向同伴传递位置信息,其他生物有哪些传递信息的方式呢?

播放相关视频文字资料,如:蜘蛛的捕食、狼的捕食、海豚的运动、狗标记领地、凤眼莲根部分泌物的分泌、孔雀开屏等。引导学生自行阅读教材第68~69页的相关内容,思考回答以下问题。

1.生态系统中的信息有哪几种?

2.每个实例中传递的具体信息是什么?并将其进行归类(可以采用表格的方式)。

【学生活动】

1.观看视频,自行阅读教材相关内容。

2.掌握生态系统中的信息分为物理信息、化学信息和行为信息三种。

3.将实例中的信息进行归类。

【设计意图】

通过所展示的资料激发学生的思维,拓宽学生的视野,进一步巩固所学知识。

【评价方式】

学生回答问题的积极性。

任务三:生态系统中信息传递的基本过程

【教师活动】

回顾蜜蜂的圆圈舞或摆尾舞,这些信息是如何传递的呢?阅读教材,用必要的文字和箭头来表示信息传递的基本过程。思考以下问题。

1.生物可以同时通过多种类型的信息进行交流吗?

2.生态系统中的信息传递仅仅发生在同种生物个体之间吗?不同种生物间可以进行信息交流吗?生物与非生物环境之间呢?

3.用图解完善归纳信息传递的基本过程。

总结:生态系统的信息传递具有双向性的特点。

【学生活动】

阅读教材,思考问题。理解生物可以同时通过多种类型的信息进行交流,同种生物之间、不同生物之间,以及生物和非生物环境之间都有信息的传递。按照信息的产生到传输再到接收的环节,初步建立生态系统中信息传递的过程图。

【设计意图】

通过问题串及画过程图的形式,让学生理解生态系统中信息传递的概念,为后面学习信息传递的运用打下基础。

【评价方式】

学生独立思考完成任务的情况。

任务四:信息传递在生态系统中的作用

【教师活动】

思考:生态系统中的信息传递有什么作用呢?

展示教材第70页"思考·讨论"中资料1,2,3,4的内容。

组织学生讨论并思考以下问题。

1.信息传递与个体生命活动的正常进行有什么关系?

2.如果没有信息传递,物质循环和能量流动能正常进行吗?

3.信息传递在群落和生态系统水平上,有什么作用?

【学生活动】

阅读教材、思考并讨论得出:信息传递影响生物个体正常的生命活动;信息传递在种群的繁衍中具有重要作用;信息传递可以调节生物的种间关系,维持生态系统的平衡和稳定。

【设计意图】

培养学生分析资料的能力,以及提高概括总结的思维能力。

【评价方式】

学生对资料的分析、讨论情况,及回答问题的准确性。

【教师活动】

总结:生命活动的正常进行,离不开信息的作用;生物种群的繁衍,离不开信息的传递;信息能调节生物的种间关系,进而维持生态系统的平衡与稳定;信息传递为生态系统的稳定存在和发展提供了保障,信息传递也是生态系统的重要功能之一。

思考:1.信息流动、物质循环与信息传递这三者之间有什么联系?

2.如果没有信息传递,物质循环和能量流动能正常进行吗?

【学生活动】

1.通过与前面所学的知识相联系,总结出能量流动、物质循环和信息传递三者同时进行、相互依存、不可分割,共同把生态系统各组分联系成一个统一的整体。

2.理解如果没有信息传递,物质循环和能量流动就无法正常进行,个体的生命活动、种群的繁衍、群落的结构以及生态系统的平衡和稳定都将无法实现。总结出信息传递将生态系统的各个组分联系为一个整体,具有调节生态系统稳定性的作用。

【设计意图】

通过回答及总结信息流动、物质循环与信息传递的联系,培养学生归纳、概括的能力。

【评价方式】

学生回答问题的全面性、准确性。

任务五:信息传递在农业生产中的应用

【教师活动】

思考:在人类生产生活过程中,能不能利用信息传递相关的知识来提高农畜产品的产量呢?

展示实例:1.养鸡时,在增加营养的基础上,通过延长光照时间来提高产蛋量。

2.利用光照、声音信号、昆虫信息素等诱捕有害动物。

【学生活动】

分析、说明上述两个实例的原理。

【设计意图】

通过对实例的分析,培养学生分析的能力、解决实践应用原理的能力。

【评价方式】

学生思考的情况、回答问题的情况。

【教师活动】

思考:某地的板栗树上挂满了栎掌舟蛾护囊。如何利用信息传递来控制栎掌舟蛾的数量以提高板栗产量?

分小组讨论,展示讨论结果。

【学生活动】

思考讨论得出:可以利用成虫的趋光性,设置诱虫灯诱杀。

【设计意图】

针对生产实践中的问题进行思考,给出解决方案,学以致用。

【评价方式】

学生的参与度及回答问题的情况。

【课时板书设计】

生态系统的信息传递

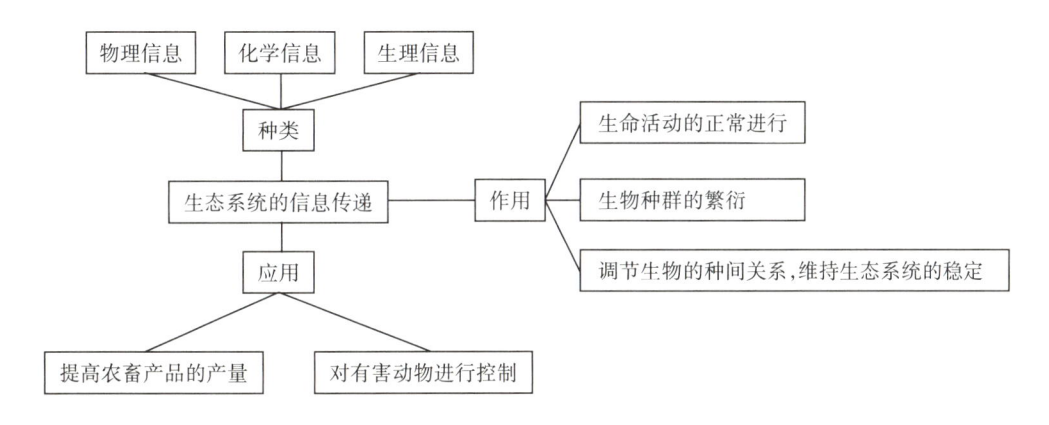

生态系统的信息传递
- 种类：物理信息、化学信息、生理信息
- 作用：
  - 生命活动的正常进行
  - 生物种群的繁衍
  - 调节生物的种间关系,维持生态系统的稳定
- 应用：
  - 提高农畜产品的产量
  - 对有害动物进行控制

[课时作业设计]

请扫码查看作业及答案

生态系统的稳定性 第6课时

[学习重难点]

(一)学习重点

1.生态系统的自我调节能力。

2.生态系统的抵抗力稳定性与恢复力稳定性。

(二)学习难点

生态系统的抵抗力稳定性与恢复力稳定性之间的区别及联系。

[课时学习目标]

核心素养	课时学习目标
生命观念	通过阐述生态系统的自我调节能力,举例说明生态系统的抵抗力稳定性和恢复力稳定性,形成结构与功能观。
科学思维	绘制营养结构的复杂程度与抵抗力稳定性和恢复力稳定性的关系图。
科学探究	通过数学模型分析,解决生态系统稳定性等生物问题。
社会责任	通过对理论知识的学习和现实生活中生态问题的了解,培养保护环境的意识和人与自然和谐共处的观念。

[课时教学过程]

任务一:创设情境,引入新课

【教师活动】

出示资料:新疆中哈边境的塔城地区蝗害。

蝗虫的入侵将使粮食面临不安全的风险,但是由于及时采取了生物、化学防治手段,蝗灾得以解除。根据以上情境,引导学生思考并回答以下问题。

1.蝗虫大肆繁殖的原因是什么?

2.采用生物防治手段应对蝗灾,有什么好处?

3.除了蝗灾以外,地球上的各个生态系统都在不时受到威胁,其中不乏来自人类活动造成的破坏,还有台风、火灾等自然灾害。为什么这些生态系统在受到干扰后,仍能保持相对稳定呢?

【学生活动】

思考并回答问题。

(1)持续干旱的环境对蝗虫的繁殖、生长发育和存活有许多益处,蝗虫有很强的繁殖力,它的卵深藏于地下,难于被破坏。

(2)生物物种间有相互关系,利用食物链,以一种或一类生物抑制蝗虫,不会造成环境污染,具有防治时效长、效率高等优点。

(3)生态系统具有自我调节能力。

【设计意图】

以生物防治手段治理蝗虫成功案例导入新课,让学生初步体会生态系统稳定性遭到破坏所造成的危害,引导学生关注生态系统的稳定性。让学生对生态系统平衡和生态系统的稳定性有初步感知,为学习生态平衡与生态系统的稳定性打下基础。

【评价方式】

学生参与度及自由发言的情况。

任务二:生态平衡的概念及特征

【教师活动】

思考:从群落演替的角度分析,如果气候条件没有剧烈变化,也并没有过多的人类活动干扰,新疆该地未来生态系统还会发生显著的变化吗?为什么?这种平衡具体体现在哪些方面?

科学家通过测量和数学模拟,绘制在初生演替过程中群落总生产量和群落总呼吸量的变化曲线图。

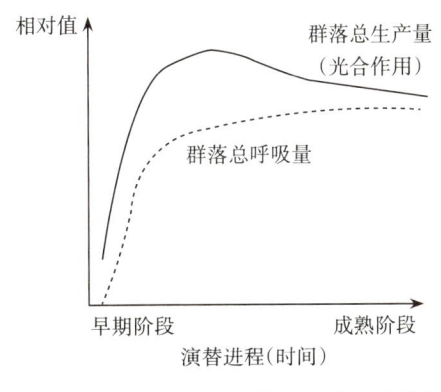

图2-3-10 群落总生产量和群落总呼吸量的变化

根据图2-3-10所示,在成熟阶段,群落的总生产量和群落总呼吸量呈现怎样的趋势?说明什么?

思考:联系生态系统中不同生物组分在物质循环、能量流动中的作用,分析在上图成熟阶段,生产—消费—分解过程的正常进行对生态系统的功能有什么影响?

引导学生总结生态平衡的概念,概括生态系统处于相对稳定状态的特征。

【学生活动】

思考并回答问题。

1.不会。因为两个生态系统都是处于生态平衡的系统。生态的平衡具体体现在物质和能量的输入与输出平衡、生物种类的组成稳定等。

2.在成熟阶段,群落总生产量和群落总呼吸量均趋于稳定,且相对值接近。说明群落在输入和输出上趋于平衡状态,即生态系统表现为收支平衡。

3.生产—消费—分解过程保证了物质总在循环,能量不断流动,生物个体持续发展和更新。而这种功能的平衡,又使生态系统的收支呈现平衡。

4.总结生态平衡的概念:生态系统的结构和功能处于相对稳定的一种状态。

生态平衡的特征:①结构平衡:生态系统各组分保持相对稳定;②功能平衡:生产—消费—分解的生态过程正常进行,保证了物质总在循环,能量不断流动,生物个体持续发展和更新;③收支平衡:生产者在一定时间内制造的可供其他生物利用的能量,处于比较稳定的状态。

【设计意图】

通过三个有针对性的问题设计,加上对数学模型的分析,让学生理解生态系统平衡状态的特点,综合生态系统的结构及其功能,帮助学生构建具有整体性的知识体系。

【评价方式】

学生的参与度,对数学模型分析的情况,对概念的归纳与阐述情况。

任务三:生态平衡的调节机制

【教师活动】

如果没有遭遇连续干旱,新疆该地还是会出现蝗虫,但是不会引发蝗灾,在一定的范围内,该生态系统是可以进行自我调节来实现生态平衡的。生态平衡并不是指生态系统一成不变,而是一种动态平衡。这种动态平衡是通过什么调节机制实现的呢?

思考:1.尝试用文字、箭头等符号简要描绘新疆该地生态系统的调节过程。

2.该生态系统的调节过程和人的血糖调节有何相似之处?

3.举例说明生态系统中的负反馈调节。

4.小组合作,尝试用文字、线框、箭头等符号,简要描述上述例子中负反馈调节的过程。

5.出示正反馈实例:河流污染。引导学生尝试用文字、线框、箭头等符号,简要描述上述例子中正反馈调节的过程。

6.引导学生总结生态系统稳定性的概念。补充生态系统的稳定性强调的是生态系统维持生态平衡的能力。

【学生活动】

1.思考并回答问题。

2.总结:生态系统维持或恢复自身结构与功能处于相对平衡状态的能力,就叫作生态系统的稳定性。

【设计意图】

让学生通过构建负反馈和正反馈调节过程的模型,理解负反馈调节和正反馈调节的区别。让学生了解负反馈在生态系统中普遍存在,它是生态系统具备自我调节能力的基础。

【评价方式】

学生构建模型和完善模型的情况和学生得出概念的情况。

任务四:抵抗力稳定性和恢复力稳定性

【教师活动】

展示生物入侵、水体污染、荒漠化等生态系统稳定性被破坏的实例。

引导学生思考并回答问题:既然生态系统具有稳定性,为什么还会出现稳态失调的现象?原因是什么?可以采取哪些措施?

【学生活动】

思考并回答问题:生态系统的自我调节能力是有一定限度的,超过这个限度,稳态则失调。维持生态系统稳态的措施有生物防治、植树造林、禁止乱捕乱杀、减少废气排放、开发新能源、减少煤炭燃烧等。

【设计意图】

通过实例分析,点明生态系统的稳定性具有一定的限度,人类的活动极大破坏了生态系统的稳定性,引导学生思考保护生态系统的措施,激发学生保护生态的责任感,培养环保意识。

【评价方式】

学生自由发言的情况,及其对生态保护措施的了解情况。

【教师活动】

组织学生自主学习教材第75~76页抵抗力稳定性和恢复力稳定性的相关内容。提出问题:什么是抵抗力稳定性? 什么是恢复力稳定性?

根据以下资料引导学生区分抵抗力稳定性和恢复力稳定性。

资料1:当遭遇持续的干旱天气时,森林中的树木会扩展根系的分布空间,以获得足够的水分来维持生态系统的功能。

资料2:一场火之后,森林中的种群密度一般会降低,但因为土壤中的无机养料增加,光照变得充足,许多种子能够迅速长出新植株。

资料3:草原遭受蝗虫的采食后,草原植物就会增强其再生能力,尽可能减缓种群数量的下降。

资料4:草原大火过后,"野火烧不尽,春风吹又生"的自然现象。

【学生活动】

1.思考并回答问题。

抵抗力稳定性:生态系统抵抗外界干扰并使自身的结构与功能保持原状(不受损害)的能力;恢复力稳定性:生态系统在受到外界干扰因素的破坏后恢复到原状的能力。

2.自主学习抵抗力稳定性和恢复力稳定性相关内容,根据理解对资料进行辨析。

【设计意图】

自主学习,训练学生提取信息、理解信息的能力;通过资料对抵抗力稳定性和恢复力稳定性进行辨析,加深对其理解。

【评价方式】

学生回答稳定性的情况,对资料的分析、判断情况。

【教师活动】

1. 对抵抗力稳定性与恢复力稳定性进行比较,指导学生完成表格内容。
2. 引导学生构建抵抗力稳定性和恢复力稳定性随营养结构复杂程度变化的模型。

【学生活动】

1. 完成表格内容。

	内容	抵抗力稳定性	恢复力稳定性
区别	实质	保持自身结构和功能相对稳定	恢复自身结构和功能相对稳定
	核心	抵抗干扰,保持原状	受到破坏后,恢复原状
	影响因素	生态系统中组分越多,食物网越复杂,其自我调节能力就越强,抵抗力稳定性越高	生态系统中组分越少,营养结构越简单,恢复力稳定性越高

2. 构建模型。

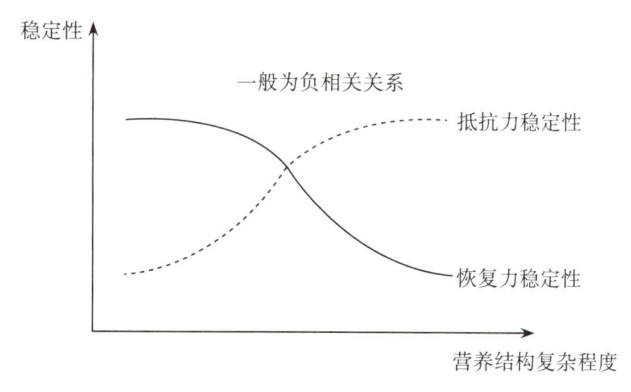

图 2-3-11 抵抗力稳定性和恢复力稳定性的曲线变化

【设计意图】

通过表格区分抵抗力稳定性和恢复力稳定性,再构建模型,帮助学生深度理解抵抗力稳定性和恢复力稳定性。

【评价方式】

学生表格填写的情况,构建模型的情况。

✓ 任务五:提高生态系统的稳定性

【教师活动】

提高生态系统的稳定性不仅可以持续不断地满足人类生活所需,而且能使人类生活与生产的环境保持稳定。为了防止蝗灾再次发生,可以采取哪些措施? 如果已经发生了蝗灾,应该如何防治? 组织学生小组讨论。

结合蝗虫治理方案引导学生总结提高生态系统稳定性的方法。

【学生活动】

1.思考并回答问题。

2.总结提高生态系统稳定性的方法。

【设计意图】

回扣导入,针对蝗虫预防和蝗虫治理的方案,引导学生以小见大,总结提高生态系统稳定性的方法,训练学生针对学科知识,对生活实践中的问题提出可行解决方案的能力,培养其社会责任意识。

【评价方式】

学生自由发言的情况,对方法总结的情况。

【课时板书设计】

生态系统的稳定性

抵抗力稳定性 ┐
             ├─ 生态系统的稳定性 ─具有→ 自我调节能力 ─维持→ 生态平衡 ┬ 特征
恢复力稳定性 ┘   └ 负反馈调节机制
             └ 提高稳定性的措施

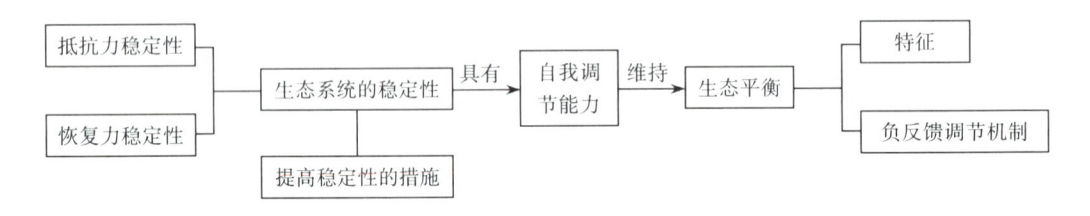

[课时作业设计]

请扫码查看作业及答案

第4单元

人与环境

一、单元主题及解读

单元主题：重庆广阳岛生态修复建设工程

"人与环境"是选择性必修2第4章的内容。本单元需要以前面三个单元的生态学基本概念和原理作为学习本单元的基础。学习本单元有助于学生深化对前面三单元内容的认识和理解。在必修2"遗传与进化"中有关协同进化与生物多样性形成的内容与本单元"生物多样性及其保护"有联系；本单元"生态工程"中针对工程思维、技术思维、伦理思维的训练可以为学生学习选择性必修3打下基础。

本单元主要包括"人类活动对生态环境的影响""生物多样性及其保护""生态工程"三部分内容。课程设计以"广阳岛生态修复建设工程"为主题，引导学生围绕"人类活动对广阳岛生态环境的影响""广阳岛生物多样性调查""广阳岛生态工程修复方案"等问题，采取文献查阅、生物多样性调查、方案设计、校外综合实践调研等方式，促进学生形成人与自然和谐共生、可持续发展的生命观念，培养学生系统思维、批判性思维和总结概括的科学思维。让学生形成保护环境的社会责任意识，并能弘扬中华优秀传统文化，激发爱国情怀，尝试提出人与自然和谐共处的合理化建议。在具有重庆特色的生动案例中，"以学增知"，强化学生对科技的认知与实践，体验生命不易，内化生命核心素养。并以"重钢焦化厂"作为案例，让学生体验"生态建筑设计师"，尝试设计重钢生态修复工程方案，"以知促行"，促进学生形成生物学人的社会责任与担当。

二、单元概念关系图

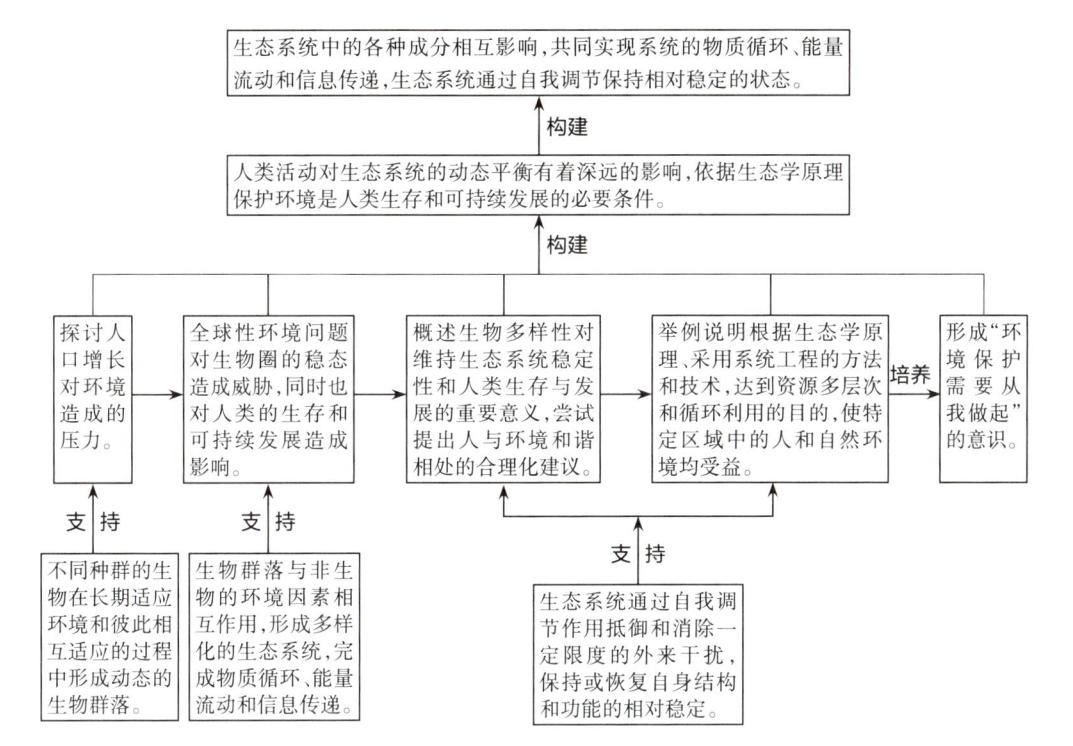

```
                生态系统中的各种成分相互影响，共同实现系统的物质循环、能量
                流动和信息传递，生态系统通过自我调节保持相对稳定的状态。
                                    ↑ 构建
                人类活动对生态系统的动态平衡有着深远的影响，依据生态学原理
                保护环境是人类生存和可持续发展的必要条件。
                                    ↑ 构建
```

| 探讨人口增长对环境造成的压力。 | 全球性环境问题对生物圈的稳态造成威胁，同时也对人类的生存和可持续发展造成影响。 | 概述生物多样性对维持生态系统稳定性和人类生存与发展的重要意义，尝试提出人与环境和谐相处的合理化建议。 | 举例说明根据生态学原理、采用系统工程的方法和技术，达到资源多层次和循环利用的目的，使特定区域中的人和自然环境均受益。 | 形成"环境保护需要从我做起"的意识。 |

↑ 支持　　↑ 支持　　　　　　　　　　↑ 支　持　　　　　　　　　↑ 培养

| 不同种群的生物在长期适应环境和彼此相互适应的过程中形成动态的生物群落。 | 生物群落与非生物的环境因素相互作用，形成多样化的生态系统，完成物质循环、能量流动和信息传递。 | | 生态系统通过自我调节作用抵御和消除一定限度的外来干扰，保持或恢复自身结构和功能的相对稳定。 | |

三、单元导航图

核心素养	学习目标	关键问题	学习任务	课时
生命观念	通过对人口增长及生态足迹事实的分析、广阳岛生态环境问题历史文献的查阅，说明人口增长和人类活动对生态环境的影响；通过搜集资料，了解生物多样性的状况及存在问题，分析生物多样性丧失的原因及其保护措施；通过对广阳岛相关文献资料和教材资料的分析，概述生态工程建设应遵循自生、循环、协调和整体四个基本原理。"以学增知"，强化对科技的认知与实践，体验生命不易，内化生命核心素养。	人类活动对广阳岛生态环境有什么影响？	任务1：明确人类活动对广阳岛生态环境的影响。	第1、2课时
			任务2：分析广阳岛生物多样性丧失的原因，尝试提出保护建议。	第3、4课时
科学思维	通过讨论人类活动与环境的关系，分析生物多样性丧失循环因果关系，形成系统思维、批判性科学思维；在人类进行生态工程建设时，尝试从生态、经济、社会等多方面系统分析建设方案。	广阳岛生物多样性丧失的原因是什么？应该怎样保护？	任务3：提出广阳岛生态恢复工程建设方案，构建模型。	第5课时
科学探究	通过文献资料研究、设计调查方案，体验调查过程及生态工程模型构建，调查当地的环境状况，提出环境保护及生态工程建设的建议。		任务4：调查广阳岛生态恢复工程建设的情况。	第6课时
社会责任	在探讨、解决人与环境相关的生产生活实践问题中，形成人与自然和谐共生、可持续发展的观念。了解我国的科技进展和生态建设成果，弘扬中华优秀传统文化，激发爱国情感，以及利用生物科学技术进行生态文明建设的热情和使命感。"以知促行"，完成生物学人的社会责任与担当。	怎样进行广阳岛生态恢复工程建设？	任务5：完善广阳岛生态恢复工程建设模型。	第7课时

四、任务活动和课时设计

课时	任务	活动
第1课时	任务1：明确人类活动对广阳岛生态环境的影响。	活动1-1：分析人口增长对生态环境的影响。 活动1-2：举例说明主要的全球性生态环境问题及其对人类的生存以及可持续发展的影响。
第2课时		活动1-3：查阅文献，分析广阳岛所存在的生态环境问题。
第3课时	任务2：分析广阳岛生物多样性丧失的原因，尝试提出保护建议。	活动2-1：分析实例概述生物多样性的价值。 活动2-2：分析广阳岛生物多样性丧失的原因。
第4课时		活动2-3：提出广阳岛生物多样性保护的建议。
第5课时	任务3：提出广阳岛生态恢复工程建设方案，构建模型。	活动3-1：概述生态工程建设遵循的基本原理。 活动3-2：根据原理提出广阳岛生态恢复工程建设方案，初步构建模型。
第6课时	任务4：调查广阳岛生态恢复工程建设的情况。	活动4：实地调查广阳岛生态恢复工程的建设情况。
第7课时	任务5：完善广阳岛生态恢复工程建设模型。	活动5：完善广阳岛生态恢复工程建设模型。

五、单元作业设计

课时	评价目标	作业类型	核心素养	学业质量水平
第1课时	了解生态足迹的概念和组成，关注全球性环境问题。	课堂作业（口头表述） 课后作业（文献查阅和研究报告）	生命观念1 科学思维2	1-4 2-2
第2课时	对广阳岛历史文献进行调查，形成广阳岛历史生态问题研究报告。	课堂作业（口头表述）	科学思维2 科学探究3	2-4 3-3
第3课时	了解生物多样性的价值、丧失的原因及改进措施，形成人与自然和谐共生、可持续发展的理念。	课堂作业（口头表述） 课后作业（调查报告）	生命观念1 科学思维2	1-4 2-2
第4课时	进行广阳岛生物多样性调查实践，提出广阳岛生物多样性恢复的建议，形成保护生物多样性"从我做起"的意识。	课堂作业（口头表述） 课后作业（宣传海报）	科学探究3 社会责任4	3-3 4-3

续表

课时	评价目标	作业类型	核心素养	学业质量水平
第5课时	了解生态工程的概念和遵循的基本原则,并能用于实践案例分析,强化生态系统物质和能量观、系统观等相关内涵的理解。	课堂作业（口头表述）课后作业（构建模型）	生命观念1 科学思维2	1-4 2-2
第6课时	根据生态工程的基本原则,尝试构建某一个小项目的生态恢复工程模型,并尝试进行广阳岛实地调研。	课后作业（调研实践）	科学思维2 科学探究3	2-4 3-3
第7课时	形成广阳岛生态恢复工程调研报告,并改进模型。	课堂作业（口头表述）课后作业（完善模型和宣传展示）	科学探究3 社会责任4	3-3 4-4

六、课时教学案例

● 人类活动对生态环境的影响　第1、2课时

[学习重难点]

(一)学习重点

1. 探讨人口增长过快带来的环境压力。

2. 关注全球性生态环境问题。

(二)学习难点

1. 分析生态足迹。

2. 调查当地的环境状况。

[课时学习目标]

核心素养	课时学习目标
生命观念	基于资料分析,关注环境问题,增强生态意识,形成稳态与平衡观、物质与能量观。
科学思维	通过广阳岛生态恢复工程建设项目案例分析,拓展科学思维。

续表

核心素养	课时学习目标
科学探究	通过广阳岛生态环境的历史文献调查,提高科学探究和实践能力,增强团队合作能力。
社会责任	查阅广阳岛历史环境破坏问题的情况,给出合理化建议,增强社会责任意识。根据全球性生态环境问题,认同应处理好人类活动与资源、环境关系的理念。

[课时学习过程]

任务一:创设情境,引入新课

【教师活动】

展示广阳岛修复前后的图片,引导学生思考以下问题。

1. 作为重庆热门的旅游景点之一,限制上岛人数的目的是什么?
2. 人类活动一定会破坏环境吗?
3. 怎样做才能既发展经济,又不破坏环境?

【学生活动】

思考并回答问题。

【设计意图】

通过贴近生活的案例,激发学生学习兴趣。

【评价方式】

学生积极思考、作答的情况。

任务二:了解生态足迹

【教师活动】

引导学生阅读、分析资料,结合教材第83页生态足迹示意图,思考并回答以下问题。

资料:生态足迹是指为了满足一定地区人口消费所需的生产性土地和水域的面积,以及吸纳这些人口所产生的废弃物土地和水域面积之和。生态承载力是指一个地区所能提供给人类的生态生产性土地和水域的面积总和。二者都用标准化单位

"全球公顷"来计量。生态足迹与生态承载力的差值为正值时,为生态赤字,表明需消耗该地区的自然资源超出其自身生态环境承载范围,即处于不安全、不可持续的发展状态。反之则为生态盈余,表明该地区的发展可利用自身资源维持其可持续发展。

1.结合上面资料思考什么是生态足迹、生态承载力和生态赤字?
2.结合教材P83页的内容和表1的数据,思考生态足迹主要包括哪几个方面?
3.根据表1的数据,分析相比于1997年,人均生态足迹呈现什么变化趋势,哪个方面的人均生态足迹幅度变化最大?
4.根据表1、2、3的数据,分析研究期内,重庆市人均生态足迹、人均生态承载力、人均生态赤字变化的趋势是怎样的?

表1 重庆市1997年—2012年人均生态足迹计算结果

(单位:hm^2/人)

年份	耕地	林地	草地	水域	建筑用地	化石燃料用地	人均生态足迹
1997	0.748 7	0.004 0	0.698 9	0.039 5	0.002 4	0.266 3	1.759 8
1998	0.756 3	0.004 7	0.708 6	0.044 3	0.002 7	0.273 9	1.790 5
1999	0.766 2	0.004 5	0.711 6	0.047 2	0.003 0	0.291 9	1.824 4
2000	0.785 5	0.005 0	0.725 1	0.049 2	0.003 2	0.306 4	1.874 4
2001	0.756 2	0.005 1	0.743 9	0.048 2	0.003 7	0.322 1	1.879 2
2002	0.799 1	0.006 6	0.764 1	0.051 5	0.003 7	0.355 0	1.980 0
2003	0.803 4	0.007 3	0.778 3	0.054 5	0.003 9	0.395 4	2.042 7
2004	0.830 0	0.007 7	0.829 7	0.057 7	0.004 0	0.469 0	2.198 2
2005	0.847 5	0.008 6	0.874 1	0.060 0	0.004 5	0.569 4	2364 1
2006	0.753 6	0.008 0	0.850 6	0.053 6	0.005 2	0.613 6	2.284 5
2007	0.835 4	0.009 4	0.925 8	0.059 9	0.005 7	0.686 6	2.522 8
2008	0.876 8	0.010 2	0.800 8	0.044 4	0.006 1	0.729 1	2.467 5
2009	0.969 4	0.011 0	0.847 5	0.047 2	0.006 7	0.789 1	2.670 9
2010	1.040 0	0.012 2	0.848 8	0.051 5	0.007 8	0.861 7	2.822 0
2011	1.080 1	0.013 2	0.831 1	0.062 8	0.008 8	0.953 8	2.949 9
2012	1.133 9	0.014 7	0.830 6	0.075 0	0.008 9	0.994 4	3.057 5

(数据来源:杨权伍,等.重庆市生态足迹与生态承载力动态演变特征[J].湖北农业科学.2015,54(16):3918-3922.)

表2 重庆市1997年—2012年人均生态承载力计算结果

(单位：hm²/人)

年份	耕地	林地	草地	水域	建筑用地	人均生态足迹
1997	0.391 0	0.048 0	0.001 7	0.001 6	0.081 2	0.460 6
1998	0.388 2	0.047 8	0.001 7	0.001 6	0.081 5	0.458 2
1999	0.385 4	0.047 5	0.001 7	0.001 6	0.082 8	0.456 7
2000	0.382 1	0.047 3	0.001 7	0.001 6	0.083 3	0.454 0
2001	0.380 7	0.047 2	0.001 7	0.001 6	0.083 6	0.453 0
2002	0.370 7	0.047 9	0.001 7	0.001 6	0.073 6	0.436 0
2003	0.351 1	0.050 1	0.001 6	0.001 6	0.074 2	0.421 2
2004	0.340 6	0.050 8	0.001 6	0.001 6	0.075 5	0.413 7
2005	0.334 2	0.050 8	0.001 6	0.001 6	0.076 1	0.408 7
2006	0.328 1	0.050 6	0.001 6	0.001 6	0.076 6	0.403 5
2007	0.324 0	0.050 0	0.001 6	0.001 6	0.076 9	0.399 6
2008	0.321 4	0.049 7	0.001 6	0.001 9	0.085 3	0.404 5
2009	0.319 8	0.049 3	0.003 4	0.001 7	0.088 3	0.407 1
2010	0.346 2	0.056 4	0.002 2	0.001 6	0.089 1	0.436 0
2011	0.344 2	0.055 9	0.002 1	0.001 6	0.090 3	0.434 8
2012	0.343 2	0.055 6	0.002 1	0.001 6	0.091 5	0.434 8

注：没有专门用于吸收CO_2的用地，所以化石燃料用地数值为零，表中未列出；表中数据已扣除12%的生物多样性保护面积。

(数据来源：杨权伍，等.重庆市生态足迹与生态承载力动态演变特征[J].湖北农业科学.2015,54(16):3918-3922.)

表3 重庆市1997年—2012年人均生态赤字计算结果

(单位：hm²/人)

年份	耕地	林地	草地	水域	建筑用地	化石燃料用地	人均生态足迹
1997	-0.357 8	0.044 0	-0.697 2	-0.037 9	0.078 8	-0.266 3	1.299 2
1998	-0.368 1	0.043 0	-0.706 9	-0.042 7	0.078 7	-0.273 9	1.332 3
1999	-0.380 8	0.043 0	-0.709 9	-0.045 7	0.079 8	-0.291 9	1.367 7
2000	-0.403 5	0.042 2	-0.723 4	-0.047 6	0.080 1	-0.306 4	1.420 5
2001	-0.375 5	0.042 1	-0.742 2	-0.046 7	0.079 9	-0.322 1	1.426 2
2002	-0.428 4	0.041 2	-0.762 4	-0.050 0	0.069 9	-0.355 0	1.544 1
2003	-0.452 3	0.042 8	-0.776 7	-0.052 9	0.070 3	-0.395 4	1.621 5
2004	-0.489 4	0.043 1	-0.828 1	-0.056 1	0.071 4	-0.469 0	1.784 5
2005	-0.513 3	0.042 3	-0.872 5	-0.058 3	0.071 4	-0.569 4	1.955 4
2006	-0.425 5	0.042 6	-0.849 0	-0.052 0	0.071 4	-0.613 6	1.881 0

续表

年份	耕地	林地	草地	水域	建筑用地	化石燃料用地	人均生态足迹
2007	-0.511 4	0.040 6	-0.924 2	-0.058 2	0.071 2	-0.686 6	2.123 2
2008	-0.555 5	0.039 5	-0.799 2	-0.042 5	0.079 1	-0.729 1	2.062 9
2009	-0.649 6	0.038 3	-0.844 1	-0.045 5	0.081 6	-0.789 1	2.263 9
2010	-0.693 9	0.044 2	-0.846 6	-0.049 9	0.081 3	-0.861 7	2.386 1
2011	-0.735 9	0.042 6	-0.829 0	-0.061 1	0.081 4	-0.953 8	2.515 0
2012	-0.790 7	0.040 9	-0.828 5	-0.073 4	0.082 6	-0.994 4	2.622 7

注：生态赤字/盈余=人均生态足迹-人均生态承载力。
（数据来源：杨权伍,等.重庆市生态足迹与生态承载力动态演变特征[J].湖北农业科学.2015,54(16):3918-3922.)

【学生活动】

根据自己对资料内容的理解进行思考并回答问题。

【设计意图】

通过数据分析归因,引导学生关注环境问题,了解生态足迹与生态承载力的关系,了解人类活动与环境资源、发展之间的关系,认同可持续发展理念。

【评价方式】

学生分析数据的情况,回答问题的情况。

任务三：关注全球性生态问题

【教师活动】

引导学生阅读教材资料,思考下列问题。

1.结合教材第86页,分析全球性生态环境问题有哪些?

2.这些生态环境问题对我们的生活有什么影响?

3.若要减轻这些环境问题,我们在生活中应该怎么做?

【学生活动】

根据自己对资料内容的理解进行讨论分享。

【设计意图】

引导学生关注全球性环境问题,并尝试从个人角度减少生态足迹,身体力行地进行环境保护。

【评价方式】

学生回答问题的情况,参与的情况。

任务四:实践活动探究

【教师活动】

引导学生根据所学知识,查阅广阳岛生态环境的历史文献,分析广阳岛在进行恢复性建设前所存在的环境问题,并尝试给出保护建议。

【学生活动】

查阅资料,分析问题,根据分组进行调查汇报。

【设计意图】

学生通过查阅文献,将所学知识用于实践,分析人类活动对广阳岛造成的破坏程度,增强环境保护意识。

【评价方式】

学生收集资料的情况以及总结归因的全面性情况。

【课时板书设计】

人类活动对生态环境的影响

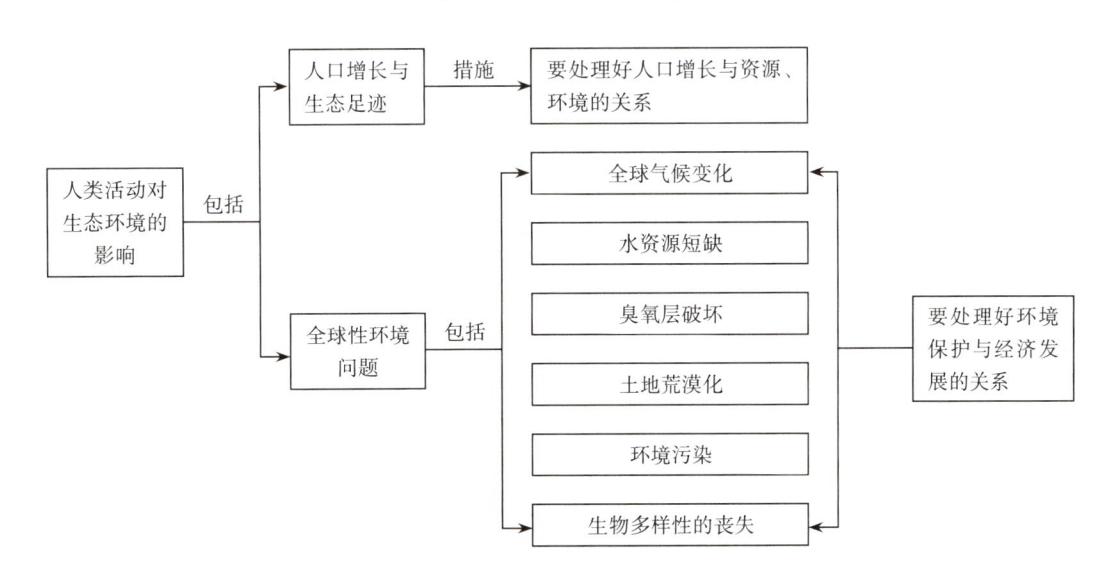

```
                    ┌─ 人口增长与生态足迹 ──措施──→ 要处理好人口增长与资源、环境的关系
人类活动对          │
生态环境的 ──包括──┤                    ┌─ 全球气候变化 ─┐
影响                │                    ├─ 水资源短缺    │
                    └─ 全球性环境 ──包括─┤─ 臭氧层破坏    ├─→ 要处理好环境保护与经济发展的关系
                       问题              ├─ 土地荒漠化    │
                                         ├─ 环境污染      │
                                         └─ 生物多样性的丧失 ┘
```

[课时作业设计]

以小组为单位查阅广阳岛生态环境的历史文献,形成广阳岛生态环境问题历史成因报告。

生物多样性及其保护 第3、4课时

[学习重难点]

(一)学习重点

1.生物多样性的价值。

2.生物多样性的保护。

(二)教学难点

生物多样性的价值。

[课时学习目标]

核心素养	课时学习任务
生命观念	通过分析生物多样性实例和资料阅读,形成人与自然和谐共生、可持续发展的观念。
科学思维	通过实例分析、概述生物多样性的价值及丧失的原因,提出合理化建议,培养系统思维和概括能力。
科学探究	通过对广阳岛生物多样性调查,培养学生通过调查和搜集资料从而发现问题、解决问题的能力。
社会责任	形成保护生物多样性"从我做起"的意识。提出广阳岛生物多样性恢复的建议,增强学生运用生物科学技术进行生态文明建设的社会责任感。

[课时教学过程]

任务一:创设情境、回顾旧知、导入新课

【教师活动】

展示重庆广阳岛修复前后物种变化照片对比,提出问题引发学生思考并作答。

1.广阳岛在修复前后最大的差别是什么?

2.物种丰富度的增加,实则是提高了广阳岛地区的生物多样性。

3.你是否记得初中所学"生物多样性"的概念?

4.生物多样性包含哪几个层次?

【学生活动】

依据问题思考并回答。

【设计意图】

从贴近家乡的案例入手,激发学生学习兴趣。回顾旧知,为后续学习铺垫。

【评价方式】

学生表述生物多样性概念和层次的情况。

任务二:生物多样性的价值

【教师活动】

重庆市政府早在2006年就开启了对广阳岛的生态保护工程,以提高广阳岛的生物多样性。为什么要这么做呢?展示广阳岛修复之后所带来的经济、生态等图文方面的资料,引导学生思考、分析以下问题。

1.广阳岛修复之后,带来了哪些价值?

2.尝试对突出的各种价值,按照直接价值、间接价值和潜在价值进行分类。

3.你是否对生物多样性三个方面的价值有了深层理解呢?

4.阅读教材第90"思考·讨论"中的资料1、资料2、资料3,思考这些内容分别属于生物多样性价值的哪一个层面?

【学生活动】

阅读资料,思考并回答问题。

【设计意图】

结合广阳岛背景资料,启发学生思考生物多样性的多方面价值。

【评价方式】

学生合作的情况,回答问题的积极情况。

任务三：生物多样性丧失的原因

【教师活动】

引导学生分析资料，思考并回答以下问题。

根据课前小组查阅的历史文献资料，广阳岛曾经历大力发展农业、人类大量迁入居住、修路开山等人类活动，总结出广阳岛生物多样性被破坏原因。

1. 人类活动对岛上物种的栖息地有什么影响？
2. 农业施肥、生活污水的排放对岛上的物种生存有什么影响？
3. 人类活动如砍伐树木、过渡捕捞对岛上物种有什么影响？
4. 为保护广阳岛的生物多样性，你觉得应该采取什么样的措施？

【学生活动】

交流讨论，总结并回答问题。

【设计意图】

通过围绕对广阳岛生物多样性破坏原因的分析，总结出广阳岛生物多样性丧失的原因。

【评价方式】

学生从资料中提炼信息的情况及回答问题的情况。

任务四：保护生物多样性的措施

【教师活动】

为保护广阳岛的生物多样性，不仅要考虑天地资源、气候条件、生物资源等因素，而且要考虑人文因素。引导学生思考以下问题，表达交流。

1. 请同学们以小组为单位，展示广阳岛生物多样性恢复调查的报告及建议。
2. 在讨论的基础上总结广阳岛生物多样性保护的措施。
3. 请根据我国生物多样性保护案例，总结保护生物多样性的措施。

【设计意图】

针对广阳岛的生物多样性保护，引导提出相关的保护措施。

【评价方式】

学生搜集相关资料的情况以及进行陈述汇报、提出合理建议的情况。

✓ 任务五：小结

【教师活动】

展示资料,引导学生思考并作答。

资料：广阳岛生态修复围绕"摸清本底、自然恢复、生态修复、增加生物多样性"展开,作为未来"长江风景眼,重庆生态岛",真正体现了"绿水青山就是金山银山"的发展理念。生物多样性的保护,需要每一个国家、每一个公民共同努力。作为学生,你认为怎样做能保护生物多样性呢？请课后进行总结,完成学习心得。

【学生活动】

反思、总结,完成学习心得。

【设计意图】

通过引入资料,总结知识点,引导学生关注生态伦理建设。

【评价方式】

学生针对生态伦理建设有正确的看法和自己的建议。

【课时板书设计】

生物多样性及其保护

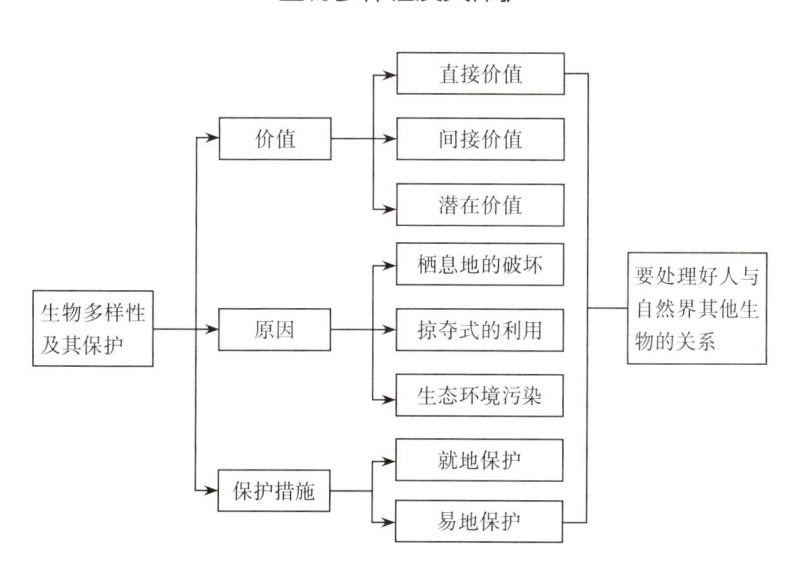

```
                    ┌─ 直接价值 ┐
              价值 ─┼─ 间接价值 │
                    └─ 潜在价值 │
                                │
生物多样性        ┌─ 栖息地的破坏 ┐   要处理好人与
           ─ 原因 ┼─ 掠夺式的利用 ┼─ 自然界其他生
及其保护          └─ 生态环境污染 ┘   物的关系

              保护措施 ┌─ 就地保护
                      └─ 易地保护
```

[课时作业设计]

对广阳岛生物多样性进行调查,形成调查报告。

生态工程　第5、6、7课时

[学习重难点]

(一)学习重点

1.生态工程的基本原理。

2.生态工程的实例分析。

(二)学习难点

生态工程的基本原理。

[课时学习目标]

核心素养	课时学习目标
生命观念	通过实际生态案例的分析,结合生态学知识,强化生态系统中物质和能量、结构和功能相适应的生命观念。
科学思维	通过资料和模型分析,发展科学思维,理解生态工程的概念和遵循的原则。
科学探究	在进行广阳岛生态恢复模型的调研和构建中,培养科学探究能力。
社会责任	通过参与广阳岛生态工程恢复模型调研和构建,认同可持续发展观,并增强自觉践行"绿水青山就是金山银山"的社会责任感。

任务一:分享交流,引入新课

【教师活动】

引导小组代表发言,总结历史成因。

1.根据调研结果,总结广阳岛曾经面临的生态环境问题有哪些?

2.广阳岛生态修复工程应该怎样设计呢?

【学生活动】

小组交流,总结提炼。

【设计意图】

通过分享调研成果,培养学生的表达能力和科学思维能力。

【评价方式】

学生运用证据、表达自己观点的情况。

✅ 任务二:构建生态工程概念和基本原则

【教师活动】

展示下图资料,引导学生讨论:从生态系统物质循环的角度思考,广阳岛渗透海绵水理水技术设计的特点是什么?

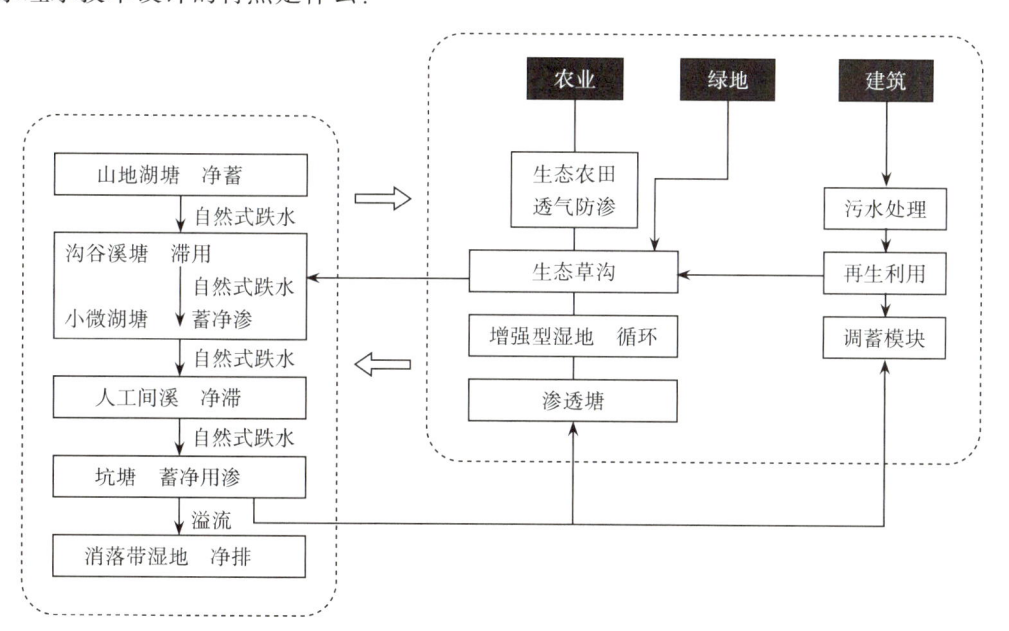

图2-4-1 广阳岛的生态工程

【学生活动】

分析广阳岛案例,总结生态工程的自生、循环原理。

【设计意图】

通过分析模型,引导学生理解生态工程的自生、循环原理。

【评价方式】

学生分析、理解和说出相应原理的情况。

【教师活动】

展示资料。

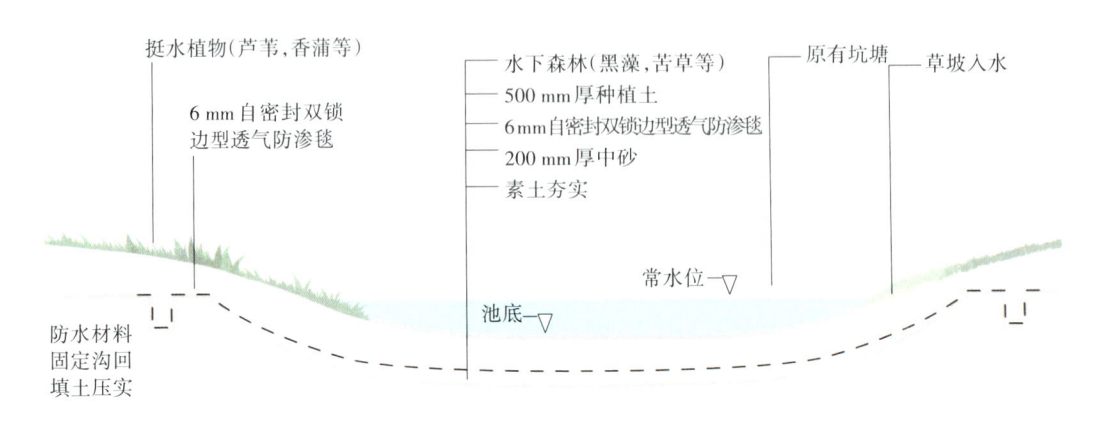

图 2-4-2 调蓄湖示意图

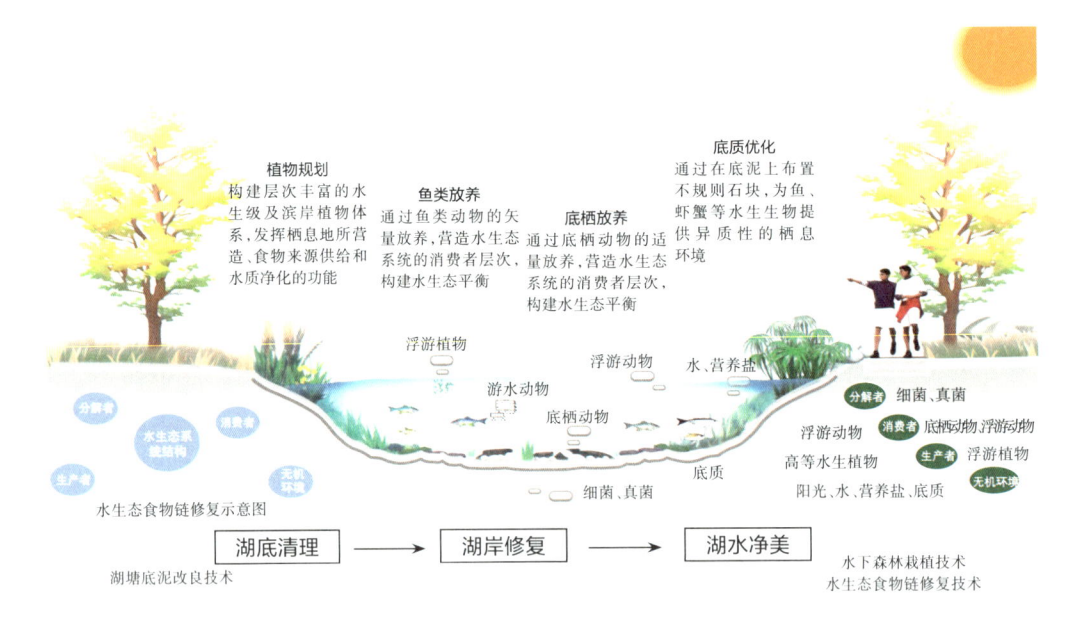

图 2-4-3 广阳岛生态工程恢复模型

资料：在广阳岛生物多样性恢复中，遵循潜在植物保育原则，通过植物再引入，恢复广阳岛原生潜在保育植物，构建以乔灌草或乔草为主要结构的密林或疏林植物生态群落。通过丰富山地区、水体区、消落带区、环山带区植被生境类型，从而提升岛域生态栖息地功能，保护动物及微生物多样性；通过食物链、食物网相互的制约，控制虫害和鼠害以及野猪数量，从而维持动态平衡；通过因地制宜修复生境、人工引入本土物种，双管齐下提升动物多样性；通过在礁石群长江水域、兔儿坪湿地和龙头山山顶林地设立自然保护地,营造栖息家园,为长江鱼类、迁徙越冬鸟类以及森林动物群落提供良好的生存环境;通过生态修复营造能够满足动物活动需求的微小生境,包括繁殖类、休憩类、洗浴类、觅食类等,提供觅食、隐蔽、筑巢、洗浴、休憩的精准"服务",从而全面丰富动物和微生物多样性。

思考:从生物多样性保护的角度看,广阳岛在生态恢复工程中,综合考虑不同区域原有物种的分布,合理分配生物类群和数量,这体现了生态工程的什么原理?

【学生活动】

分析广阳岛案例,总结协调的原理。

【设计意图】

通过资料分析,归纳总结生态工程协调的原理。

【评价方式】

学生理解和说出相应原理的情况。

【教师活动】

展示资料。

资料:《广阳岛片区总体规划》指出,需梳理广阳岛自然 生态、历史人文本底,统筹好广阳岛保护利用与城市提升的关系,统筹好广阳岛与周边区域的关系,统筹好广阳岛与重庆全域的关系,力争把广阳岛建设成为西部大开发重要战略支点、"一带一路"和长江经济带联接点的承载地,内陆开放高地,推动高质量发展、创造高品质生活的体验地。高水平引领重庆在长江经济带绿色发展中发挥示范作用,在优化生产、生活、生态空间上作出示范,多给生态"留白"、多给自然"添绿";在实施山水林田湖草生态保护修复上做出示范,统筹推进一江两岸山体、水系、湿地区等治理保护;在推进产业生态化、生态产业化上作出示范,大力发展绿色产业、建设绿色家园;在践行生态文明理念上作出示范,坚定不移走国际化、绿色化、智能化、人文化的城市发展路子;在依法保护、依法监管上作出示范,做到规划先行、立法先行;在体制机制和政策创新上作出示范,积极探索开发建设新路径、新模式。

思考:在广阳岛的规划建设方案中,考虑了哪些方面的因素?这样做的目的是什么?体现了广阳岛生态恢复工程的什么原理?

【学生活动】

分析广阳岛文件方案,构建规划标准流程图,总结整体原理。

【设计意图】

通过资料阅读,培养学生提炼、整合信息的思维能力。

【评价方式】

学生绘制广阳岛恢复建设规划流程图,并进行交流的情况。

【教师活动】

总结生态工程建设遵循的基本原理,引导学生建构生态工程概念。

思考:在广阳岛生态恢复工程中融合了哪些学科方面知识?采用了哪些与生态系统有关的原理和方法?目的是什么?

【学生活动】

根据广阳岛案例讨论构建生态工程概念,思考并回答。

【设计意图】

通过广阳岛相关实际案例,结合问题,能够理解并说明生态工程的概念。

【评价方式】

学生说出生态工程概念的相关要点情况。

✓ 任务三:生态工程的实例和发展前景

【教师活动】

组织学生阅读教材第105页农村综合发展型生态工程的内容,思考并回答以下问题。

1.该案例中主要运用了生态工程的哪些基本原理?

2.该生态系统的结构和功能有哪些特点?

3.这一生态工程有哪些值得借鉴的做法?

【学生活动】

讨论分析并回答问题。

【设计意图】

在实践案例中强化生态工程遵循的原则,总结案例中的经验做法。

【评价方式】

学生说出案例中的生态工程原理及个人感想的情况。

【教师活动】

引导学生阅读教材第106页厦门筼筜湖生态恢复案例,思考:

筼筜湖生态恢复工程的核心建设问题是什么?在生态工程建设方面对我们有什么启示?

【学生活动】

讨论分析并回答问题。

【设计意图】

总结案例中的生态工程建设经验做法。

【评价方式】

学生说出案例中经验做法的情况。

【教师活动】

引导学生阅读教材第107页赤峰市元宝山矿区生态恢复工程的案例,思考:

矿区生态恢复工程的核心建设问题是什么?在生态工程建设方面对我们有什么启示?

【设计意图】

总结案例中的生态工程建设的经验做法。

【评价方式】

学生说出案例中经验做法的情况。

✓ 任务四:小结提升

【教师活动】

总结:虽然人类对生态工程有一定的贡献,但是同时也应考虑自然生态系统强大的恢复力量,不要走"先污染后治理"的老路。此外,生态工程在精细化恢复等方面也还存在较大问题,因此为了美好的未来,我们要坚持走可持续发展道路,继续探索生态工程建设的高效合理途径。

【学生活动】

总结生态工程的优点及存在的不足。

【设计意图】

带领学生一起反思总结。

【评价方式】

学生反思的情况及参与的情况。

【课时板书设计】

生态工程

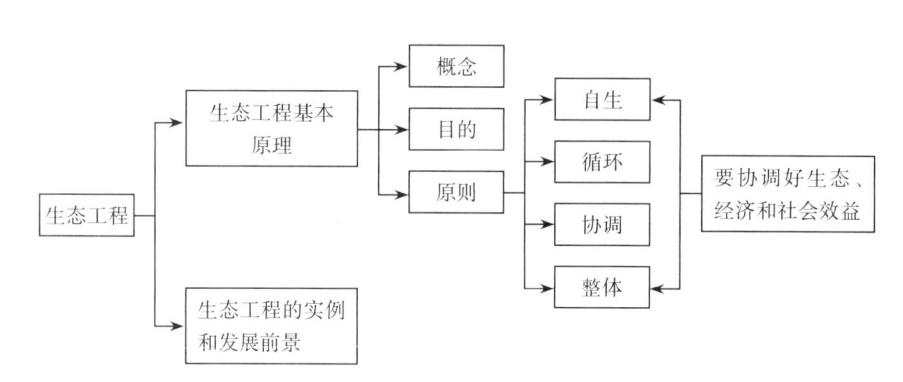

```
生态工程 ──┬── 生态工程基本原理 ──┬── 概念
          │                      ├── 目的
          │                      └── 原则 ──┬── 自生 ┐
          │                                 ├── 循环 ├── 要协调好生态、
          │                                 ├── 协调 │   经济和社会效益
          │                                 └── 整体 ┘
          └── 生态工程的实例和发展前景
```

[课时作业设计]

就广阳岛或者重钢焦化厂中某一生态问题,查阅相关资料,对广阳岛的防护岸建设或重钢焦化厂土壤改良进行实地考察,形成调查报告、体验生态建筑设计师,形成建设方案并进行构建模型,交流完善模型图。

选择性必修 3

体验生涯
规划生涯

第1单元 发酵工程

一、单元主题及解读

单元主题:发酵工程的前世今生

从古代到现代,人类对生命的探索从来没有间断过。从传统发酵技术到现代大规模生产的发酵工程,生物技术正在迅猛发展,并为我们的生活提供便利。"发酵工程"单元主要包括"传统发酵技术的应用""微生物的培养技术及应用""发酵工程及其应用"三部分内容。从传统发酵技术到发酵工程,学生可以感悟到技术、工程与科学的不同。通过引导学生结合微生物发酵的有关知识来学习和实践,训练学生基于论据进行批判性思维的技能;通过体验微生物技术操作和应用方面的实践活动,提升学生的动手操作技能。进而让学生深刻理解生物科学、技术与社会的关系,关注发酵原理如何转化为生产实践,关注发酵技术和发酵工程如何为美好生活添彩。

联系学生实际开展"制作传统发酵食品""酵母菌的纯培养""土壤中分解尿素的细菌的分离与计数"等实践活动,让学生体验由日常生活经验到科学、技术、工程应用的过程,并逐步深入,感悟技术、工程与科学的不同。发酵技术与工程学原理相结合,进行研究、设计和加工生产,就能为社会提供服务,让学生体验发酵工程师、菌培师的职业乐趣,有助于学生进行生涯规划,进而构建"生活·生命·生涯"的学习体系。

二、单元概念关系图

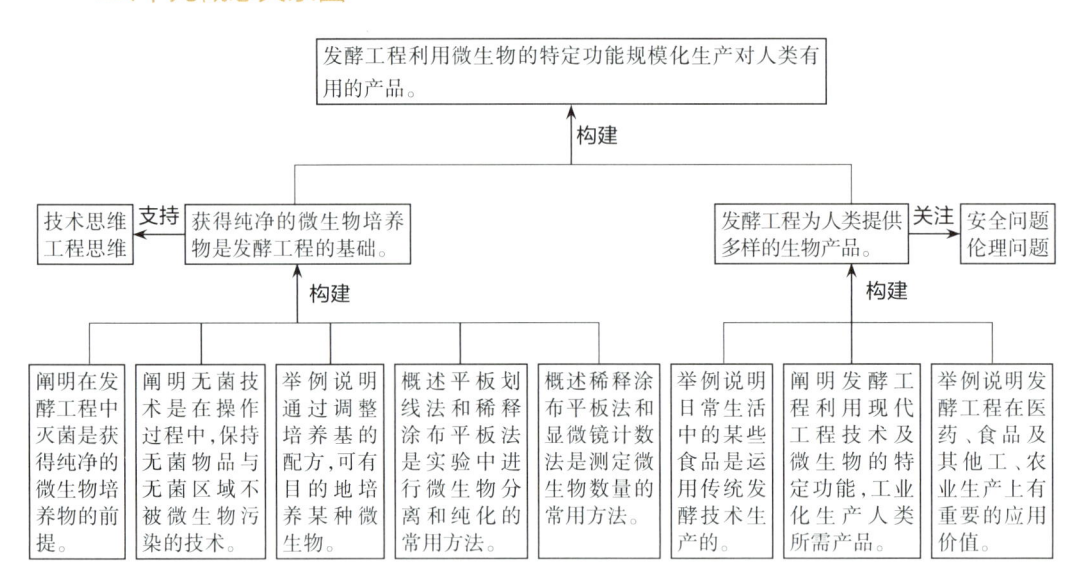

```
                        发酵工程利用微生物的特定功能规模化生产对人类有
                        用的产品。
                                        ↑ 构建
         ┌──────────────────────┴──────────────────────┐
技术思维  支持  获得纯净的微生物培养                发酵工程为人类提供   关注  安全问题
工程思维 ←──   物是发酵工程的基础。                多样的生物产品。          伦理问题
                        ↑ 构建                          ↑ 构建
    ┌────┬────┬────┬────┬────┐          ┌────┬────┬────┐
```

- 阐明在发酵工程中灭菌是获得纯净的微生物培养物的前提。
- 阐明无菌技术是在操作过程中,保持无菌物品与无菌区域不被微生物污染的技术。
- 举例说明通过调整培养基的配方,可有目的地培养某种微生物。
- 概述平板划线法和稀释涂布平板法是实验中进行微生物分离和纯化的常用方法。
- 概述稀释涂布平板法和显微镜计数法是测定微生物数量的常用方法。
- 举例说明日常生活中的某些食品是运用传统发酵技术生产的。
- 阐明发酵工程利用现代工程技术及微生物的特定功能,工业化生产人类所需产品。
- 举例说明发酵工程在医药、食品及其他工、农业生产上有重要的应用价值。

三、单元导航图

核心素养	学习目标	关键问题	学习任务	课时
生命观念	结合生活或生产实例，说出发酵工程及其相关的基本原理。能以系统观、结构与功能适应观、物质与能量观以及生物与环境统一观等生命观念为指导，设计方案、分析设计不同微生物的培养条件。	什么是传统发酵技术？	任务1：简述传统发酵技术的特点，概述微生物发酵的基本原理。	第1、2课时
		制作泡菜、果酒和果醋的原理是什么？怎样制作泡菜？怎样制作果酒和果醋？	任务2：体验泡菜、果酒和果醋的制作过程，说出传统发酵技术应用的优点与不足。	
科学思维	通过分析传统发酵技术生产食品与大规模生产发酵食品的不同以及分析发酵工程怎么解决纯培养问题，引导学生学会建立技术思维和工程思维；通过引导学生结合微生物发酵的相关知识和综合实践，评估"酵素"是否有神奇功效，以此训练批判性思维。	什么是培养基？如何配制？什么是无菌技术？	任务3：概述培养基的配制方法和微生物纯培养的基本操作要求。	第3、4课时
		怎样进行酵母菌的纯培养？	任务4：体验酵母菌的纯培养。	
科学探究	引导学生综合实践："制作传统发酵食品""酵母菌的纯培养""土壤中分解尿素的细菌的分离与计数"。尝试应用发酵原理和发酵技术来解决实践中的问题。设计并实施恰当可行的方案，创造性地运用专业术语对实验原理、步骤和结果进行描述和分析，并在组内开展交流。	怎样运用生物与环境相适应的观点来理解选择培养的原理？	任务5：阐明微生物选择培养的原理。	第5、6课时
		如何通过调整培养基的配方来有目的地培养某种微生物？	任务6：体验土壤中分解尿素的细菌的分离和计数。	
		测定微生物数量的常用方法有哪些？		
社会责任	深刻理解生物科学、技术与社会的关系，关注发酵原理如何转化为生产实践，关注发酵技术和发酵工程如何为美好生活添彩。让学生体验发酵工程师、菌培师的职业乐趣，有助于学生进行生涯规划，进而构建"生活·生命·生涯"的学习体系。	什么是发酵工程？发酵工程的一般流程是什么？	任务7：概述发酵工程及其基本环节。	第7课时
		发酵工程在生产上有哪些重要的价值？	任务8：举例说明发酵工程在生产上有重要的应用价值。	

四、任务活动和课时设计

课时	任务	活动
第1课时	任务1：简述传统发酵技术的特点，概述微生物发酵的基本原理。	活动1-1：阅读"科技探索之路"的资料，了解从传统发酵技术到发酵工程的历程。 活动1-2：回顾细胞呼吸的内容，引入对乳酸、酒精和醋酸发酵原理及条件的介绍，在此基础上让学生理解制作泡菜、果酒和果醋的原理。
第2课时	任务2：体验泡菜、果酒和果醋制作过程，说出传统发酵技术应用的优点与不足。	活动2：查找资料，对泡菜、果酒和果醋制作的材料选择、发酵条件的控制等展开充分讨论，然后设计制作方案，体验传统发酵技术，交流互评。
第3课时	任务3：概述培养基的配制方法和微生物纯培养的基本操作要求。	活动3-1：结合制作泡菜、果酒和果醋的经历，分析泡菜、果酒和果醋变质的原因。 活动3-2：分析为什么加入纯的菌种可以加快发酵进程。 活动3-3：阅读教材资料，了解培养基的制备、无菌技术和微生物纯培养的基本操作。
第4课时	任务4：体验酵母菌的纯培养。	活动4：学生用教师准备好的培养基体验平板操作，用上一轮制备好的平板体验接种操作，交流互评。
第5课时	任务5：阐明微生物选择培养的原理。	活动5-1：阅读资料"耐高温的DNA聚合酶的发现过程"，了解选择培养基的概念。 活动5-2：讨论选择培养基配方的设计思路，与普通培养基进行比较，发表观点。 活动5-3：分析教材资料，理解培养之前需要稀释的原因。回忆所学知识，分析平板划线法的优点和缺点。 活动5-4：观看视频，学习实验操作技术。 活动5-5：阅读教材资料，了解稀释涂布平板法进行计数的原理、操作步骤。比较、分析稀释涂布平板法和显微镜进行直接计数法的优劣。
第6课时	任务6：体验土壤中分解尿素的细菌的分离和计数。	活动6：讨论设计实验"土壤中分解尿素的细菌的分离与计数"，体验实验过程，定期观察、记录实验结果，交流互评。
第7课时	任务7：概述发酵工程及其基本环节。	活动7-1：分析教材资料"从社会中来"，探讨"在工业上，青霉素究竟是怎样生产的"，归纳发酵工程的概念。 活动7-2：根据教材资料，画出利用发酵工程生产该产品的流程图，展示说明。
	任务8：举例说明发酵工程在生产上有重要的应用价值。	活动8-1：与教师一起构建发酵工程应用的思维导图。 活动8-2：课外搜集自己在生活中接触过的发酵工程应用的实例，结合教材中介绍的发酵工程应用的内容，分析发酵工程在我们社会生产、生活中的应用价值。

五、单元作业设计

课时	评价目标	作业类型	核心素养	学业质量水平
第1课时	简述传统发酵技术的特点，说出常见的传统发酵食品，概述微生物发酵的基本原理。	课堂作业（口头表述） 课后作业（书面习题）	生命观念1 科学思维2	1-4 2-2
第2课时	针对泡菜、果酒和果醋的制作提出问题，基于给定的条件，设计并实施恰当可行的方案，创造性运用专业术语对实验原理、步骤和结果进行描述和分析，并在组内开展交流。	课堂作业（分组实验和交流互评） 课后作业（观察实验并记录实验结果）	科学思维2 科学探究3	2-3 3-3
第3课时	概述培养基的配制方法和微生物纯培养的基本操作要求。	课堂作业（口头表述） 课后作业（书面习题）	生命观念1 科学思维2	1-4 2-2
第4课时	进行酵母菌的纯培养，顺利完成倒平板、平板划线等实验操作，观察实验并记录实验结果，交流互评。	课堂作业（分组实验和交流互评） 课后作业（观察实验并记录实验结果）	科学思维2 科学探究3	2-3 3-3
第5课时	阐明微生物选择培养基的原理，对比、分析平板划线法、稀释涂布平板法和显微镜直接计数的异同。	课堂作业（构建模型和口头表述） 课后作业（书面习题和实验设计）	生命观念1 科学思维2	1-4 2-2
第6课时	讨论设计实验"土壤中分解尿素的细菌的分离与计数"，掌握稀释涂布平板法的实践操作，定期观察、记录实验结果，交流互评。	课堂作业（分组实验和交流互评） 课后作业（观察实验并记录实验结果）	科学思维2 科学探究3	2-3 3-3
第7课时	关注发酵原理如何转化为生产实践，关注发酵技术和发酵工程如何为美好生活添彩。能对日常生活中发酵食品的产生原理、安全性等状况作出合理的判断。	课堂作业（构建模型和思维导图） 课后作业（书面习题和调查报告）	生命观念1 社会责任4	1-4 4-3

六、课时教学设计

传统发酵技术的应用 第1、2课时

[学习重难点]

(一)学习重点

1. 微生物发酵的基本原理。
2. 制作泡菜、果酒、果醋。

(二)学习难点

制作泡菜、果酒、果醋。

[课时学习目标]

核心素养	课时学习目标
生命观念	结合生活或生产实例,说出发酵工程及其相关的基本原理。能以系统思想为指导,形成稳态与平衡观、结构与功能适应观、物质与能量观以及生物与环境统一观等生命观念。
科学思维	面对日常生活或社会中生物工程与技术有关的话题,能基于证据,运用生物学基本概念和原理进行分析论证,举例说明生物工程与技术的原理及其与社会之间的关系。针对生物学相关问题,能运用科学思维方法展开讨论、审视或论证。比如能对日常生活中发酵食品的产生原理、安全性等状况作出合理的判断。
科学探究	深入剖析乳酸、酒精和醋酸的发酵原理及条件,理解制作泡菜、果酒和果醋的原理。
社会责任	理解生物科学、技术与社会的关系,关注发酵原理如何转化为生产实践,关注发酵技术和发酵工程如何为美好生活添彩。尝试应用发酵原理和发酵技术来解决实践中的问题。

[课时教学过程]

任务一:创设情境,引入新课

【教师活动】

带领学生阅读教材本章"科技探索之路"中的内容,并逐一进行讲解。

提出问题:究竟什么是发酵呢?

【学生活动】

根据自己对教材内容的理解进行思考并回答问题。

【设计意图】

让学生认识到发酵技术是在生产、生活实践中产生的,科学理论的研究和技术的发展促使传统发酵技术向发酵工程转变。

【评价方式】

学生阅读与思考的情况,过程中是否认真。

任务二:构建发酵的概念

【教师活动】

让学生阅读以下资料,回答问题。

资料1:夏禹时期,已有了关于杜康造秫酒的传说。我国酿造白酒的工艺在世界上独树一帜,白酒一般是以谷物为原料,加酒曲发酵而成的。

资料2:1857年,法国的微生物学家巴斯德通过实验证明,酒精发酵是由活的酵母菌引起的。

资料3:研究人员用显微镜观察酒曲,发现酒曲内含有根霉、曲霉、毛霉、酵母菌、乳酸菌、醋酸菌等几十种微生物。

提出问题:1:酒曲是什么?

2.酿酒加酒曲的目的是什么?

3.酒中除了酒精还有其他物质吗?

【学生活动】

阅读资料,思考并回答问题。根据回答,总结出发酵过程需要微生物的参与,该过程将原料转化为特定的产物,在此基础上概括出发酵的概念。

【设计意图】

让学生通过提取资料中的信息来构建发酵的概念。

【评价方式】

学生回答问题的情况及掌握的情况。

任务三：建构传统发酵技术的概念

【教师活动】

联系生活：让学生阅读教材第5页中介绍腐乳的内容，讲解生活中豆瓣酱的制作流程。

煮黄豆→冷却后在黄豆表面抹上一层面粉→发酵→加盐加水→在烈日下暴晒、搅动，进一步发酵。

提出问题：1.制作腐乳利用了哪些微生物？这些微生物来自哪里？

2.参与豆瓣酱发酵的微生物来自哪里？

3.每年进行同样的操作，但是每年制作的腐乳或豆瓣酱的口感都不完全相同，有些年份甚至制作不成功，你知道这是为什么吗？

引导分析：让学生进行小组讨论，分析传统发酵技术的优点和缺点。

【学生活动】

1.思考并回答问题。通过分析两种发酵食品制作的共性，尝试建构传统发酵技术的概念。

2.进行小组讨论，得出传统发酵技术的优点：操作简单，便于家庭或作坊生产；缺点：生产条件不易控制，容易受到杂菌污染，生产效率低等。

【设计意图】

结合学生熟悉的传统发酵食品制作的实例来构建传统发酵技术的概念，有助于学生对概念的理解和掌握。分析传统发酵技术的优点和缺点，可以为之后学习微生物的纯培养技术和发酵工程作铺垫。

【评价方式】

学生独立思考、小组讨论及回答问题的情况。

任务四：指导实践

【教师活动】

讲解乳酸菌、酵母菌和醋酸菌发酵的原理。

让学生阅读教材第6~7页"探究·实践"的内容，思考并回答以下问题。

1. 制作泡菜、果酒和果醋的原理分别是什么？

2. 应该选择什么样的装置来制作泡菜？

3. 在果酒发酵过程中，为什么每隔 12 h 左右要将瓶盖拧松一次？

4. 参考教材第 8 页"拓展应用"，根据制作果醋的原理，以及第 3 题中的信息，你会选用什么样的装置制作果醋？为什么要选择这样的装置？

【学生活动】

阅读教材后，说出制作泡菜、果酒和果醋的原理；指出应该选择泡菜坛或其他密封性良好的罐子制作泡菜；由于酒精发酵会产生 CO_2，因此在果酒的制作过程中，一定要及时排气；尝试设计制作果醋的装置。

【设计意图】

利用相关资料理解发酵的原理。

【评价方式】

学生对思考题的回答情况。

任务五：探究·实践制作传统发酵食品

【教师活动】

材料准备：食盐、清水、新鲜蔬菜、蒜瓣、生姜及其他香辛料、白酒、泡菜坛、显微镜、香柏油、擦镜纸、pH 试纸等。

泡菜坛准备：首先将泡菜坛洗净，晾干后倒入少许白酒，然后将白酒均匀涂抹在泡菜坛的内壁上，以对其进行消毒处理，最后倒掉白酒，将泡菜坛倒过来放置备用。

盐水准备：用清水和食盐配置质量分数为 5%~20% 的盐水，并将盐水煮沸，冷却待用。

蔬菜的准备：将所有蔬菜洗净，切成块状或条状，并晾干。

【学生活动】

1. 将晾干的新鲜蔬菜装入泡菜坛内，装至半坛时，放入蒜瓣、生姜及其他香辛料，继续装至八成满。

2. 将冷却好的盐水缓缓倒入泡菜坛，使盐水没过全部菜料，盖好坛盖。

3. 向坛盖边沿的水槽中注满水，并在发酵过程中注意经常向水槽中补充水，根据室温控制发酵时间。

【设计意图】

教师准备实验材料,学生进行实验,增强学生动手能力,深入剖析乳酸发酵原理及条件,理解制作泡菜的原理。

【评价方式】

学生实验操作过程的情况及对泡菜发酵原理和步骤的掌握程度。

【教师活动】

材料准备:新鲜的水果(如葡萄、苹果等)、洗洁精、体积分数为70%的酒精、榨汁机、发酵瓶、纱布、恒温培养箱等。

【学生活动】

1.将发酵瓶、榨汁机等器具用洗洁精清洗干净,并用体积分数为70%的酒精消毒,晾干备用。

2.取新鲜葡萄,用清水冲洗1~2次,再去除枝梗和腐烂的籽粒,沥干。

3.用榨汁机榨取葡萄汁。

【设计意图】

教师准备实验材料,学生进行实验,增强学生动手能力,深入剖析酒精和醋酸发酵原理及条件,理解制作果酒和果醋的原理。

【评价方式】

学生实验操作的情况及对果酒和果醋发酵原理和步骤的掌握程度。

【教师活动】

组织学生分组实验后,完成对泡菜发酵过程的检测。

【学生活动】

1.观察蔬菜的色泽和发酵液的颜色,闻坛中有无酸味。

2.先用革兰氏染色法对泡菜中的乳酸菌进行染色,然后用油镜观察泡菜发酵不同时期乳酸菌数量的变化。

3.测定泡菜发酵不同时期发酵液pH的变化,还可以结合乳酸菌数量变化的规律,分析两者的相关性。

总结：当发酵液 pH 为 3.5~3.8 时，一般认为泡菜已经完全成熟，这一时期泡菜有酸味而且清香。

【设计意图】

通过让学生动手操作实验，帮助学生初步了解泡菜发酵不同时期乳酸菌的数量变化规律。

【评价方式】

学生实验操作的情况及对泡菜发酵原理和步骤的掌握程度。

【课时板书设计】

传统发酵技术的应用

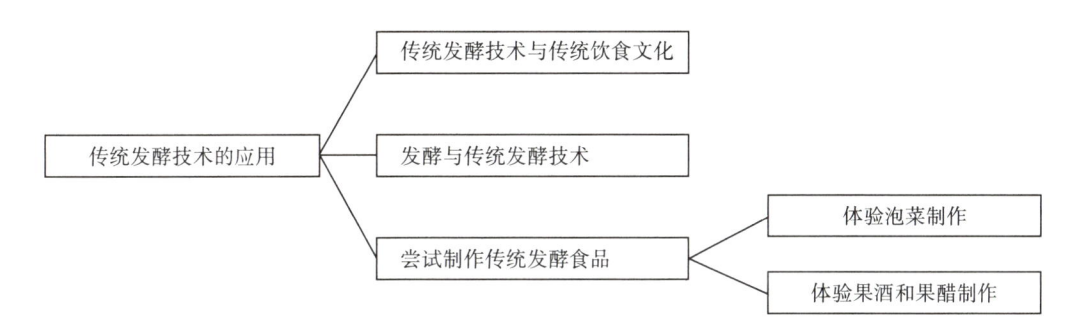

传统发酵技术的应用 ——
- 传统发酵技术与传统饮食文化
- 发酵与传统发酵技术
- 尝试制作传统发酵食品 ——
  - 体验泡菜制作
  - 体验果酒和果醋制作

[课时作业设计]

请扫码查看作业及答案

微生物的培养技术及应用　第 3、4 课时

[学习重难点]

(一)学习重点

1.微生物纯培养的基本操作要求。

2.酵母菌的纯培养。

(二)学习难点

酵母菌的纯培养。

[课时学习目标]

核心素养	课时学习目标
生命观念	结合生活或生产实例,说出发酵工程及其相关的基本原理。能以系统思想为指导,形成稳态与平衡观、结构与功能适应观、物质与能量观以及生物与环境统一观等生命观念。
科学思维	发酵工程不仅需要解决纯培养问题,还需要用到技术思维和工程思维。同时技术思维和工程思维又可用于解决实践问题。
科学探究	进行酵母菌的纯培养,掌握倒平板和平板划线技术。
社会责任	理解生物科学、技术与社会的关系,关注发酵原理如何转化为生产实践,关注发酵技术和发酵工程如何为美好生活添彩。尝试应用发酵原理和发酵技术来解决实践中的问题。

[课时教学过程]

任务一:创设情境,引入新课

【教师活动】

利用教材第9页"从社会中来"的情境,提出问题:怎样才能保证无处不在的杂菌不混入发酵物中呢?

【学生活动】

思考并回答问题。

【设计意图】

通过情境中制作酸奶的实例,让学生认识到在日常生活的环境中,微生物无处不在。酸奶变质就是杂菌污染所致,要获得纯净的微生物培养物,需要防止杂菌污染,由此引入新课。

【评价方式】

学生对问题进行分析和解释的情况。

✓ 任务二:培养基的配制

【教师活动】

播放配制培养酵母菌的培养基的操作视频。

思考:结合教材第10页表1-1 1 000 mL牛肉膏蛋白胨培养基的营养构成的内容,分析培养微生物的培养基种类和营养构成。

【学生活动】

观看视频,思考教师提出的问题。说出按照物理性质划分的培养基种类,归纳培养基的营养构成。

【设计意图】

通过学生对视频信息和教材表格信息的分析,归纳培养微生物的培养基种类和营养构成,培养学生信息提取能力和归纳概括能力。

【评价方式】

学生分析、回答问题的积极性及准确性。

✓ 任务三:无菌技术

【教师活动】

播放介绍消毒和灭菌所使用的仪器设备及操作过程视频。

思考:1.比较消毒和灭菌的原理、主要方法、所需设备。

2.比较消毒和灭菌的理化因素的作用强度,能否杀死所有微生物、能否杀死芽孢和孢子。

【学生活动】

观看视频,了解无菌技术涉及的方法、设备和操作。思考并回答教师提出的问题,认识到消毒和灭菌对微生物作用的效果存在差异,实践中要根据需求选择合适的无菌操作方法和设备。

【设计意图】

通过比较分析,让学生明白消毒和灭菌的差异。

【评价方式】

学生分析、回答问题的积极性及准确性。

任务四：酵母菌的纯培养

【教师活动】

播放倒平板和平板划线操作视频,组织学生思考并回答以下问题。

1. 为什么每一次划线前,要用酒精灯灼烧接种环,并且要从上一次划线的末端开始？

2. 为什么最后一次划线与第一次的划线不能相连？

3. 划线完毕后为什么还要灼烧接种环？

【学生活动】

观看视频,学习倒平板和平板划线的操作。思考并回答问题。

【设计意图】

让学生了解操作时的注意事项以及操作的原因,对操作要求的分析有利于学生进行正确操作。

【评价方式】

学生分析、回答问题的积极性及准确性。

【教师活动】

实验准备：按照教材第12页的方法步骤,课前为每组学生配制培养酵母菌的培养基100 mL,装入200 mL锥形瓶中。再将盛放固体培养基的玻璃培养皿和培养基一起在高压蒸汽灭菌锅中灭菌。

组织学生进行倒平板和平板划线的操作,提出问题。

1. 为什么平板需要倒置？

2. 设置未接种平板组的意义是什么？

【学生活动】

1. 以学习小组为单位进行倒平板操作。倒平板结束后,将培养酵母菌的平板分成两组,一组用平板划线法接种酵母菌,另一组不做处理。完成接种后,将平板倒置放入恒温培养箱中培养。

2.思考并回答问题。课下设计表格记录培养的结果并交流互评。

【设计意图】

通过实验的方式,发展学生的科学素养,训练学生的实验操作技能,培养学生综合分析、归纳总结等能力。通过了解倒置平板培养的原因,体会实验中设置对照组的重要性。

【评价方式】

学生倒平板、平板划线实验操作的情况;学生分析回答问题的积极性以及准确性;学生实验记录及交流互评的情况。

【课时板书设计】

微生物的基本培养技术

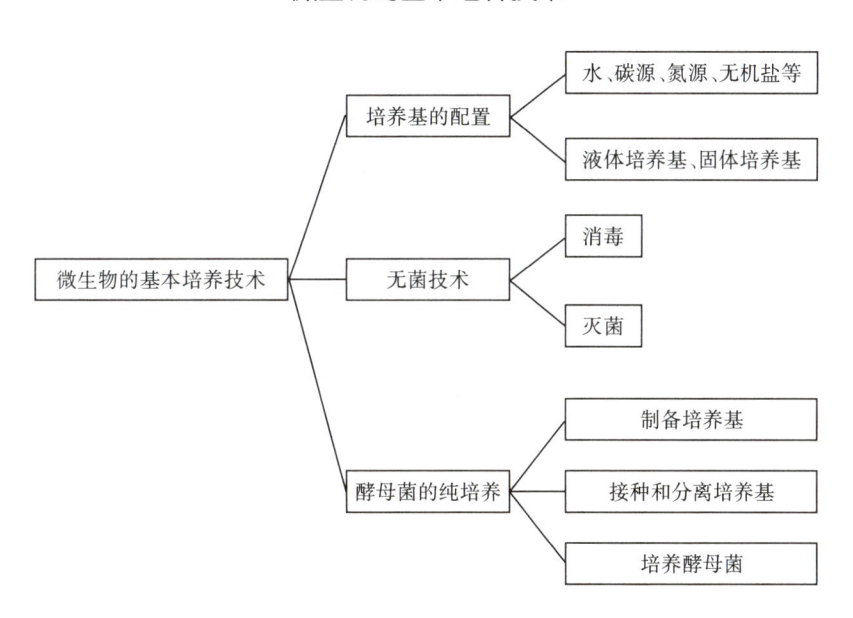

微生物的基本培养技术
- 培养基的配置
  - 水、碳源、氮源、无机盐等
  - 液体培养基、固体培养基
- 无菌技术
  - 消毒
  - 灭菌
- 酵母菌的纯培养
  - 制备培养基
  - 接种和分离培养基
  - 培养酵母菌

[课时作业设计]

请扫码查看作业及答案

微生物的培养技术及应用　第5、6课时

[学习重难点]

(一)学习重点

1.微生物选择培养的原理。

2.土壤中分解尿素的细菌的分离和计数。

(二)学习难点

土壤中分解尿素的细菌的分离和计数。

[课时学习目标]

核心素养	课时学习目标
生命观念	结合生活或生产实例,说出发酵工程及其相关的基本原理。能以系统思想为指导,形成稳态与平衡观、结构与功能适应观、物质与能量观以及生物与环境统一观等生命观念。
科学思维	发酵工程不仅需要解决纯培养问题,还需要用到技术思维和工程思维。同时技术思维和工程思维又用于解决实践问题。
科学探究	进行土壤中分解尿素的细菌的分离和计数,掌握稀释涂布平板法。
社会责任	理解生物科学、技术与社会的关系,关注发酵原理如何转化为生产实践,关注发酵技术和发酵工程如何为美好生活添彩。尝试应用发酵原理和发酵技术来解决实践中的问题。

[课时教学过程]

任务一:创设情境,引入新课

【教师活动】

传统工艺酿醋利用的是自然界中的野生菌种,涉及的微生物种类繁多,其中醋酸菌是决定食醋质量和产量的主要菌种。为了满足食醋产量需求、缩短发酵周期,现代工业制醋一般采用人工选育纯培养的醋酸菌进行醋酸发酵。提出问题:如何从多种微生物中分离出优良的醋酸菌,进而完成纯培养呢?

【学生活动】

分析情境,思考并回答问题。

【设计意图】

回顾已学知识,引发认知冲突,提出本节课需要解决的问题。

【评价方式】

学生自由发言的情况。

任务二:选择培养基

【教师活动】

播放耐高温的DNA聚合酶的发现过程视频。引导学生思考并回答以下问题。

1.筛选水生栖热菌的条件是什么?

2.为什么这个条件能让水生栖热菌"脱颖而出"?

3.这对在实验室中选择培养特定的微生物有什么启示?

【学生活动】

观看视频,分析得出水生栖热菌能适应高温环境,因此被筛选出来。进而推理得出,在实验室中可以创造适应特定微生物生长的条件,用于微生物的筛选。

【设计意图】

通过具体实例,让学生深化对生物与环境相适应观点的理解,进而形成选择培养基的概念。

【评价方式】

学生积极回答问题的情况。

【教师活动】

总结:选择培养基的概念。

指导学生阅读教材第16页思考与讨论的内容,分组讨论第16页"讨论"中的2个问题。

展示教材第18页"探究·实践"中培养基的配方,提出问题:该配方是否适合所有微生物生长?适合在这个培养基上生长的微生物应具有什么代谢特点?

【学生活动】

讨论选择培养基配方的设计思路,与普通培养基进行比较,发表观点。结合之前学习的选择培养基的原理,分析该配方适合什么微生物。

【设计意图】

在理解选择培养基筛选原理的基础上,设计筛选分解尿素的细菌的培养基。从一般原理过渡到实例,培养学生的知识迁移能力。

【评价方式】

学生积极回答问题的情况。

任务三:微生物的选择培养

【教师活动】

如果想知道 1 g 土壤中有多少能分解尿素的细菌,仅仅有选择培养基是不够的,还需要对土样进行适当的处理以及科学测定微生物数量的方法。提供以下资料。

资料1:通常 1 g 土壤中有几亿到几百亿个土壤微生物,其中,细菌的数量最多,能分解尿素的细菌是其中的一部分。

资料2:土壤溶液接种到选择培养基上培养结果的图片。

资料3:当菌液稀释倍数足够高时,培养基表面生长的一个单菌落来源一个活菌。

资料4:用平板划线法接种培养结果的图片。

提出问题:1.可以直接制备土壤溶液,接种到选择培养基上进行培养吗?

2.平板划线法能否对细菌进行计数?为什么?

【学生活动】

分析资料,理解培养细菌之前需要将土壤悬液进行稀释的原因。回顾之前学习的平板划线法的优点和缺点。

【设计意图】

基于情境,使学生形成认知冲突,激发内在学习新知识的需求。

【评价方式】

学生讨论、回答问题的情况。

【教师活动】

播放土壤溶液的梯度稀释、涂布平板操作及用显微镜计数的视频。

提出问题:1.简述稀释涂布平板法的操作步骤。

2.与平板划线法相比,为什么稀释涂平板法可以用于细菌的计数?

3.对比稀释涂布平板法和显微镜直接计数的区别。

【学生活动】

阅读教材第17~18页中的相关文字,归纳稀释涂布平板法进行计数的原理、操作步骤。对比稀释涂布平板法和显微镜直接计数的区别。

【设计意图】

通过实验技术的学习,使学生理解稀释涂布平板法的实验步骤。

【评价方式】

学生讨论、回答问题的情况。

任务四:土壤中分解尿素的细菌的分离与计数

【教师活动】

提前布置任务:阅读教材第18~19页"探究·实践"中3个资料,学习小组修正"土壤中分解尿素的细菌的分离与计数"的实验设计方案。

指导学生选择合适的土壤材料进行实验,并将平板置于恒温培养箱中培养。

归纳总结:制备以尿素为唯一氮源的选择培养基是筛选分解尿素的细菌的基础。稀释涂布平板法和显微镜直接计数可以对微生物进行计数。

【学生活动】

阅读教材,讨论实验设计方案,修订方案。根据课前学习,小组进行预实验,选择合适的稀释倍数进行涂布平板,然后将平板置于恒温培养箱中培养。课后设计表格记录实验结果,并交流互评。

【设计意图】

通过修正实验方案,培养学生的科学思维;同时动手实践,培养学生实践操作能力及团队合作精神。在互评的过程中,可以深化学生对实验原理、操作步骤等的认识,同时可以完善各组的设计方案,提升科学探究能力。

【评价方式】

学生实验方案修正的情况、动手实践的情况及交流互评的情况。

【课时板书设计】

微生物的选择培养和计数

```
                        ┌── 选择培养基
                        │
                        │                    ┌── 稀释
                        ├── 微生物的选择培养 ──┤
微生物的选择培养和计数 ──┤                    └── 涂布平板
                        │
                        │                    ┌── 稀释涂布平板法
                        ├── 微生物的数量测定 ──┤
                        │                    └── 显微镜直接计数
                        │
                        └── 土壤中分解尿素的细菌的分离与计数
```

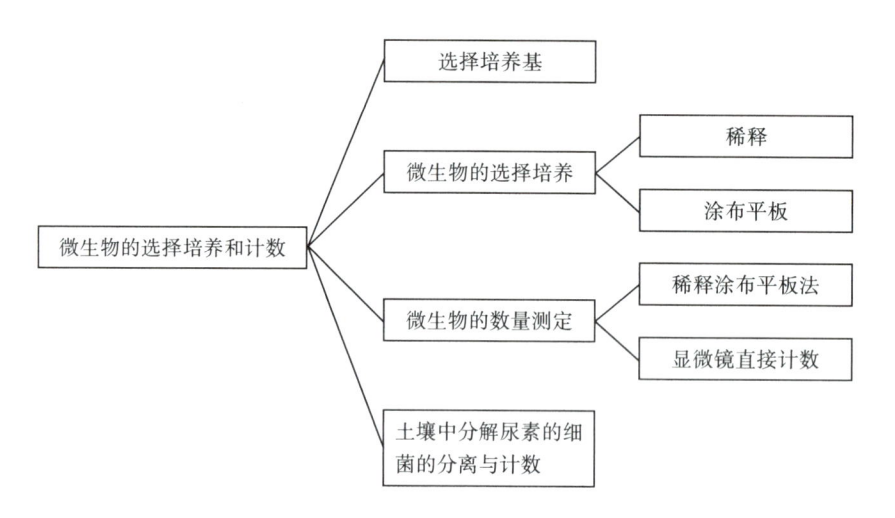

[课后作业设计]

请扫码查看作业及答案

发酵工程及应用　第 7 课时

[学习重难点]

(一)学习重点

发酵工程的基本环节、发酵工程的应用。

(二)学习难点

发酵工程的基本环节。

[课时学习目标]

核心素养	课时学习目标
生命观念	结合生活或生产实例,说出发酵工程及其相关的基本原理。能以系统思想为指导,形成稳态与平衡观、结构与功能适应观、物质与能量观以及生物与环境统一观等生命观念。
科学思维	感悟技术、工程与科学的不同——科学以"发现"为核心,技术以"发明"为核心,工程以"建造"和"产品"为核心;科学理论必须通过发明环节才能转化为技术,有了技术之后还要通过设计等环节的转化才能将其应用到工程中。
科学探究	掌握发酵工程的基本环节。
社会责任	理解生物科学、技术与社会的关系,关注发酵原理如何转化为生产实践,关注发酵技术和发酵工程如何为美好生活添彩。尝试应用发酵原理和发酵技术来解决实践中的问题。

[课时教学过程]

✅ 任务一:创设情境,引入新课

【教师活动】

指导学生阅读教材第22页"从社会中来"中的素材,提出问题:在工业上,青霉素究竟是怎样生产的呢?

归纳总结:发酵工程是指采用现代工程技术手段,利用微生物的某些特定功能,为人类生产有用的产品,或直接把微生物应用于工业生产过程的一种新技术。

【学生活动】

分析情境,讨论问题。

【设计意图】

青霉素的生产成本和价格因为发酵工程的应用而大大降低,引发学生对发酵工程的好奇,进而探讨青霉素的工业生产过程,由此归纳出发酵工程的概念。

【评价方式】

学生自由发言的情况。

任务二：发酵工程的基本环节

【教师活动】

布置任务：联系教材第22~23页的内容，画出发酵工程生产青霉素的流程图。

让学生展示流程图，进行互评。教师进行补充，分析发酵工程基本环：菌种的选育，扩大培养，培养基的配制、灭菌，接种，发酵，产品的分离、提纯等。之后请学生完善流程图。

【学生活动】

阅读课本第22~23页的内容，绘制、完善发酵工程生产青霉素的流程图。

【设计意图】

通过具体实例，让学生深化对生物与环境相适应观点的理解，进而形成选择培养基的概念。

【评价方式】

学生积极回答问题的情况。

【教师活动】

根据教材图1-9，让学生思考讨论以下问题，以小组形式回答，教师进行纠正讲解。

1. 微生物菌种资源丰富，选择发酵工程用的菌种时需要考虑哪些因素？
2. 怎样对发酵条件进行调控以满足微生物的生长需要？
3. 在产物分离和提纯方面，发酵工程与传统发酵技术相比有哪些改进之处？
4. 在进行发酵生产时，排出的气体和废弃培养液等能直接排放到外界环境中吗？为什么？

【学生活动】

小组充分讨论后回答问题。

【设计意图】

在理解发酵工程基本环节的基础上，进行问题探讨，培养学生的知识迁移能力。

【评价方式】

学生积极回答问题的情况。

✓ 任务三：发酵工程的应用

【教师活动】

组织学生阅读教材第24~27页，引导学生与教师一起绘制"发酵工程的应用"思维导图。

【学生活动】

阅读教材24~27页，与教师一起绘制"发酵工程的应用"思维导图。

【设计意图】

在构建思维导图的过程中，让学生体会到发酵工程在食品工业、医药工业和农牧业等许多领域得到了广泛的应用，感悟科技的创新源于生活，也将服务于生活。

【评价方式】

学生构建思维导图的情况。

【课时板书设计】

发酵工程及其应用

```
                                                          获得产品
                                                             ↑
                                                        分离、提纯产物
                                                             ↑
                                                        发酵罐内发酵
                                                             ↑
                    发酵工程的基本环节 ── 选育菌种 → 扩大培养 → 接种 ← 灭菌 ← 配制培养基
发酵工程及
其应用
                                                 在食品工业上的应用
                    发酵工程的应用 ──┬── 在医药工业上的应用
                                    ├── 在农牧业上的应用
                                    └── 在其他方面的应用
```

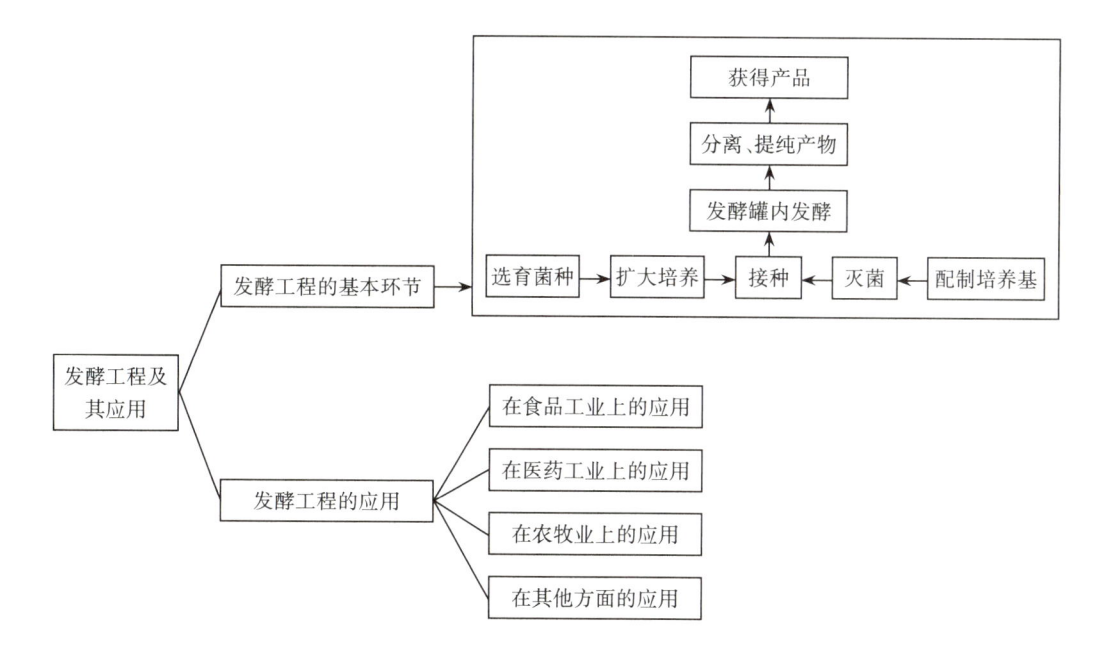

[课后作业设计]

请扫码查看作业及答案

第2单元

细胞工程

一、单元主题及解读

单元主题：细胞工程技术的"职业生涯"

"细胞工程"是属于选择性必修3第2章的内容。本单元内容主要包括"植物细胞工程""动物细胞工程""胚胎工程"三个方面。本单元内容侧重引导学生运用生命观念来理解细胞工程及其相关技术的原理，解决生物技术和工程的问题；侧重引导学生运用科学思维、技术思维、工程思维对相关议题进行讨论和交流；侧重通过细胞工程技术解决生产、环境保护、人类健康等问题。通过本单元学习，引导学生建立技术改变生活的观念，并通过伦理问题的讨论，认识理性运用生物技术的重要性。

本单元内容可以以学生的职业发展需求为主题，通过对职业的认识到技术的要求，形成技术改变生活的观念，从而引导学生的职业生涯发展和规划。

对本单元内容进行教学时，需注意以下几个方面：1.注重知识内容的有效衔接。本单元内容需要相关模块作为基础，比如必修1模块中，细胞的结构和功能、细胞的分化和全能性；必修2模块中，哺乳动物减数分裂形成精子和卵细胞的过程、受精作用；选择性必修1模块中，人体内环境和免疫。这些知识都是学习本单元的基础。同时，本单元内容又是其他生物技术的基础，比如基因工程中受体细胞的培养和筛选需要依靠动物细胞培养技术、转基因技术获得的胚胎需要胚胎移植才能获得后代。所以学好本单元内容是继续深入细胞工程学习的基础。2.从学生的生活经验入手，激发学习兴趣和求知欲望。本单元涉及的技术较多，虽然较微观和抽象，但是有些术语需让学生有所了解，如试管苗、克隆、试管婴儿、借腹怀胎等。所以在教学时，可以尝试从已知的生活经验入手。3.注重利用教材、视频等资源帮助学生建构相关技术的操作过程和流程图。本单元内容的大部分技术手段难以在高中实验室展开，比较微观、抽象,需要借助多种资源进行教学。4.在有条件的情况下,尽可能利用实验室现有资源组织学生体验相关技术的操作过程。

学生通过体验菊花的植物组织培养、调查紫杉醇规模化生产的途径、分析单克隆抗体的制备过程等活动,形成科学生活和健康生活的观念。

学生通过对哺乳动物的受精作用和胚胎早期发育规律的认识,调查脐带血干细胞在临床上的应用价值及使用情况等活动,能进一步深刻地认识生命的发展过程,知道生命的来之不易,形成珍爱生命的观念。通过辩论生殖性克隆和治疗性克隆,探讨试管婴儿的应用价值等活动,形成珍爱生命、敬畏生命的观念。

学生通过实践活动送给女神的会发光的"手指植物"、制作"细胞培养师"职业调研小报、设计使野驴"复生"的可行性方案、调查重庆妇幼保健院的"试管婴儿"等活动,能够体验生物专业的职业生涯并规划自身的职业生涯。

二、单元概念关系图

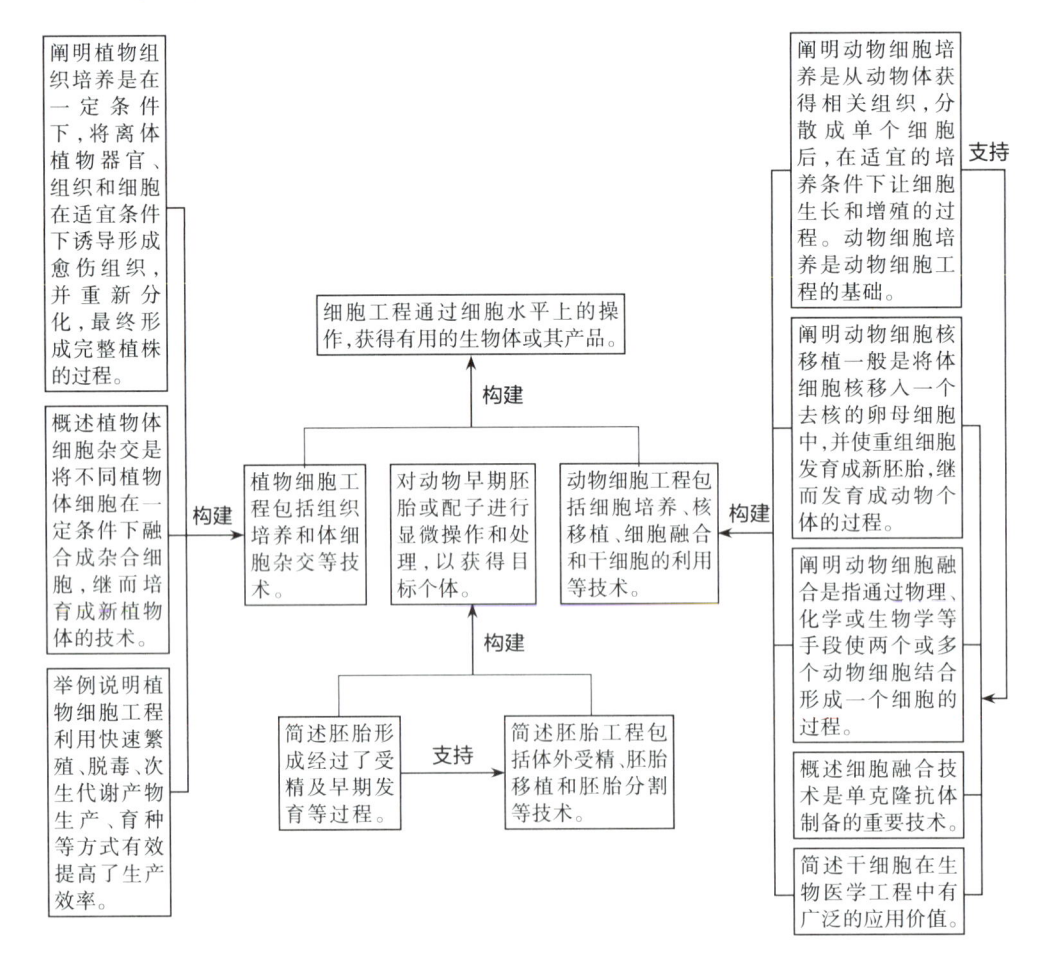

三、单元导航图

核心素养	学习目标	关键问题	学习任务	课时
生命观念	通过植物细胞工程、动物细胞工程、胚胎工程相关常用技术工程和原理的学习,认同生命的物质属性、结构与功能观、稳态与平衡观等生命观念。	植物细胞工程技术的理论基础是什么? 什么是植物组织培养技术和植物体细胞杂交技术? 植物细胞工程在生产实践中有哪些应用? 植物细胞工程应用于生产实践的主要优势是什么? 怎样进行菊花的组织培养?	任务1:概述植物细胞工程技术的理论基础和具体步骤。 任务2:阐明植物细胞工程技术在实践中的应用。	第1、2、3课时
科学思维	针对人类生产或生活的某一需求,在细胞工程等生物工程中选取恰当的技术和方法,尝试提出初步的工程学构想,进行简单的设计和制作。	动物细胞培养需要哪些基本条件? 动物细胞培养的基本操作过程是什么? 单克隆抗体制备的基本流程是什么? 什么是动物细胞融合技术? 什么是动物细胞核移植技术? 动物体细胞核移植的基本过程是什么?	任务3:概述动物细胞工程技术的理论基础和具体步骤。	第4、5、6课时
科学探究	通过探究尝试运用植物组织培养技术培育菊花或其他植物幼苗的实践活动,培养科学探究思维。	怎样客观分析干细胞在临床上的应用所产生的效益与风险? 体细胞核移植技术的应用前景有哪些?怎样理性看待细胞核移植技术存在的问题? 使野驴"复生"的可行方案有哪些? 单克隆抗体在临床上有哪些应用?	任务4:阐明动物细胞工程技术在实践中的应用。	
社会责任	基于证据运用细胞工程基本原理和概念,对干细胞、克隆动物和胚胎分割等日常生活或社会热点话题、生物技术与工程安全与伦理问题表明自己的观点并展开讨论。	胚胎形成经过了哪些过程? 受精和早期胚胎发育的基本过程是怎样的? 胚胎工程技术主要包括哪些内容?它们的原理分别是什么? 胚胎工程在生产实践中有哪些用途? 人工繁育北方白犀牛运用了哪些现代生物技术?	任务5:简述受精作用及早期胚胎发育的过程和特点。 任务6:简述胚胎工程的技术手段及其在实践中的应用。	第7课时 第8课时

四、任务活动和课时设计

课时	任务	活动
第1、2、3课时	任务1：概述植物细胞工程技术的理论基础和具体步骤。	活动1-1：讨论获得大量紫杉醇的途径。 活动1-2：体验植物组织培养的操作。 活动1-3：归纳、总结植物体细胞杂交的过程
	任务2：阐明植物细胞工程技术在实践中的应用。	活动2-1：进一步探讨获取紫杉醇的合适途径。 活动2-2：讨论快速繁殖兰花的优点和缺点。 活动2-3：比较脱毒草莓和未脱毒草莓的品质差异。 活动2-4：设计培育作物品种。
第4、5、6课时	任务3：概述动物细胞工程技术的理论基础和具体步骤。	活动3-1：分析讨论皮肤移植的皮肤来源、优点和缺点。 活动3-2：讨论动物细胞培养的条件。 活动3-3：归纳、总结动物细胞培养的过程。 活动3-4：分享干细胞在医学方面的应用和问题。
	任务4：阐明动物细胞工程技术在实践中的应用。	活动4-1：讨论常用抗体的缺点。 活动4-2：建构单克隆抗体的形成过程。 活动4-3：分享交流单克隆抗体在临床上的应用。 活动4-4：回忆克隆羊的形成过程，建构细胞核移植概念。 活动4-5：深度学习克隆动物的具体技术。 活动4-6：搜集关于克隆羊早衰的证据。 活动4-7：辩论人生殖性克隆的可行性。
第7课时	任务5：简述受精作用及早期胚胎发育的过程和特点。	活动5-1：阅读受精过程资料，完善受精过程图示，尝试进行受精过程配音解说。 活动5-2：阅读胚胎早期发育的资料，观看视频，总结胚胎发育的过程和特点。
第8课时	任务6：简述胚胎工程的技术手段及其在实践中的应用。	活动6-1：结合教材图示，了解体外受精过程。 活动6-2：结合问题阅读教材，小组讨论总结胚胎移植技术。 活动6-3：观看胚胎分割视频，总结胚胎分割技术特点。

五、单元作业设计

课时	评价目标	作业类型	核心素养	学业质量水平
第1课时	简述植物组织培养原理和过程；体验植物组织培养的操作，观察脱分化和再分化的过程；能设计简单的探究实验方案并尝试实施。	课堂作业（口头表述） 课后作业（书面习题、实验报告和手工制作）	生命观念1 科学思维2 科学探究3	1-1 2-2 3-2

续表

课时	评价目标	作业类型	核心素养	学业质量水平
第2课时	概述植物体细胞杂交技术的原理和过程。	课堂作业（口头表述）课后作业（书面习题）	生命观念1 科学思维2	1-1 2-2
第3课时	举例说出微型繁殖、脱毒苗、单倍体育种、突变体培育、细胞产物生产等产品的技术原理和优点。	课堂作业（口头表述）课后作业（书面习题和调查报告）	生命观念1 科学思维2 社会责任4	1-1 2-1 4-2
第4课时	阐明动物细胞培养的原理、条件和过程。简述干细胞在医学中的应用。	课前作业（资料收集）课堂作业（口头表述）课后作业（书面习题和调查小报）	生命观念1 科学思维2 社会责任4	1-4 2-2 4-2
第5课时	分析单克隆抗体制备的过程；理解单克隆抗体技术推动医学治疗的作用。	课前作业（资料收集）课堂作业（口头表述）课后作业（书面习题）	生命观念1 科学思维2 社会责任4	1-4 2-2 4-2
第6课时	分析体细胞克隆动物的过程及技术手段；简述细胞核移植在生活实践中的应用；能对生殖性克隆和治疗性克隆作出科学性判断。	课前作业（资料收集）课堂作业（口头表述）课后作业（书面习题和方案设计）	生命观念1 科学思维2 社会责任4	1-4 2-2 4-1
第7课时	简述胚胎工程的理论基础。	课堂作业（口头表述）课后作业（基础训练和方案设计）	生命观念1 科学思维2	1-4 2-2
第8课时	简述胚胎工程技术及其应用。	课堂作业（口头表述）课后作业（思维导图和调查报告）	科学思维2 科学探究3 社会责任4	2-4 3-3 4-3

六、课时教学设计

植物细胞工程 第1、2、3课时

[学习重难点]

（一）学习重点

1.植物组织培养的原理和过程。

2.植物体细胞杂交技术的原理和过程。

3.植物细胞工程应用的实例。

（二）学习难点

植物组织培养的实验。

[课时学习目标]

核心素养	课时学习目标
生命观念	能结合生活或生产实例，说出植物细胞工程的相关原理；能以生命观念为指导，解释微型繁殖、脱毒苗、单倍体育种、突变体培育、细胞产物生产等产品的技术原理。
科学思维	面对日常生活或社会热点中与植物细胞工程相关的话题，能基于证据运用生物学基本概念和原理进行分析论证，举例说明植物细胞工程的原理及其与社会的关系，并能运用科学思维等方法展开讨论、审视和论证。
科学探究	能针对人类生产或生活的某一需求，在植物细胞工程中选取恰当的技术方法，初步尝试设计、实施方案，并能运用科学术语报告实验结果。
社会责任	关注植物细胞工程的进展及其在实践中的应用，并能对热点议题表明自己的观点并展开讨论，形成敬畏生命的观念。

[课时教学过程]

任务一：创设情境

【教师活动】

红豆杉树皮中的紫杉醇在治疗乳腺癌、卵巢癌等癌症方面具有显著疗效，但红豆杉在植物界中很稀有，可以通过怎样的方式得到大量的紫杉醇呢？

图片展示各种组织培养的成果。

【学生活动】

根据问题情境进行思考并回答问题,评价方案的可行性和优缺点。观察图片,认同组培红豆杉的思路和技术是可行的。

【设计意图】

体会问题来源日常生活和生产,并尝试运用生物学知识提出可行性方案解决问题。

【评价方式】

学生提出解决问题的方案并相互评价方案的可行性。

任务二:植物组织培养的原理

【教师活动】

引导学生阅读教材,思考以下问题。

1. 什么是植物组织培养?
2. 植物组织培养的原理是什么?
3. 为什么细胞具有全能性?
4. 为什么要离体?除了离体要得到完整植株还需要什么条件?

【学生活动】

阅读教材,并利用已有的知识回答问题。了解植物组织培养的原理是细胞全能性,并初步体会全能性的表现是需要一定的条件。

【设计意图】

利用已有知识解答问题,帮助学生理解植物组织培养的原理。

【评价方式】

学生回答问题的准确性。

任务三:体验植物组织培养的操作

【教师活动】

引导学生阅读教材第35页的内容并作答:请用文字和箭头总结植物组织培养的

基本过程。

让学生准备实验材料和器具,在正式实验前做预实验。

指导学生按照实验方案完成实验操作,并观察记录实验现象。

【学生活动】

1.阅读教材并解答问题。

2.按照实验方案进行操作:

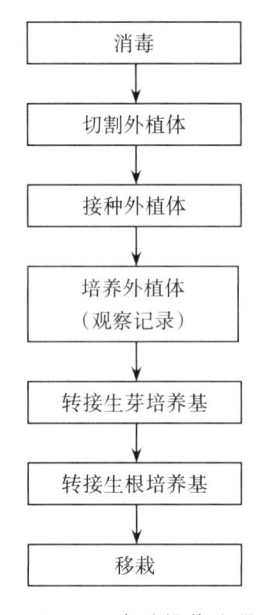

```
消毒
  ↓
切割外植体
  ↓
接种外植体
  ↓
培养外植体
（观察记录）
  ↓
转接生芽培养基
  ↓
转接生根培养基
  ↓
移栽
```

图 3-2-1 实验操作流程

3.观察记录实验现象,完成探究实验报告册。

【设计意图】

通过建构概念图,帮助学生初步认识植物组织培养的基本流程。

学生按照实验步骤体验植物组织培养的操作,提高实践能力,并在实践中学会与他人合作。

【评价方式】

学生动手的实践情况以及与他人合作的情况。

任务四：分享交流

【教师活动】

提出问题：1.为什么需要无菌条件？有哪些具体操作是为了保证无菌条件的？

2.整个过程使用到了哪几种培养基，分别有什么作用？这可能与培养基中的什么物质有关？

3.外植体插入培养基时为什么要保持形态学上端朝上？

4.分析外植体被污染的原因是什么？

5.分析诱导芽、根形成失败的原因是什么？

6.移栽的试管苗不能正常生长的原因可能是什么？

【学生活动】

完成以上问题的探究，形成实验报告，进行分享交流。

【设计意图】

通过问题形式，探究实验以激发学生的学习兴趣，记录实验结果，并进行分析，培养学生的观察能力和分析能力。

【评价方式】

学生回答问题的准确性。

任务五：归纳总结植物组织培养的条件

【教师活动】

提出问题：根据植物组织培养的操作过程，请总结植物组织培养成功的条件有哪些？

【学生活动】

思考并回答问题，相互补充完善。

【设计意图】

通过学生的总结、思辨讨论，构建植物组织培养的条件。

【评价方式】

学生的归纳、总结能力。

任务六：植物体细胞杂交技术

【教师活动】

提出问题：1.从细胞水平出发，想要获取番茄—马铃薯植株（想象图），你能想到什么方法吗？

2.为什么不能将番茄和马铃薯进行有性杂交？

【学生活动】

思考并回答问题。

【设计意图】

充分发挥学生的想象力来解决问题，面对没能达到预期目标的情况，运用科学思维方法展开探讨。

【评价方式】

学生回答问题的情况。

【教师活动】

组织学生阅读教材第37~38页，回答以下问题。

1.细胞融合的原理是什么？

2.如何解决两种不同植物细胞融合的问题？

3.促进植物细胞融合的方法有哪些？细胞融合的标志是什么？

4.杂种细胞要获得杂种植株可以利用什么技术？

归纳总结：植物体细胞杂交的过程。

提出问题：植物体细胞杂交的意义是什么？

请尝试分析：番茄—马铃薯植株为什么没有地上结番茄、地下长土豆？

【学生活动】

根据问题引导进行有针对性的思考回答，并建构植物体细胞杂交过程。

【设计意图】

以实际生产问题为导向,运用已有生物学知识解决问题,从而理解植物体细胞杂交的原理、过程和意义。

【评价方式】

学生回答问题、逻辑推理及语言表述的情况。

任务七:创设情境

【教师活动】

提出问题:通过组织培养得到红豆杉幼苗后,我们知道长成红豆杉的生长期较长,如果直接从红豆杉提取紫杉醇又会破坏植物资源,那应该怎么办呢?

【学生活动】

思考并回答问题。

【设计意图】

从植物细胞工程最初提出的问题情境"紫杉醇的获取"入手,进一步思考如何更好地解决问题,从而提出通过培养植物细胞获得相应产物的思路。

【评价方式】

学生的创新性回答情况。

任务八:讨论交流

【教师活动】

展示细胞工厂化生产人参皂苷的视频。

提出问题:从人参皂苷的工厂化生产中,紫杉醇的获取可以给我们什么启示?

图片展示细胞工厂化生产的一些实例。

【学生活动】

1. 观看视频,尝试提出解决问题的新思路。
2. 观看图片,理解细胞工厂化生产的可行性。

【设计意图】

运用已知的生物学知识解决新问题。

【评价方式】

学生解决问题的方式。

任务九:植物繁殖的新途径

【教师活动】

展示兰花视频。

提出问题:很多人喜欢兰花,但是兰花繁殖率低,价格昂贵,如何才能实现大量繁殖,降低价格呢?

思考:快速繁殖利用的技术是什么?优点和缺点是什么?

【学生活动】

提出解决问题的方法,思考并解答问题。

【设计意图】

运用已知的生物学知识解决问题。

【评价方式】

学生回答问题的情况。

任务十:作物脱毒

【教师活动】

图片展示:脱毒草莓和未脱毒草莓的品质。

引导学生阅读教材第40页,回答以下问题。

1. 为什么草莓容易感染病毒?
2. 脱毒苗如何获得?

图片展示其他脱毒作物。

【学生活动】

观察图片,阅读教材回答问题。

【设计意图】

引导学生阅读教材,了解脱毒作物的获得。

【评价方式】

学生回答问题的准确性。

任务十一:作物品种的培育

【教师活动】

根据材料进行分组,设计培育作物品种。

方案1:获得高产抗倒伏小麦品种的方法。

方案2:获得抗盐碱小麦品种的方法。

组织学生讨论分析方法的优、缺点,从而根据实际情况作出合理的选择。

【学生活动】

分组讨论,相互评价方案,从而选择合适的方法。

【设计意图】

从学生的生物学知识出发,设计简单、合理的方案培育品种。

【评价方式】

学生方案的科学性和合理性。

【课时板书设计】

植物细胞工程

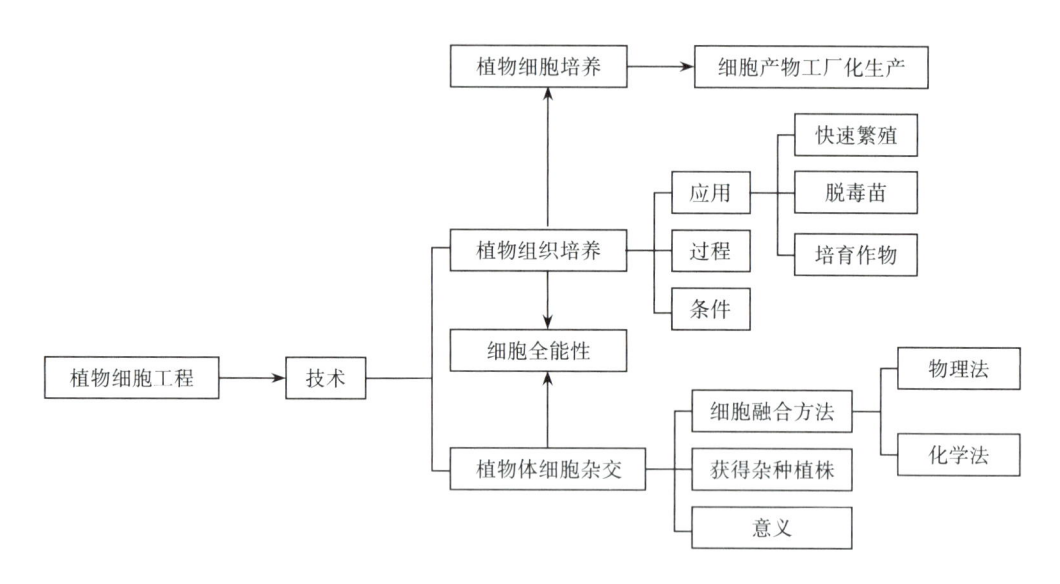

```
植物细胞工程 → 技术 ┬→ 植物细胞培养 → 细胞产物工厂化生产
                  │        ↑↓
                  ├→ 植物组织培养 ┬→ 应用 ┬→ 快速繁殖
                  │              │       ├→ 脱毒苗
                  │              │       └→ 培育作物
                  │              ├→ 过程
                  │              └→ 条件
                  │        ↑↓
                  ├→ 细胞全能性
                  │        ↑↓
                  └→ 植物体细胞杂交 ┬→ 细胞融合方法 ┬→ 物理法
                                   │                └→ 化学法
                                   ├→ 获得杂种植株
                                   └→ 意义
```

[课时作业设计]

请扫码查看作业及答案

动物细胞工程　第 4、5、6 课时

[学习重难点]

(一)学习重点

1. 动物细胞培养的基本条件和过程。

2. 干细胞在医学上的应用。

3. 动物细胞融合的基本技术和单克隆抗体的制备和应用。

4. 动物体细胞核移植技术克隆动物的基本过程。

(二)学习难点

1. 单克隆抗体的制备过程。

2.用动物体细胞核移植技术克隆动物的基本过程。

[课时学习目标]

核心素养	课时学习目标
生命观念	能结合生活或生产实例,说出和解释动物细胞工程技术的相关原理。
科学思维	面对日常生活或社会热点中与动物细胞工程相关的话题,能基于证据运用生物学基本概念和原理进行分析论证,认识动物细胞工程技术对农牧、食品及医药等行业的影响。
科学探究	能针对人类生产或生活的某一需求,在动物细胞工程中选取恰当的技术方法,初步尝试设计、实施方案,并能运用科学术语报告实验结果。
社会责任	关注动物细胞工程的进展及其在实践中的应用,关注治疗性克隆与克隆人对环境、生物多样性等影响的讨论,并能阐述自己的观点,形成禁止克隆人、敬畏生命的观念。

[课时教学过程]

✅ 任务一:创设情境

【教师活动】

情境:消防队员因为救火导致皮肤烧伤,为什么需要皮肤移植?移植的皮肤从哪里来呢?

提出问题:1.为什么不能选用他人的皮肤?

2.自体皮肤移植的优点、缺点分别是什么?

3.如何能有效解决自体皮肤移植的这些问题呢?

播放人造皮肤视频,引导学生概括动物细胞培养的概念和原理。

【学生活动】

学生思考讨论,运用已有的生物学知识回答问题,概括动物细胞培养的概念。

【设计意图】

从生活实践中遇到的问题出发,引导学生利用生物科学技术解决问题。

【评价方式】

学生积极思考、回答问题的情况。

任务二:讨论交流

【教师活动】

思考:动物细胞如何进行培养呢?

阅读教材第43~44页,引导学生回答以下问题。

1.动物细胞培养本质上是细胞在体外生长和增殖,根据体内动物细胞需要的生存条件,分析体外动物细胞培养需要哪些条件?

2.动物细胞培养的培养基应该还有哪些营养物质?从物理性质分析的类型一般是什么?为什么?与植物组织培养的培养基相比成分有何差异?

3.为保证细胞在无菌、无毒的环境中生存,需要哪些操作?

4.培养液需要定期更换的目的是什么?

5.CO_2培养箱的气体成分是什么?分别有什么作用?

【学生活动】

根据内环境的相关知识,分析体外培养动物细胞的条件,并通过阅读教材,回答相关问题。

【设计意图】

引导学生根据所学知识进行类比,从而促进对新知识的理解。

【评价方式】

学生回答问题的积极性及准确性。

任务三:概念建构

【教师活动】

要求学生根据动物细胞培养的概念,初步构建动物细胞培养的基本过程。

引导学生阅读教材第44~45页,思考并回答以下问题。

1.幼龄动物的细胞与老龄动物的细胞,分化程度低的细胞与分化程度高的细胞相比较,哪种细胞更易于培养?为什么?

2.为什么要将组织分散成单个细胞?使用了什么方法?这说明细胞间的物质主要是什么?能用胃蛋白酶将组织分散成单个细胞吗?为什么?

3.体外培养的动物细胞可以分为哪两类？哪种类型是主要的？

4.动物细胞培养一段时间后，为什么细胞分裂受阻？为了让细胞继续增殖，可以怎么办？

5.传代培养时，如何从原代培养的培养瓶中获得细胞？

6.归纳、梳理动物细胞培养的流程图。（分组完成）

7.动物细胞培养和植物组织培养的异同点是什么？

【学生活动】

阅读教材,回答问题。对动物细胞培养的过程进行自主建构流程图并将其完善。

【设计意图】

学生通过自主建构,结合教材对相关过程进行理性思考,从而达到深化理解知识的目的,以提升学生的科学思维能力。

【评价方式】

学生在小组活动中的参与度和积极性,构建概念模型图的具体情况,以及回答问题的逻辑思维和正确率。

任务四：干细胞的培养及其应用

【教师活动】

课前让学生根据以下问题,搜集相关资料。

1.干细胞在医学上有哪些应用？

2.细胞用于临床治疗可能存在什么问题？

课堂组织学生进行汇报。引导学生阅读教材第46~47页,回答以下问题。

1.什么是干细胞？有哪些类型？它们有什么区别？

2.如何诱导获得iPS细胞？它与胚胎干细胞相比较有哪些优势？

【学生活动】

搜集整理资料、分享交流。阅读教材回答问题。

【设计意图】

通过问题探讨和课前搜集资料,让学生理性看待并合理运用生物技术,强化社会责任意识。

【评价方式】

学生语言表述的准确性和汇报的积极性。

任务五：概念建构

【教师活动】

引导学生阅读教材第48~49页,分组讨论以下问题。

1.如果要从小白鼠体内获取产生该抗体的B细胞,需要对小鼠做何处理?

2.从小鼠体内能获得该种B细胞吗?因此还需要做何处理?你觉得应该如何检测?

3.获得的这些B细胞能产生大量的抗体吗?为什么?

4.什么细胞具有无限增殖的能力?

5.可以尝试运用什么生物技术获得一种既能产生该种抗体,又能无限增殖的细胞呢?

6.科学家在患有病毒感染的人体内发现多核细胞,从中可以得到什么启示?

7.将骨髓瘤细胞与选择出的B细胞融合后,得到的一定是杂交瘤细胞吗?因此需要作何处理?

8.现在得到的杂交瘤细胞有什么特点?

组织学生分组汇报:单克隆抗体的产生流程。

【学生活动】

学生分组根据问题进行讨论,并尝试自主构建单克隆抗体的生产过程,再分组进行展示和评价。

【设计意图】

引导学生利用已有的知识解决新问题,使其自发设计解决问题的方案。

【评价方式】

学生方案的准确性和合理性。

✅ 任务六:讨论交流,质疑分析

【教师活动】

展示科学家单克隆抗体的产生过程图片。

提出问题:1.请将我们通过逻辑分析得到的过程与科学家的方案进行比较,差异在哪里?谁更科学?为什么?

2.在科学家的方案中,最后为了获得相应的杂交瘤细胞进行了几次选择?每次选择的目的是什么?如何进行选择?

【学生活动】

根据前面讨论的方案与科学家的方案进行优化设计,建构单克隆抗体的产生流程。

【设计意图】

通过方案的比较分析,将自身的思维与科学家的思维进行碰撞,发展学生的批判性思维。

【评价方式】

学生批判性思维的逻辑性。

✅ 任务七:归纳总结

【教师活动】

提出问题:1.诱导动物细胞融合的方法有哪些?

2.动物细胞融合与植物体细胞杂交技术进行比较,两者的主要区别是什么?

3.扩大培养可以采用的方法是?

4.根据单克隆抗体的制备过程分析单克隆抗体和一般抗体相比的优点是什么?

【学生活动】

根据问题串,思考并回答。

【设计意图】

通过问题完善单克隆抗体在制备过程中的细节问题。

【评价方式】

学生回答问题的情况和参与活动的积极性。

任务八:单克隆抗体的应用

【教师活动】

组织学生阅读教材第50页的资料,回答以下问题。

1.ADC的抗体和药物各具有什么作用?

2.除了细胞毒素,还有哪些物质理论上也可以作为ADC偶联的药物?

3.单克隆抗体诊断试剂盒和ADC在临床应用上各具有什么优势?

搜集资料并制作手抄报:单克隆抗体在临床上的应用。

【学生活动】

阅读资料,回答问题,并制作手抄报进行展示。

【设计意图】

通过资料分析、手抄报制作,了解单克隆抗体的实践价值,从而认同科技改变生活的理念。

【评价方式】

学生回答问题的准确性及手抄报的质量情况。

任务九:回顾旧知,建构新知

【教师活动】

播放视频:《克隆人》电影片段。

提出问题:1.克隆人的科幻想法是因为克隆技术的日趋成熟,回忆:克隆羊多利的产生过程。

2.克隆羊用到了什么技术?

提出细胞核移植技术的概念。

思考:通过核移植,最后成功培育出完整的动物个体,这说明细胞核具有什么特点?

【学生活动】

回顾克隆羊的形成过程并构建核移植的知识框架。

【设计意图】

通过回顾旧知识,尝试构建新知识。

【评价方式】

学生表述的准确性。

✓ 任务十:讨论交流

【教师活动】

克隆羊技术的发展为我们保持并获得优良品种提供了可能。

展示克隆高产奶牛的流程图,组织学生回答以下问题。

1. 供核体细胞和卵母细胞的来源是什么?

2. 卵母细胞在体外培养到什么时期才将体细胞的核移植到卵母细胞?

3. 在将体细胞的核移植到卵母细胞前,为什么必须先对卵细胞进行去核操作?

4. 在操作时,注入卵母细胞的是供体细胞还是其细胞核?这其实是什么技术?不直接进行细胞核注入,可能是什么原因?

5. 激活重构胚的目的和方法是什么?

6. 克隆牛是对体细胞供体动物进行了100%的复制吗?为什么?

7. 哺乳动物核移植分为哪两类?哪类更难?为什么?为什么非人灵长类动物体细胞核移植更难?

展示图片2018年体细胞克隆猴"中中"和"华华"。

【学生活动】

阅读教材,思考并回答问题。

【设计意图】

通过问题引导学生思考,进一步深入学习克隆技术。

【评价方式】

学生回答问题的准确性。

任务十一:分享交流

【教师活动】

课前布置:细胞核移植技术的应用(分组按不同角度汇报)。

组织学生汇报。

创设情境:多利只活了7岁,但普通绵羊寿命是12岁左右。

提出问题:克隆动物是否会引发早衰呢?

提出两种观点,请各个小组分别根据搜集的资料,寻找支持各方观点的证据。

辩论活动:人类是否可以进行生殖性克隆?

【学生活动】

分组汇报核移植技术的广泛应用,搜集资料,提供支持观点的证据,开展辩论活动。

【设计意图】

以问题为导向,让学生运用科学思维分析操作背后的原理,深化对技术流程的认识;学生搜集证据支持观点,培养学生科学思维;通过对人类生殖性克隆的辩论,形成敬畏生命的观念。

【评价方式】

学生回答问题的情况,汇报、辩论和分享交流成果的情况。

【课时板书设计】

动物细胞工程

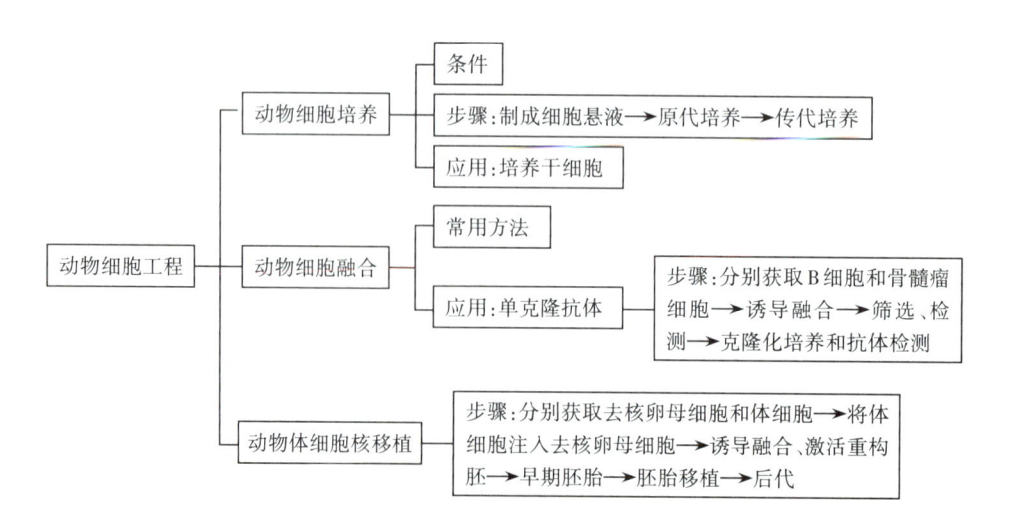

动物细胞工程
- 动物细胞培养
  - 条件
  - 步骤:制成细胞悬液→原代培养→传代培养
  - 应用:培养干细胞
- 动物细胞融合
  - 常用方法
  - 应用:单克隆抗体
    - 步骤:分别获取B细胞和骨髓瘤细胞→诱导融合→筛选、检测→克隆化培养和抗体检测
- 动物体细胞核移植
  - 步骤:分别获取去核卵母细胞和体细胞→将体细胞注入去核卵母细胞→诱导融合、激活重构胚→早期胚胎→胚胎移植→后代

[课时作业设计]

请扫码查看作业及答案

● 胚胎工程的理论基础　第7课时

[学习重难点]

(一)学习重点

1.受精的基本过程。

2.胚胎早期发育的基本过程。

(二)学习难点

在受精过程中精子和卵子的生理变化。

[课时学习目标]

核心素养	课时学习目标
生命观念	通过比较精子、卵子的结构特点,分析其功能的特征,形成结构与功能相适应的生命观念。
科学思维	通过分析精子和卵子的结合过程,发展科学思维。
科学探究	通过构建试管婴儿培育方案,提高科学探究能力。
社会责任	通过关注社会人口与试管婴儿议题,形成敬畏生命的观念,正确认识科技伦理问题。

[课时学习过程]

✅ 任务一:创设情境,引入新课

【教师活动】

展示新闻:夫妇为获得一个自己的孩子,多年来为做试管婴儿奔走。

资料:试管婴儿就是合并体外受精和胚胎移植技术两个名称的简称,是指采用人工方法让卵细胞和精子在体外受精,并进行早期胚胎发育,然后移植到母体子宫内发育而诞生的婴儿。

思考:1.什么是试管婴儿呢?

2.试管婴儿用到了什么胚胎工程技术?你觉得成功的关键是什么?

【学生活动】

思考并回答问题。

【设计意图】

用贴近生活的例子,激发学生学习兴趣,引出胚胎工程的概念。

【评价方式】

学生积极参与思考及回答问题的情况。

任务二:了解受精过程

【教师活动】

展示精子和卵细胞结构图及相关资料,引导思考。

资料:在自然条件下,哺乳动物的受精是在输卵管内完成的。科学研究发现,刚刚排出的精子不能立即与卵子结合受精;动物排出的卵子成熟程度不同,可能是初级卵母细胞,也可能是次级卵母细胞,他们需要成熟后才具备受精的能力。

思考:1.精子由哪几部分组成?推测其结构特点与功能有什么联系?

2.卵细胞由哪几部分结构组成?推测其结构与功能有什么联系?

3.推测体外受精操作时,要对精子和卵母细胞进行什么处理?

【学生活动】

思考并回答问题。

【设计意图】

通过图文结合的方式引导学生思考,了解精子和卵细胞的基本结构,推测其结构与功能相适应的特点。

【评价方式】

学生说出相关知识要点的情况。

【教师活动】

引导学生阅读教材第57页受精过程,思考回答下列问题。

1.受精时,精子会依次穿过哪些结构?

2.防止多精入卵的屏障有哪些?

3.精子入卵后,精子和卵子发生了什么变化?

4.结合以上过程,完成受精过程图示。

【学生活动】

阅读教材,思考并回答问题。

【设计意图】

通过自主学习,了解受精过程。

【评价方式】

学生结合教材回答问题和完成流程图的情况。

【教师活动】

播放受精作用过程视频,引导学生尝试配音解说。

【学生活动】

尝试配音。

【设计意图】

学生能够运用所学,在生动有趣的配音活动中加以应用强化。

【评价方式】

学生结合视频完成配音的情况。

任务三:了解胚胎早期发育

【教师活动】

播放胚胎发育过程视频。组织学生阅读教材第58页,思考回答以下问题。

1.早期胚胎发育的场所在哪里?

2.卵裂期胚胎总体积变化是怎样的?有机物总量变化是怎样的?有机物种类的变化是怎样的?

3.囊胚阶段内细胞团会发育成什么？滋养层细胞将来会发育成什么？

4.什么是孵化？孵化的意义是什么？

【学生活动】

观看视频,阅读教材。

【设计意图】

通过视频动画和自主学习,了解胚胎发育过程。

【评价方式】

学生回答问题的情况。

【教师活动】

让学生阅读教材第59页"思考·讨论"栏目的资料,回答讨论中的问题。

【学生活动】

分析资料,回答问题。

【设计意图】

通过资料分析,总结不同动物受精卵发育的特点。

【评价方式】

学生根据表格总结规律,回答相应问题的情况。

【课时板书设计】

胚胎工程的理论基础

```
                    ┌── 概念
                    │
                    │              ┌── 受精前的准备
胚胎工程的理论基础 ──┼── 受精 ──────┤
                    │              └── 受精的过程
                    │
                    │   胚胎早期     ┌── 胚胎早期发育过程
                    └── 发育过程 ────┤
                        及特点       └── 胚胎早期发育特点
```

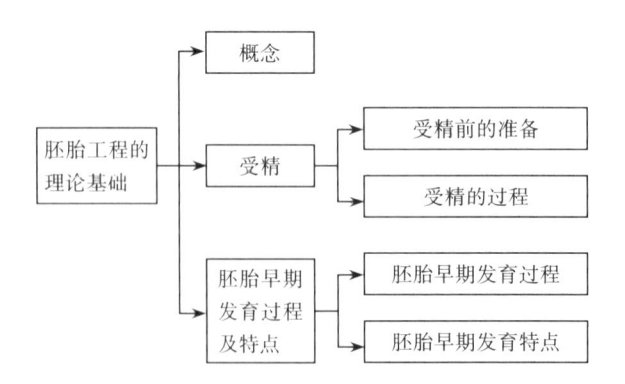

[课时作业设计]

请扫码查看作业及答案

胚胎工程技术及其应用　第8课时

[课时学习重难点]

(一)学习重点

1.胚胎工程的主要技术及原理。

2.胚胎工程在生产实践中的应用。

(二)教学难点

在胚胎工程中胚胎移植的生理学基础和基本操作步骤。

[课时学习目标]

主题学习目标	课时学习任务
生命观念	通过推测胚胎发育条件,厘清胚胎移植过程,明确其实质。
科学思维	通过对同卵双生双胞胎的发育推测,了解胚胎分割技术,构建胚胎工程思维导图,发展科学思维。
科学探究	尝试撰写试管婴儿和代孕现象的调查报告,培养科学探究能力。
社会责任	通过对胚胎工程技术应用的关注和了解,能够辩证看待科技伦理问题。

[课时教学过程]

任务一:创设情境,导入新课

【教师活动】

引导学生设计并分享试管婴儿培育方案。

【学生活动】

展示设计的方案。

【设计意图】

通过设计、展示方案,培养学生的科学思维能力和表达交流能力,引入胚胎工程技术。

【评价方式】

学生设计方案、交流分享的情况。

任务二:体外受精

【教师活动】

展示教材第60页图2-22哺乳动物体外受精过程示意图,结合哺乳动物受精的规律,讲授相应的技术操作环节。介绍试管婴儿体外受精的技术要求。

【学生活动】

听讲解,学习技术流程和应用。

【设计意图】

厘清体外受精的基本过程。

【评价方式】

学生积极思考,回答问题的情况。

任务三:胚胎移植

【教师活动】

过渡:完成体外受精之后,受精卵可以在培养液中直接发育为胎儿吗?

组织学生阅读教材第61~62页,小组讨论以下问题。

1.胚胎移植包括哪些步骤?

2.供体和受体的选择标准是什么?什么是供体和受体?

3.在胚胎移植中,如何处理供体母牛和受体母牛,使其同期发情?其意义是什么?

4.如何获得胚胎?

5.为什么要对受体母牛进行妊娠检查?

6.胚胎移植后,经受体孕育的后代,其遗传特性与供体还是受体保持一致？为什么?

7.推测牛胚胎移植技术与试管婴儿中胚胎移植技术有什么不同?

【学生活动】

推测胚胎发育条件,表达交流,厘清胚胎移植操作流程,明确胚胎移植的实质。

【设计意图】

小组合作,开阔视野、拓宽思路,培养团队合作意识。

【评价方式】

学生积极参与小组讨论,以小组为单位进行交流,解决胚胎移植问题的情况。

任务四:胚胎分割

【教师活动】

展示同卵双生双胞胎照片,组织学生阅读教材第62~63页,思考并回答下列问题。

1.1个受精卵只能发育成1个个体吗?

2.从理论角度分析,在试管婴儿技术中获得同卵双生双胞胎的操作方法是什么呢?

【学生活动】

思考并回答问题。

【设计意图】

沿用试管婴儿案例,启发思考同卵双生中胚胎分割技术的应用。

【评价方式】

学生积极回答问题的情况。

【教师活动】

讲授胚胎分割的概念、价值和发展简史,播放胚胎分割的视频,引导学生关注操作环节和注意事项。

思考1.胚胎分割后能发育为完整个体的理论基础是什么?

2.胚胎分割的最佳分割时期是什么时候?

3.胚胎分割需要用到的设备、工具和方法是什么?

4.胚胎分割操作的注意要点是什么?分割后的胚胎去向如何?有什么局限性?

【学生活动】

观看视频,思考问题并作答。

【设计意图】

引导学生思考问题,视频实证,直观地了解胚胎操作技术。

【评价方式】

学生回答问题的情况。

【教师活动】

小结本节课内容,让学生小组讨论构建本节学习内容的思维导图。

【学生活动】

小组讨论,合作形成思维导图。

【设计意图】

学生通过合作,梳理所学内容,构建知识网络。

【评价方式】

学生形成关于胚胎工程的思维导图初稿构建情况。

【课时板书设计】

胚胎工程技术与其应用

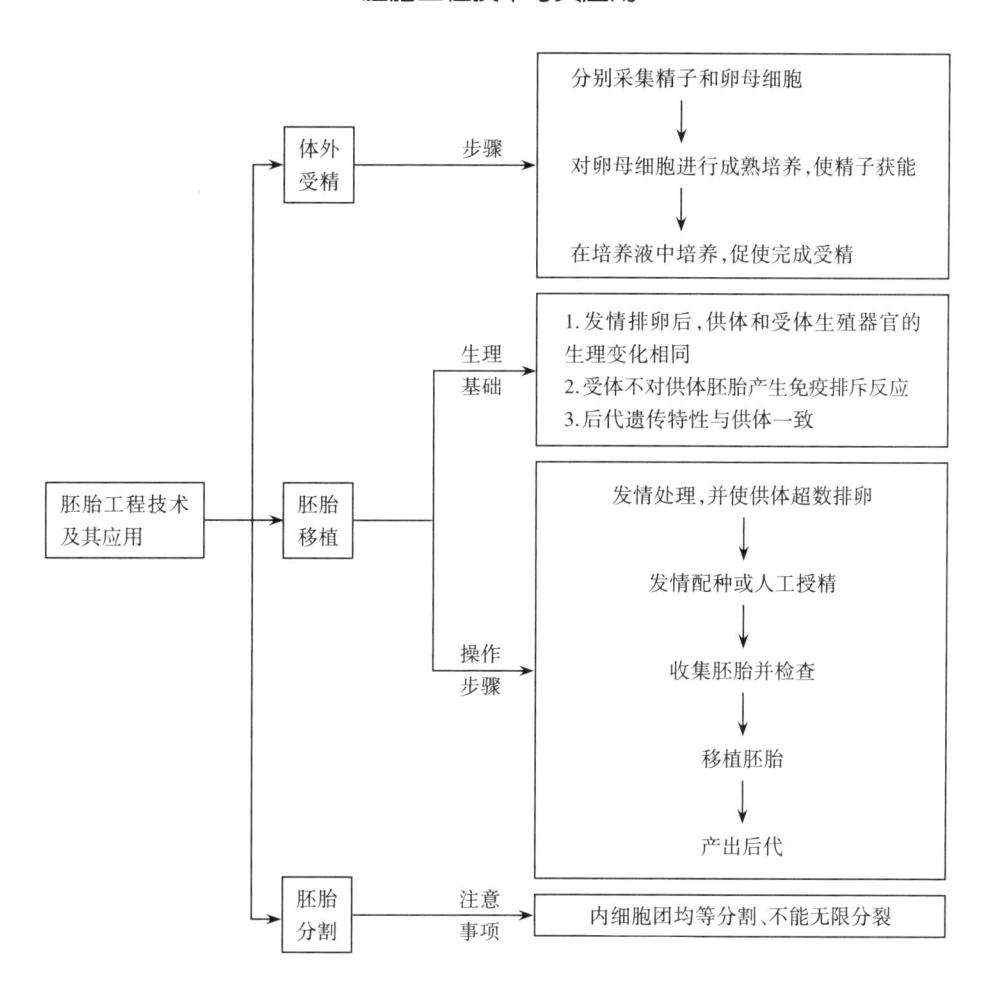

```
                                    ┌─ 分别采集精子和卵母细胞
                          ┌─ 体外 ──步骤── 对卵母细胞进行成熟培养,使精子获能
                          │  受精           │
                          │                 └─ 在培养液中培养,促使完成受精
                          │
                          │              ┌─ 1.发情排卵后,供体和受体生殖器官的
                          │              │     生理变化相同
                          │     ┌─生理基础─ 2.受体不对供体胚胎产生免疫排斥反应
                          │     │        └─ 3.后代遗传特性与供体一致
  胚胎工程技术 ─── 胚胎移植 ─┤
  及其应用                  │              ┌─ 发情处理,并使供体超数排卵
                          │              │         ↓
                          │              │     发情配种或人工授精
                          │     └─操作步骤─         ↓
                          │                    收集胚胎并检查
                          │                       ↓
                          │                    移植胚胎
                          │                       ↓
                          │                    产出后代
                          │
                          └─ 胚胎 ──注意事项── 内细胞团均等分割、不能无限分裂
                             分割
```

[课时作业设计]

一、基础过关

完善本节内容思维导图。

二、拓展训练

查阅文献资料,形成关于试管婴儿培育或代孕技术的调查报告,开展报告分享会。

第3单元 基因工程

一、单元主题及解读

单元主题：改造基因的工程师

基因工程是利用重组技术，在体外通过人工"剪切"和"拼接"等方法，对各种生物的基因进行改造和重新组合，然后导入微生物或真核细胞内，使重组基因在细胞内表达，产生出人类需要的基因产物，或者改造、创造出具有新特性的生物类型。这个过程就好比是工程师在建立新事物，所以基因工程就像改造基因的工程师。

基因工程诞生于20世纪70年代，当今以它为核心的生物技术和相关产业已经成为许多国家研究发展的重点，也是国际科技竞争和经济竞争的热点。通过基因工程生产的产品也早就融入了我们生活的方方面面。本单元以"改造基因的工程师"为主题，引导学生深入了解基因工程的基本原理和技术流程，了解基因工程在农业、医药卫生、食品工业等方面的应用及其发展前景，以及基因工程的延伸——蛋白质工程。

学生通过学习，可以了解基础理论研究和技术进步在基因工程各环节中的巨大作用，从而更好地掌握基因工程的原理和技术，并通过了解基因工程在实践中的很多应用，对未来蛋白质工程前景充满希望。在教学的过程中，通过采用形象直观的多媒体等资源，以问题串的方式引导学生，让学生形成整体性思维的习惯；初步学会运用DNA重组技术的知识，模拟制作重组DNA的模型，试图让学生运用工程学原理，提出解决具体问题的方案；通过设计培育基因抗冻番茄的方案等，提高学生收集资料、处理资料等综合实践的能力。希望通过这些知识的学习，能够拓宽学生的科技视野，提高学生对生物科学技术的兴趣，为学生以后的生涯规划提供一个选择。

二、单元概念关系图

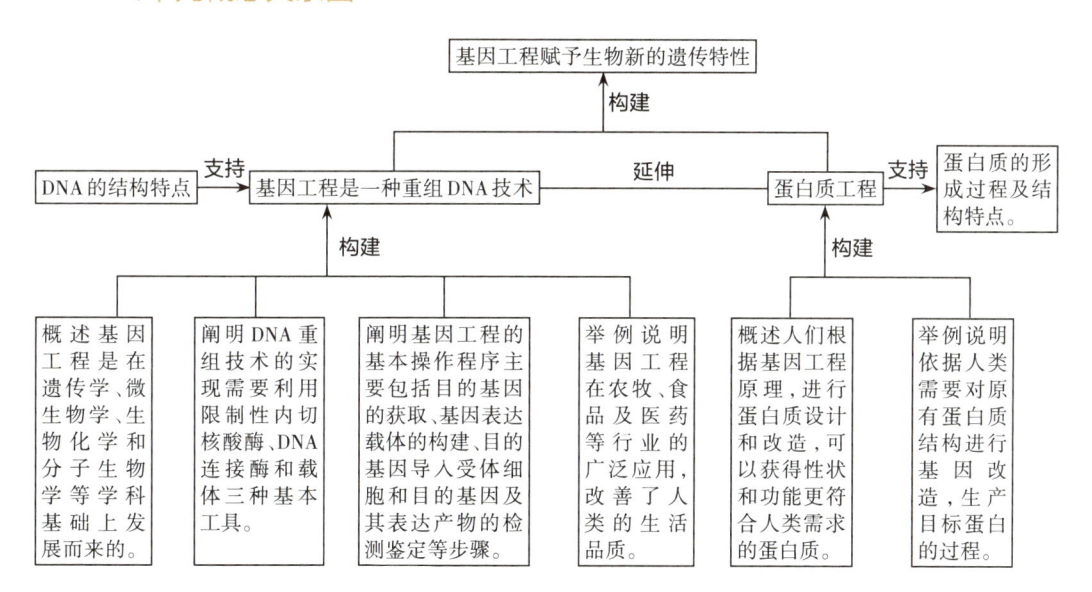

```
                              基因工程赋予生物新的遗传特性
                                        ↑ 构建
                    ┌───────────────────┴───────────────────┐
   支持            支持                   延伸                    支持
DNA的结构特点 ──→ 基因工程是一种重组DNA技术 ──────→ 蛋白质工程 ──→ 蛋白质的形成过程及结构特点。
                    │ 构建                              │ 构建
        ┌───────┬───┴───┬────────┐              ┌──────┴──────┐
```

- 概述基因工程是在遗传学、微生物学、生物化学和分子生物学等学科基础上发展而来的。
- 阐明DNA重组技术的实现需要利用限制性内切核酸酶、DNA连接酶和载体三种基本工具。
- 阐明基因工程的基本操作程序主要包括目的基因的获取、基因表达载体的构建、目的基因导入受体细胞和目的基因及其表达产物的检测鉴定等步骤。
- 举例说明基因工程在农牧、食品及医药等行业的广泛应用,改善了人类的生活品质。
- 概述人们根据基因工程原理,进行蛋白质设计和改造,可以获得性状和功能更符合人类需求的蛋白质。
- 举例说明依据人类需要对原有蛋白质结构进行基因改造,生产目标蛋白的过程。

寻"三生"之秘 解"单元"之码

三、单元导航图

核心素养	学习目标	关键问题	学习任务	课时
生命观念	在理解基因工程原理的基础上，形成细胞遗传物质的结构和功能观等生命观念，并能用结构和功能观解决基因工程中的问题。	重组DNA技术所需的三种基本工具是什么？它们的作用分别是什么？	任务1：分析基因工程的理论基础。	第1课时
		基因工程载体需要具备什么条件？	任务2：认识基因工程实现需要的"分子工具"。	第2课时
科学思维	基于基因工程的原理和过程，运用归纳、推理等科学思维方法，设计DNA重组的实验方案，并通过实验获得DNA重组分子。	基因工程的基本操作程序主要包括哪几个步骤？	任务3：学习培育转基因抗虫棉的基本步骤。	第3课时
科学探究	针对基因工程的应用，通过实验、讨论、交流等综合实践活动，培养学生善思、善辩的科学态度。	基因工程操作的每一步涉及的技术和方法有哪些？	任务4：学习基因工程涉及的其他技术和方法。	第4课时
		基因工程的应用有哪些？	任务5：分析资料，建构新知，了解基因工程的应用，学以致用。	第5课时
社会责任	利用国际上重大科技成果素材，开阔学生的视野，增强学生奋发图强的紧迫感；利用国内重大科技成果的素材，培养学生自强不息的民族自豪感。关注基因工程的发展，认同基因工程的应用，扩宽学生生涯规划的选择面。	蛋白质工程的基本原理是什么？		
		蛋白质工程有哪些实际的应用？	任务6：讨论改造天然胰岛素分子，归纳蛋白质工程的基本思路，概括蛋白质工程的概念。	第6课时

四、任务活动和课时设计

课时	任务	活动
第1课时	任务1：分析基因工程的理论基础。	活动1：阅读资料，了解基因工程的发展历程，分析基因工程的理论基础。
第2课时	任务2：认识基因工程实现需要的"分子工具"。	活动2-1：模拟制作活动，模拟限制酶、DNA连接酶的作用。 活动2-2：探究、实践"DNA的粗提取与鉴定"。
第3课时	任务3：学习培育转基因抗虫棉的基本步骤。	活动3-1：分析资料，提炼目的基因的获取方法。 活动3-2：观察图片，认识基因工程表达载体的各个组成部分及其功能。 活动3-3：阅读文献，了解花粉管通道法的原理和操作过程。 活动3-4：认识目的基因的检测与鉴定可以从蛋白质等分子水平检测，也可以从个体水平检测。
第4课时	任务4：学习基因工程涉及的其他技术和方法。	活动4-1：回顾所学知识，设计培育转基因抗冻番茄的方案，并展示。 活动4-2：回顾DNA复制过程，推出PCR反应需要提供模板、引物、4种脱氧核苷酸、DNA聚合酶等。 活动4-3：阅读资料，了解农杆菌转化法的原理和操作流程。
第5课时	任务5：分析资料，建构新知，了解基因工程的应用，学以致用。	活动5-1：调查身边的基因工程产品。 活动5-2：阅读梳理教材内容，整理转基因技术在农业、医药、食品工业等的重要贡献。 活动5-3：绘制用基因工程技术获得乳腺生物反应器的流程图。 活动5-4：比较传统食品工业与基因食品工程，进一步体会基因工程在生产生活中的作用。 活动5-5：思考、讨论、设计将固氮菌的固氮基因导入水稻细胞中的方案。
第6课时	任务6：讨论改造天然胰岛素分子，归纳蛋白质工程的基本思路，概括蛋白质工程的概念。	活动6-1：阅读资料，讨论如何改造胰岛素的特定基因，实现对28位氨基酸的替换。 活动6-2：展望蛋白质工程的发展前景，了解蛋白质工程发展的现状。 活动6-3：归纳、总结蛋白质工程概念及基本流程。

五、单元作业设计

课时	评价目标	作业类型	核心素养	学业质量水平
第1课时	通过阅读资料，分析基因工程的理论基础。	课堂作业（口头表述和模型构建） 课后作业（书面表述和总结归纳）	科学思维2 科学探究3 社会责任2	2-2 3-2
第2课时	通过模型制作活动，掌握限制酶、DNA连接酶的作用；通过选择不同材料对其DNA进行提取，并比较不同材料的提取效果，从而掌握DNA粗提取的实验步骤。	课堂作业（学生进行实验） 课后作业（书面作业）	科学思维3 科学探究2	3-2 4-1
第3课时	通过阅读资料与课本，经小组讨论后，能够掌握培育转基因抗虫棉的基本步骤。	课堂作业（分组讨论和组织语言描述） 课后作业（书面表达）	科学思维2 科学探究2	1-2 2-2
第4课时	通过阅读课本和相关资料，掌握基因工程涉及的其他技术和方法。	课堂作业（分组讨论和组织语言描述） 课后作业（书面表达）	科学思维2 科学探究2	1-2 2-3
第5课时	通过查阅资料，建构新知识，了解基因工程的应用，学以致用。	课堂作业（构建知识网络） 课后作业（查阅资料和书面表述）	科学思维3 社会责任2	2-4 2-3
第6课时	通过阅读资料，能够总结归纳蛋白质工程的基本思路，概括蛋白质工程的概念。	课堂作业（分组讨论和语言表达） 课后作业（书面表达）	科学思维2 社会责任3	3-2 4-3

六、课时教学设计

重组DNA技术的基本工具 第1课时

[学习重难点]

(一)学习重点

1.重组DNA技术所需要的三种基本工具及其作用。

2.基因工程载体需要具备的条件。

(二)学习难点

重组DNA技术所需要的三种基本工具及其作用。

[课时学习目标]

核心素养	课时学习目标
生命观念	结合生活与生产实例,说出基因工程的基本原理、所需工具及其作用,形成结构与功能相适应的观念。
科学思维	通过模拟制作活动,能够准确阐明限制酶、DNA连接酶和载体的作用,提高分析问题、解决问题的能力。
科学探究	通过卡纸进行重组DNA分子模型的构建,在小组合作动手操作中深刻感知重组DNA技术三种基本工具的具体作用,在动手操作中体验知识生成的过程,更好地发挥学生的能动性。
社会责任	通过了解基因工程的发展历程,理解基因工程的诞生和发展离不开多个学科的理论研究和技术创新。

[课时教学过程]

任务一:学习了解基因工程的概念及理论基础

【教师活动】

我国是棉花的生产和消费大国。棉花在种植过程中,常常会受到棉铃虫的侵袭,这会使棉花大量减产。大量施用农药不仅会提高生产成本,还可能造成农产品和环境的污染。如果能培育出自身能抵抗棉铃虫的棉花就能解决这个问题。棉花本身不具有"杀虫基因",而苏云金杆菌有一种"杀虫基因",它能通过编码产生抗虫蛋白来杀死棉铃虫。

提出问题:能否将苏云金杆菌的"杀虫基因"导入棉花细胞,使棉花自身产生抗虫蛋白来抵抗棉铃虫呢?并依据你所学的遗传学知识阐明理由。

【学生活动】

联系学过的知识,思考并回答问题。

【设计意图】

引导学生分析基因工程的理论基础,不仅有助于学生理解基因工程的概念,而且能让学生感受到理论研究的价值。

【评价方式】

教师利用提问的形式,检测学生对以往知识的理解情况。

✓ 任务二:基因工程需要用到的分子工具

【教师活动】

教师介绍番木瓜容易受番木瓜环斑病毒的侵袭。当番木瓜被这种病毒感染后,产量会大大下降。科学家通过精心设计,用"分子工具"培育出了转基因番木瓜,它可以抵御番木瓜环斑病毒。

提出问题:基因工程是在 DNA 分子水平上进行设计和施工的,那么,科学家究竟用到了哪些"分子工具"?

展示教材第 70 页图 3-1 重组 DNA 技术所需要的三种基本工具示意图,让学生分析这三种工具的作用。

【学生活动】

讨论、回答问题,初步认识重组 DNA 技术必需的三种分子工具的作用。

【设计意图】

用学生都比较熟悉的木瓜创设情境,引出对基因工程所需"分子工具"的介绍,激发学生的学习兴趣。借助教材中的示意图直观呈现三种工具的作用,帮助学生理解微观、抽象的知识。

【评价方式】

学生总结教材内容,回答问题的情况。

✓ 任务三:限制性内切核酸酶——"分子手术刀"

【教师活动】

引导学生回顾必修 2 中噬菌体侵染大肠杆菌的实验,提出问题:细菌等单细胞生物容易受到外源 DNA 的入侵,而这类原核生物却长期进化而不灭绝,它们有何保护机制? 部分学生能说出:可能存在某种酶能切割外源 DNA 使之失效,达到保护自身的目的,这种酶就是限制性核酸内切酶(简称"限制酶")。

接着引导学生提出质疑:为什么限制酶不剪切原核生物自身的DNA?这体现限制酶具有怎样的特点?你如何理解"限制"一词?教师简单介绍限制酶的主要来源、作用特性、作用对象和作用结果等。

了解限制酶的特点和作用后,引导学生开展"剪一剪"和"拼一拼"活动。材料准备:剪刀(模拟 *EcoR* I 限制酶,其识别序列为—GAATTC—,并在G—A之间"切割")、红色卡纸带(模拟含有萤光素酶基因的DNA长链)、白色卡纸环(模拟质粒)、透明胶条(模拟DNA连接酶)。

活动1:"剪一剪"。任务:选择合适的工具,将萤光素酶基因"切割"下来。

活动2:"拼一拼"。任务:选择合适的工具"切割"质粒,并与萤光素酶基因"拼接",完成重组DNA分子的构建。

【学生活动】

讨论、回答问题。小组合作选择合适的工具进行"剪一剪""拼一拼",构建重组DNA分子,最后将得到的重组DNA分子在实物展台投影,一人展示,一人解说,其他小组学生踊跃评价并提出不足和完善方案。

【设计意图】

模型是一种重要的认知手段和思维方式,在构建模型过程中,学生需仔细观察目的基因所在的DNA序列和质粒序列,分析限制酶切割位点和DNA连接酶连接位点,将抽象的知识具体化、形象化,通过模型构建实现科学思维和学习行为的统一,不断提高探究能力和科学思维品质。

【评价方式】

学生回答问题的情况,活动的参与度和积极性。

✅ 任务四:DNA连接酶——"分子的缝合针"

【教师活动】

教师引导学生进行批判性思考:在实际操作的反应体系中,得到的是否都是所需要的重组DNA片段?如何解决目的基因的自身环化和片段的任意连接呢?

【学生活动】

学生将构建的重组DNA模型全部拆开,将全班的DNA片段在不透明的箱子里充分混合均匀,每组学生分别从中随机抽取出一个或者几个片段并用DNA连接酶进行连接,有相同黏性末端的可以连接,发展出多种多样的产物。通过小组合作,学生进一步讨论,集思广益,得出可以用双酶切的方式避免片段的任意连接,即用不同的限制酶分别切割目的基因和质粒,以形成不同的末端。

【设计意图】

学生通过彩色卡纸带、剪刀、透明胶条等材料模拟基因的剪切、拼接的具体过程,在制作过程中主动发现基因片段会出现任意连接的问题,发现问题后解决问题。学生自主发现问题更能调动学生强烈兴趣,从而主动进行分析,得到答案。

【评价方式】

学生参与小组活动,进行合理分工、分析总结、发现问题并解决问题的情况。

✅ 任务五:基因进入受体细胞的载体——"分子运输车"

【教师活动】

列举事例:1.人造卫星无法自行飞到太空中,火箭却可以,人们把人造卫星和火箭绑定,结果太空中有了人造卫星。

2.噬菌体侵染大肠杆菌时,能将其DNA注入大肠杆菌。

3.土壤农杆菌侵染植物时,能将其质粒带入植物细胞。

思考:如何将目的基因导入受体细胞呢?

引导学生概括出运载体的种类,解决上述问题后,设计逻辑性强、有层次的问题串引导学生思考、讨论。

1.运载体需要具备什么条件才能在受体细胞中自我复制?

2.运载体需要具备什么条件才能被限制酶识别和切割?

3.为什么通常人们采用大肠杆菌体内的质粒作为载体,而不采用霍乱弧杆菌中的质粒呢?

4.如何判断目的基因是否导入了受体细胞?

【学生活动】

各个学习小组合作探究,讨论以上问题,相互补充、完善答案。在学生明确以上问题后通过教材概括出载体必须具备的条件,厘清它们之间的逻辑关系,深化对知识的理解。

【设计意图】

运载体的种类和载体必须具备的条件是教学的难点,针对这一难点,通过采用类比推理的方法,深入浅出地帮助学生理解抽象复杂的知识,然后以问题串的形式,引导学生层层递进地掌握主干知识。

【评价方式】

学生回答问题的情况,思考及语言表述的情况。

【课时板书设计】

重组DNA技术的基本工具

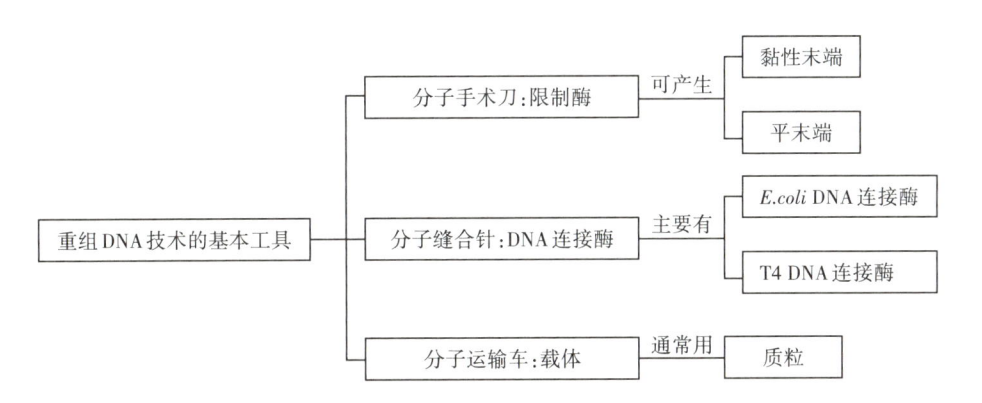

```
                        ┌─ 分子手术刀:限制酶 ──可产生──┬─ 黏性末端
                        │                              └─ 平末端
重组DNA技术的基本工具 ──┼─ 分子缝合针:DNA连接酶 ─主要有─┬─ E.coli DNA连接酶
                        │                                └─ T4 DNA连接酶
                        └─ 分子运输车:载体 ──通常用── 质粒
```

[课时作业设计]

请扫码查看作业及答案

DNA 的粗提取和鉴定　第 2 课时

[学习重难点]

(一)学习重点

1. 了解 DNA 的物理和化学性质,理解 DNA 粗提取和鉴定的原理。

2. 学会 DNA 粗提取的方法以及用二苯胺试剂对 DNA 进行鉴定。

(二)学习难点

DNA 粗提取的方法。

[课时学习目标]

核心素养	课时学习目标
生命观念	掌握 DNA 的结构及其功能,理解结构与功能相适应的生命观念。
科学思维	通过查阅资料和比较迁移,选择不同实验材料和方法,对原有实验进行改进,培养学生创造性思维和批判性思维。
科学探究	自主设计实验方案,对实验器具、方法提出改进方案,自主查阅资料设计实验并实施探究实验,培养自主合作的科学探究素养;小组分工合作,比较和分析不同提取方法对 DNA 提取量和纯度的影响,领悟"设计实验、交流讨论"等科学探究方法。
社会责任	体会科学研究的艰辛和成功的乐趣,初步养成求实、创新及勇于探究的科学精神和态度。

[课时教学过程]

任务一:情境导入,激发兴趣

【教师活动】

思考:有一个"宝贝回家"的民间公益组织,如果亲人相认,必须要进行的一个程序是什么? 我们如何解决这个问题?

【学生活动】

讨论并回答问题:DNA 提取和鉴定。

【设计意图】

通过真实情境创设问题,激发学生探究的兴趣,引入新课。

【评价方式】

学生对社会问题的关注程度及语言表达能力的情况。

✅ 任务二：设计实验方案

【教师活动】

提出问题：1.要进行DNA鉴定，那么需要把DNA提取出来，DNA主要分布在细胞中的哪些位置？

2.你打算用哪种材料提取DNA呢？（花菜、猪肝、哺乳动物的红细胞、洋葱、菠菜）

3.确定了实验材料，你将怎样完成实验？请兴趣小组学生结合课前预实验，介绍预实验的流程和结果。

4.请其他学生提出疑问和困惑之处。

【学生活动】

思考并回答问题。

【设计意图】

通过问题，层层递进引出实验材料和设计思路，安排学生课前进行预实验活动，让学生发现问题，培养学生自主学习的能力。

【评价方式】

学生对问题的分析、思考情况。

✅ 任务三：获取DNA滤液

【教师活动】

提出问题：1.为何动物细胞加入蒸馏水后会破裂？怎样加速细胞破裂？

2.怎样破裂植物细胞？如果研磨不充分，可能导致怎样的实验结果？

3.在实验过程中的变量如何控制？

引导学生设计实验方案、总结与归纳，并提醒学生实验中的注意事项。

【学生活动】

探讨并回答问题：为研磨充分，采用搅拌机研磨，可以加快研磨速度且效果特别明显。如果研磨不充分最后得到的DNA含量比较少,则鉴定时颜色不明显。

【设计意图】

设置问题情境,让学生在阅读中思考,在思考中质疑,提高学生设计实验和实验操作的能力。

【评价方式】

学生回答问题及表达自己观点的情况。

✓ 任务四:去除滤液中杂质及DNA鉴定

【教师活动】

提出问题:1.过滤后的滤液中可能含有哪些物质?

2.滤液中加入的酒精为什么要预冷处理?

3.为什么要用玻璃棒搅拌?用其他材质的棒子可以吗?

引导学生分析如何去除DNA中的杂质,得出DNA提纯的原理。提出以下问题。

1.DNA是什么样的?怎么确定得到的就是DNA呢?

2.如何鉴定DNA,如何让大家对你的鉴定结果信服?

【学生活动】

学生通过思考讨论得出结论:(1)滤液中含有核蛋白、多糖和RNA等物质。(2)加入冷酒精可以抑制核酸水解酶的活性防止DNA降解,降低分子运动,易形成沉淀析出,低温还有利于增加DNA分子柔韧性,减少断裂。(3)玻璃比较容易吸收DNA,所以用玻璃棒搅拌、吸附DNA。(4)在一定温度下,DNA遇到二苯胺试剂会呈现蓝色,因此二苯胺试剂可以作为鉴定DNA的试剂。

【设计意图】

通过教师讲解原理、学生设计和进行实验操作,加深学生对原理的理解和记忆。

【评价方式】

学生进行观察、记录并总结得到各个问题答案的情况。

任务五：实验结果评价

【教师活动】

我们用不同的材料对DNA进行了粗提取和鉴定，你采用了哪种材料，用到了什么方法，效果怎么样？各小组代表向大家进行简要的总结。

【学生活动】

小组代表进行自评，其他学生进行互评，确定DNA提取的最佳方法。

【设计意图】

通过小组合作，对实验结果进行总结，生生互评，培养学生分析实验现象及得出实验结果的能力。

【评价方式】

学生的探究实验及语言表达的情况。

【课时板书设计】

DNA粗提取与鉴定

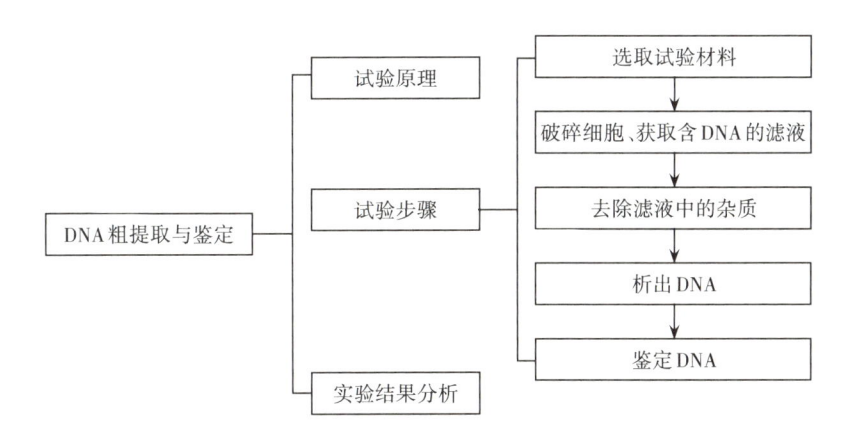

DNA粗提取与鉴定
- 试验原理
- 试验步骤
  - 选取试验材料
  - 破碎细胞、获取含DNA的滤液
  - 去除滤液中的杂质
  - 析出DNA
  - 鉴定DNA
- 实验结果分析

[课时作业设计]

请扫码查看作业及答案

基因工程的基本操作程序　第3、4课时

[学习重难点]

(一)学习重点

1.基因工程的基本操作程序主要包含的步骤。

2.基因工程操作的每一步涉及的技术和方法。

(二)学习难点

基因工程操作每一步涉及的技术和方法。

[课时学习目标]

核心素养	课时学习目标
生命观念	通过逐步分析基因工程每一步操作的必要性以及操作的对象、方法和原理,理解结构与功能相适应的生命观念。
科学思维	通过利用已有知识来进行判断、推理,如根据DNA复制的相关知识,推导出PCR反应需要的条件等,从而促进理性思维能力的发展,避免"死记硬背"。
科学探究	通过针对人类生产或生活中的某一需求,要求能选取适当的基因工程技术和方法,设计获得某一转基因产品的方案并就其中的某些问题展开探究,从而提升科学探究能力。
社会责任	面对日常生活或社会热点中与基因工程有关的话题时,能基于基因工程的基本原理和操作流程,表达自己的观点;认同基因工程给我们的生产、生活带来的正面影响,同时能理性对待基因工程技术及其产物。

[课时教学过程]

任务一:情境导入,激发兴趣

【教师活动】

创设转基因抗虫棉的产生背景和推广应用情况的情境,并利用这一情境,提出问题:你知道转基因抗虫棉的抗虫机理是什么吗？培育转基因抗虫棉一般需要哪些步骤?

【学生活动】

学生通过回忆思考回答:培育转基因抗虫棉主要的四个步骤是目的基因的筛选与获取、基因表达载体的构建、将目的基因导入受体细胞、目的基因的检测与鉴定。

【设计意图】

转基因抗虫棉是我国科学家自主取得的重大科技成果。了解相关知识背景能增强学生的民族自豪感和自信心,教师提出的问题又可以启迪学生思维,激发他们的求知欲。

【评价方式】

学生回答转基因抗虫棉抗虫机理的情况。

✓ 任务二:目的基因的筛选

【教师活动】

基因工程概念中"更符合人们需要"的那个基因就是目的基因,只有有了目的基因,我们才能赋予一种生物以另一种生物的遗传特性,所以基因工程操作的第一个环节就是目的基因的获取。

思考:到底什么是目的基因呢?

请阅读教材第76~77页内容,思考以下问题:转基因抗虫棉的目的基因是什么?是怎样被筛选出来的?明确了目的基因后,该怎样获得目的基因呢?

【学生活动】

学生阅读教材了解到苏云金杆菌通过产生苏云金杆菌伴孢晶体蛋白(Bt 抗虫蛋白),破坏鳞翅目昆虫的消化系统来杀死棉铃虫。在浩瀚的"基因海洋"中找到所需要的目的基因往往不容易,在培育转基因抗虫棉之前,科学家不仅掌握了 Bt 基因的序列信息,也对 Bt 基因的表达产物——Bt 抗虫蛋白有了较为深入的了解。因此,Bt 基因是培育转基因抗虫棉较为合适的目的基因。

【设计意图】

通过具体的实例使学生对目的基因有一个具体的认识,把抽象的知识直观化,便于学生理解。

【评价方式】

通过阅读教材回答问题,考查学生归纳、总结的能力。

任务三：利用PCR获取和扩增目的基因

【教师活动】

先让学生回顾之前学习过的DNA复制的相关知识，引导学生讨论、演绎推理PCR反应需要的条件；然后再结合教材中的PCR反应过程示意图，引导学生对其原理进行一步一步深入分析；最后，通过一个可以在网上进行虚拟PCR实验的网站，让学生亲自尝试PCR的实验操作。

【学生活动】

学生通过阅读教材和观看教师提供的资料，知道了PCR是一项根据DNA半保留复制的原理，在体外提供参与DNA复制的各种组分与反应条件，对目的基因的核苷酸序列进行大量复制的技术。因此，DNA复制所需的条件为：耐高温的解旋酶、DNA母链、4种脱氧核苷酸、DNA聚合酶及引物。每次循环一般可以分为变性、复性和延伸三个步骤，由于延伸后得到产物又可以作为下一个循环的模板，因而每一次循环后目的基因的量可以增加一倍，即成指数形式扩增。

【设计意图】

以培育转基因抗虫棉的情境贯穿基因工程操作程序的教学，这样有助于引导学生联系真实的情境去发现问题、探究问题。教师引导学生一起讨论、推出PCR反应的条件，有助于学生理解知识。教师借助图片，分析讲解PCR原理，将抽象文字转化为具体图像，在一定程度上降低了学习的难度。教师让学生亲自操作交互式的虚拟实验，不仅丰富了课堂教学，让课堂灵活起来，还可以使每个学生都有操作的机会，充分调动了学生学习积极性，并能帮助学生进一步掌握PCR技术。

【评价方式】

学生回答问题的情况，精确语言表述自己观点的情况。

任务四：基因表达载体的构建

【教师活动】

讲解：获取了足够量的 *Bt* 基因后，下一步就是要让基因在受体细胞中稳定存在，并且遗传给下一代；同时，使 *Bt* 基因能够表达和发挥作用，这就需要构建基因表达载体。组织学生阅读教材第80页的内容,回答以下问题。

1.将生物的所有DNA直接导入受体细胞不是更简便吗?如果这么做,效果会怎样?

2.作为基因工程表达载体,只需要含有目的基因就可以完成任务了吗?

3.为什么要有"表达载体"的构建这一步骤?

4.一个基因表达载体由哪些结构组成?

5.什么是启动子、终止子?他们的作用是什么?

6.标记基因的作用是什么?

【学生活动】

通过阅读课本,教师引导回答问题。

【设计意图】

通过提问的形式引发学生的认知冲突,让学生通过思考解决这个问题,其实就是让学生明白这步操作的目的。让学生自主构建载体的目的是使学生厘清所学知识,并进行有效整合和应用。

【评价方式】

学生对知识的掌握情况。

任务五:将目的基因导入受体细胞

【教师活动】

构建好的基因表达载体需要通过一定的方式才能进入受体细胞。组织学生阅读教材第80~81页内容,回答以下问题。

1.将 Bt 基因导入棉花细胞有哪些方法?

2.花粉管通道法有哪些操作方式?

3.什么是转化?

4.农杆菌有什么特点?

5.根据农杆菌的这个特点及教材"农杆菌转化法示意图",尝试描述农杆菌转化法的导入过程是怎样的?

【学生活动】

通过阅读教材,讨论并回答问题。

【设计意图】

高中生物学教育的着力点之一是要全面提高学生的科学素养,因此,教师在教学中要注重学科的基础性,不能一味追求知识的深度。在教学过程中根据培养抗虫棉这一主线,教师可着重介绍目的基因导入棉花细胞的方法,让学生简单了解目的基因导入动物细胞和微生物细胞的方法即可。

【评价方式】

学生小组合作,总结、归纳农杆菌转化法的过程情况。

任务六:目的基因的检测与鉴定

【教师活动】

目的基因进入受体细胞后,是否稳定维持和表达其遗传特性,只有通过检测与鉴定才能知道,这也是检查转基因抗虫棉是否培育成功的一步。教师结合前面学过的基因表达过程的相关内容,引导学生推断出可以从哪几个水平进行检测与鉴定。

【学生活动】

学生通过讨论回答:首先是分子水平的检测,包括通过PCR等技术检测棉花的染色体DNA上是否插入了Bt基因或检测Bt基因是否转录出了mRNA;从转基因棉花中提取蛋白质,用相应的抗体进行抗原—抗体杂交,检测Bt基因是否翻译成了Bt抗虫蛋白。除此之外,还需要进行个体生物水平的鉴定。例如,通过采摘抗虫棉的叶片饲喂棉铃虫来确定Bt基因是否赋予了棉花抗虫特性以及抗性程度。

【设计意图】

让学生结合已有的遗传学知识,自己推出进行目的基因检测与鉴定的几个水平,经历这样一个思维的过程远比单纯记忆结论价值要大得多。

【评价方式】

小组合作,目的基因检测与鉴定的两个水平的情况。

【课时板书设计】

基因工程的基本操作程序

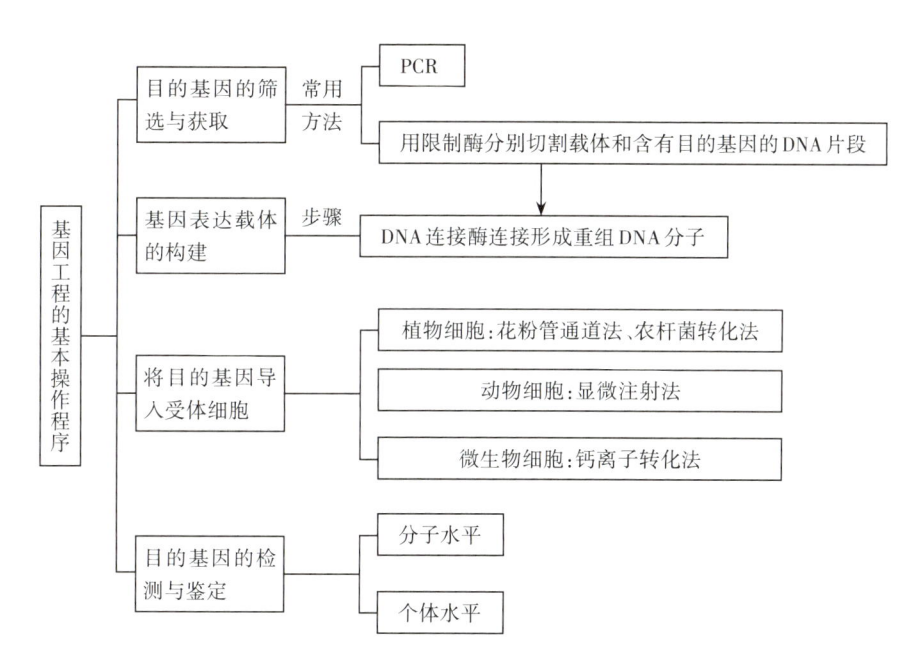

```
                        ┌─ 目的基因的筛 ─ 常用 ┬─ PCR
                        │  选与获取       方法 │
                        │                      └─ 用限制酶分别切割载体和含有目的基因的DNA片段
                        │                              │
基因工程                 │  基因表达载体   步骤         ▼
的基本       ────────────┤  的构建      ─────── DNA连接酶连接形成重组DNA分子
操作程序                 │
                        │                      ┌─ 植物细胞:花粉管通道法、农杆菌转化法
                        │  将目的基因导 ────────┼─ 动物细胞:显微注射法
                        │  入受体细胞          └─ 微生物细胞:钙离子转化法
                        │
                        └─ 目的基因的检 ───────┬─ 分子水平
                           测与鉴定           └─ 个体水平
```

[课时作业设计]

请扫码查看作业及答案

基因工程的应用 第5课时

[学习重难点]

(一)学习重点

1.基因工程的应用。

2.理性看待基因工程在生产和生活中的应用。

(二)学习难点

1.知道基因工程在不同领域的应用前景。

2.正确评价基因工程给社会带来的影响。

[课时学习目标]

核心素养	课时学习目标
生命观念	结合生活或生产实例,说出生物工程在农牧业、医药卫生领域、食品工业方面的应用。
科学思维	通过查阅资料了解基因工程的丰硕成果与广泛应用。
科学探究	针对人类生产或生活的某一需求,在基因工程中选取恰当的技术和方法,尝试提出初步的工程学构想,进行简单的设计和制作。
社会责任	通过发展性过程评价,积极参与课堂讨论与交流,领悟生物科学、技术和社会三者之间复杂的互动关系,理解科学的价值和局限性,培养理智运用科学成果的情感和意志,树立人与自然和谐发展的观念。

[课时教学过程]

任务一:新课导入

【教师活动】

基因工程自20世纪70年代兴起后,得到了飞速的发展,在农牧业、医药卫生和食品工业等方面,展示出广阔的前景。经过课前调查,请说出你们身边有哪些产品在生产过程中可能运用了转基因技术?番木瓜是目前我国消费者可能接触到的转基因食品,除了转基因番木瓜,还有哪些农牧产品的培育应用了基因工程技术?

【学生活动】

展示调查结果:转基因大豆、转基因玉米、转基因抗病毒甜椒等。

【设计意图】

通过课前调查,引导学生主动联系生活中的实例,感受基因工程带来的影响,激发学生的学习兴趣。

【评价方式】

通过课前调查结果展示,考查学生总结、归纳的情况。

✅ 任务二：基因工程在农业方面的应用

【教师活动】

请学生阅读教材第87~89页的内容,总结出基因工程分别在转基因植物及转基因动物方面的具体例子,思考并回答以下问题。

1. 为什么要对这些生物进行基因改造？
2. 简单说出怎样对这些生物进行基因改造？
3. 实施基因改造后的成效如何？

【学生活动】

学生阅读、梳理教材内容,回答问题,认识到转基因技术在解决育种难题方面有着巨大的应用优势。

【设计意图】

让学生熟悉课本内容,并能对课本内容进行梳理、总结,了解转基因技术在农牧业上广阔的应用前景。

【评价方式】

通过阅读课本后,总结并回答问题,考查学生归纳、总结及语言表达的能力。

✅ 任务三：基因工程在医药卫生领域的应用

【教师活动】

胰岛素是治疗糖尿病的特效药。传统生产胰岛素的方法是从猪、牛等动物的胰腺中提取,其提取方法残忍、效率低。1978年,科学家将编码人胰岛素的基因导入大肠杆菌细胞中,使大肠杆菌表达重组人胰岛素。其实目前利用基因工程生产药物是基因工程取得实际应用成果非常多的领域。请同学们联系基因工程的基本操作程序和发酵工程的相关知识,尝试说出生产重组人胰岛素的过程,并说明什么是基因工程？结合生产重组人胰岛素和重组人干扰素的实例,说出利用基因工程菌生产药物的优越性。

组织学生阅读教材第90~91页内容,思考：假如某位心脏病病人换上经过改造的猪心脏后,过上了健康人的生活。在生活中,他会遭到歧视吗？对此你怎么看？

【学生活动】

听讲、思考、回答问题。阅读资料,进一步认识基因工程在医药卫生领域的应用,感受我国科学家的重要贡献。

【设计意图】

通过基因工程应用知识的学习,让学生明白科学技术的发展给人们带来了巨大的变化,激发学生的爱国情怀,让学生了解基因工程在制药领域具有广阔的发展前景,引导学生认知基因表达的时空特异性可由启动子决定。

【评价方式】

学生回答问题及准确表达自己观点的情况。

✓ 任务四:基因工程在食品工业方面的应用

【教师活动】

请学生阅读教材第91页内容,并思考以下问题。

1. 奶酪的传统制备方法与基因工程制备方法的区别?
2. 什么是基因工程菌?
3. 基因工程在食品工业方面的应用有什么优点?

【学生活动】

学生阅读课本,了解基因工程在食品工业方面的应用。通过与传统生产方法的比较,分析基因工程的应用优势。

【设计意图】

联系食品工业实际,让学生进一步体会基因工程在生产和生活中的应用价值。

【评价方式】

学生回答问题及准确表达自己观点的情况。

【课时板书设计】

基因工程的应用

```
                ┌─ 农牧业方面的应用 ──── 改良动植物品种、提高作物和畜产品产量等
基因工程 ───────┼─ 医药卫生领域的应用 ── 生产基因工程药物、获得乳腺生物反应器、解决器官移植来源不足的问题等
的应用          ├─ 食品工业方面的应用 ── 生产食品工业酶、氨基酸、微生物等
                └─ 其他方面的应用 ──── 培育工种菌生产能源、解决环境污染等问题
```

[课时作业设计]

请扫码查看作业及答案

蛋白质工程的原理和应用　第6课时

[学习重难点]

(一)学习重点

1. 蛋白质工程的基本原理。

2. 依据人类需求对原有蛋白质结构进行基因改造、生产目标蛋白的过程。

(二)学习难点

依据人类需求对原有蛋白质结构进行基因改造、生产目标蛋白的过程。

[课时学习目标]

核心素养	课时学习目标
生命观念	通过画图、思考讨论,理解蛋白质工程的原理
科学思维	通过改造赖氨酸合成过程中两种酶的分析研究,了解蛋白质工程崛起的缘由。
科学探究	通过创设情境,加深对蛋白质工程是基因工程的延伸的理解,进而了解蛋白质工程的应用。

续表

核心素养	课时学习目标
社会责任	通过查阅资料,关注其他学科技术在蛋白质工程中的应用,体会学科之间的联系以及前沿学科的发展。

[课时教学过程]

任务一:新课导入

【教师活动】

展示资料:用细菌画画的图片,提出以下问题。

1.科学家利用了什么技术让细菌发光?

2.绿色荧光蛋白从哪里来？如何改造它？

【学生活动】

观看图片,联系必修1所学的荧光蛋白染色法,回答问题。

【设计意图】

利用有趣的生物情境引入新课,激发学生的探究热情,并培养学生回顾所学知识的习惯,同时导入新课。

【评价方式】

学生对以往知识掌握的情况。

任务二:蛋白质工程崛起的缘由

【教师活动】

提出问题:蛋白质改造是通过蛋白质工程来实现的,那蛋白质工程是什么呢?

展示实例:改造玉米中天冬氨酸激酶和二氢砒啶二羧酸合成酶,以提高玉米中赖氨酸的含量。

提出问题:为什么要进行蛋白质工程研究呢?

【学生活动】

阅读教材,初步了解蛋白质工程的概念。思考并讨论相关问题,进一步理解蛋白质工程崛起的缘由。

【设计意图】

通过提问形式,引导学生思考并回答问题,让学生认识到进行蛋白质工程研究的必要性。

【评价方式】

通过阅读课本后,总结并回答问题,考查学生归纳、总结及语言表达的能力。

⊘ 任务三:蛋白质工程的基本原理

【教师活动】

组织学生阅读教材第94页的内容,思考并回答以下问题。

1. 蛋白质工程的目标是什么?
2. 改造蛋白质需要从根本上改造什么?
3. 改造蛋白质的基本思路是什么?

【学生活动】

阅读教材,回答问题并进行交流。

【设计意图】

通过教师引导,让学生学会看书、学会理书,锻炼学生分析段落、归纳总结的能力。

【评价方式】

学生归纳、总结的能力及语言描述的准确性。

任务四：蛋白质工程的应用

【教师活动】

组织学生阅读教材第95页的内容，思考以下问题。

1. 科学家是如何改造胰岛素的？
2. 举例说出蛋白质工程在医药工业方面的应用。
3. 举例说出在农业方面的应用。

【学生活动】

阅读教材相关内容，通过分析相关实例，回答教师提出的问题。通过阅读，归纳、整理蛋白质工程在各个领域的应用，并举例说明。

【设计意图】

通过阅读资料，培养学生形成更为科学合理的知识结构，同时发展学生的归纳与概括等科学思维。

【评价方式】

通过提问，创设新的情境，考查学生对知识的掌握情况。

【课时板书设计】

蛋白质工程的原理和应用

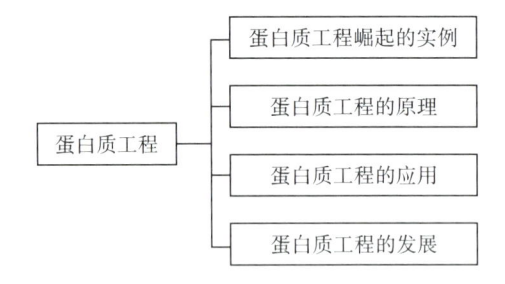

蛋白质工程
- 蛋白质工程崛起的实例
- 蛋白质工程的原理
- 蛋白质工程的应用
- 蛋白质工程的发展

[课时作业设计]

请扫码查看作业及答案

第4单元

生物技术的安全性与伦理问题

一、单元主题及解读

单元主题：利用生物技术双刃剑造福世界

"生物技术的安全性与伦理问题"是选择性必修3第4章的内容。本单元需要依靠选择性必修3前三章"发酵工程""细胞工程""基因工程"所学习的相关知识、原理、技术作为学习本单元的基础。本单元学习有助于学生深化对前三单元内容的认识和理解，但是学习方式与前三单元有很大的不同。前三单元学习主要以教师讲授为主，而本单元的学习，是在具有相关知识储备以后，对这些技术在应用过程中可能面临的安全性和伦理问题进行延伸和探讨。从而意识到生物技术是一把双刃剑，在造福人类的同时，可能存在很多的安全伦理隐患，进而探讨如何用好生物技术这把双刃剑来造福世界。

本单元主要包括"转基因产品的安全性""关注生殖性克隆人""禁止生物武器"三部分内容。通过引导学生收集文献资料，观看视频以及社会调查等方法，了解生物技术在转基因食品、生殖性克隆以及生物武器等方面面临的安全性及伦理性问题。通过本单元的学习培养学生的社会责任感，将来能利用相关知识作出正确的个人决策。培养学生主动积极地参与学习，而不是被动接受知识。并且引导学生对获取的信息进行加工，运用辩证思维，敢于质疑，用辩证的眼光看待复杂的社会问题。在国家的方针政策下，树立正确的人生观。

了解转基因产品安全性，关注生殖性克隆人以及禁止生物武器的相关知识，有助于学生进一步认识生命、敬畏生命，形成正确的人生观和价值观，进而建立"生活·生命·生涯"的学习体系。帮助学生进入社会以后在所承担的工作中，能够持有正确的、科学的态度，并能够利用生物技术这把双刃剑，科学健康地生活，作出合理的生涯规划。

二、单元概念关系图

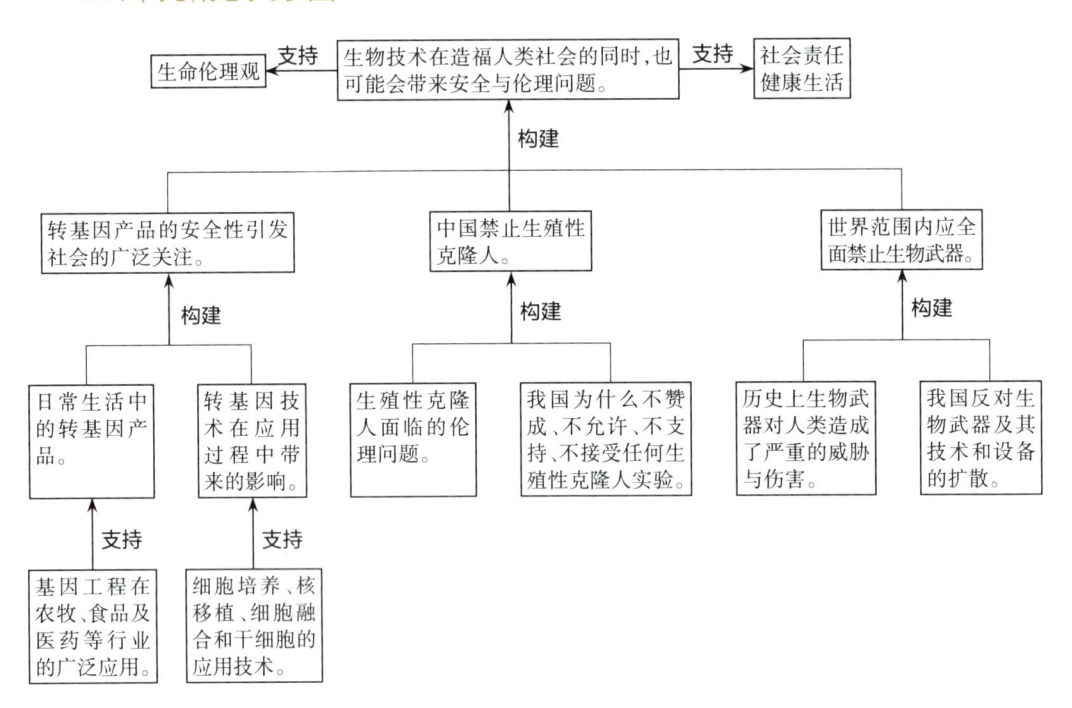

```
                    支持 ┌─────────────────────────┐ 支持  ┌──────────┐
    ┌──────────┐ ←─────│生物技术在造福人类社会的同时，也│─────→│社会责任  │
    │生命伦理观│       │可能会带来安全与伦理问题。     │      │健康生活  │
    └──────────┘       └─────────────────────────┘      └──────────┘
                                    ↑ 构建
         ┌──────────────────────────┼──────────────────────────┐
   ┌──────────────┐          ┌──────────────┐          ┌──────────────┐
   │转基因产品的安全性│          │中国禁止生殖性│          │世界范围内应全│
   │引发社会的广泛关注│          │克隆人。      │          │面禁止生物武器│
   └──────────────┘          └──────────────┘          └──────────────┘
         ↑ 构建                    ↑ 构建                    ↑ 构建
    ┌────┴────┐              ┌────┴────┐              ┌────┴────┐
┌────────┐┌────────┐    ┌────────┐┌────────┐    ┌────────┐┌────────┐
│日常生活中││转基因技│    │生殖性克│ │我国为什│    │历史上生│ │我国反对│
│的转基因 ││术在应用│    │隆人面临│ │么不赞成│    │物武器对│ │生物武器│
│产品。   ││过程中带│    │的伦理问│ │、不允许│    │人类造成│ │及其技术│
│        ││来的影响│    │题。    │ │、不支持│    │了严重的│ │和设备的│
│        ││。      │    │        │ │、不接受│    │威胁与伤│ │扩散。  │
│        ││        │    │        │ │任何生殖│    │害。    │ │        │
│        ││        │    │        │ │性克隆人│    │        │ │        │
│        ││        │    │        │ │实验。  │    │        │ │        │
└────────┘└────────┘    └────────┘└────────┘    └────────┘└────────┘
    ↑ 支持    ↑ 支持
┌────────┐┌────────┐
│基因工程在││细胞培养、│
│农牧、食品││核移植、细│
│及医药等行││胞融合和干│
│业的广泛应││细胞的应用│
│用。     ││技术。    │
└────────┘└────────┘
```

三、单元导航图

核心素养	学习目标	关键问题	学习任务	课时
生命观念	结合调查、辩论、讨论等活动，举例说明转基因食品对人类生活的影响；关注生殖性克隆人的伦理问题；说明生物武器的危害，支持我国的相关政策，宣传我国所持的观点。	什么是转基因产品？转基因产品在人类的日常生活中有哪些应用？对人类的生活带来哪些影响？	任务1：举例说出日常生活中的转基因产品。	第1课时
科学思维	面对日常生活或社会热点中与生物技术和工程相关的话题，基于证据，运用生物学基本概念和原理，对热点话题进行探讨、审视或论证，就生物技术与工程的安全和伦理问题表明自己的观点。	转基因产品存在哪些安全性问题？如何看待转基因技术？	任务2：通过辩论、调查等活动，理性看待转基因产品的安全性和转基因技术。	
科学探究	针对与生物技术相关的热点话题，提出可探究的生物学问题，基于给定的条件，设计并实施恰当可行的方案，创造性运用专业术语对实验原理、步骤和结果进行描述和分析，并在组内开展交流。	生殖性克隆人面临哪些伦理问题？我国对生殖性克隆人实验态度是怎样的？	任务3：举例说出生殖性克隆人面临的伦理问题。 任务4：分析说明我国不赞成、不允许、不支持、不接受任何生殖性克隆人实验的原因。	第2课时
社会责任	关注与生物技术相关的热点话题，表明个人立场，支持并宣传我国所持观点；针对现代生物技术在社会生活中的应用，基于生物学的基本观点，辨别并揭穿伪科学；热爱科学，关爱生命。	生物武器的概念是什么？有哪些种类？生物武器对人类曾经造成哪些危害？ 我国对生物武器及其技术和设备的扩散持有怎样的态度？	任务5：说明生物武器的种类、特点以及危害。 任务6：认同我国反对生物武器及其技术和设备扩散的立场。	第3课时

四、任务活动和课时设计

课时	任务	活动
第1课时	任务1：举例说出日常生活中的转基因产品。	活动1-1：结合课前"调查身边的转基因产品报告"，交流调查结果。 活动1-2：阅读教材，结合PPT内容了解转基因微生物、动物、转基因植物研究成果。
	任务2：通过辩论、调查等活动，理性看待转基因产品的安全性和转基因技术。	活动2-1：阅读教材，了解我国对转基因技术相关的方针、政策和法规。 活动2-2：通过PPT展示，阅读，了解我国成立的国家农业转基因生物安全委员会的相关信息。 活动2-3：思维训练：评估获取证据的难度。归纳、讨论哪个获取证据的难度大？
第2课时	任务3：举例说出生殖性克隆人面临的伦理问题。	活动3-1：根据课前资料调查"生殖性克隆和治疗性克隆的区别"，交流调查结果。 活动3-2：角色扮演：分组从克隆人本体和克隆体的角度辩论各自面临的问题。
	任务4：分析说明我国不赞成、不允许、不支持、不接受任何生殖性克隆人实验的原因。	活动4-1：根据课前调查"国际及我国关于生殖性克隆人研究的态度和政策"，分析说明我国为什么不赞成、不允许、不支持、不接受任何生殖性克隆人实验。 活动4-2：结合PPT提供资料，分析干细胞技术在克隆人方面面临的伦理问题；分析基因编辑人类婴儿；分析"人兽嵌合体"；分析"设计试管婴儿"的伦理与道德问题。
第3课时	任务5：说明生物武器的种类、特点以及危害。	活动5-1：根据课前所查阅的历史资料，交流、讨论生物武器曾经带给我国人民的伤害。 活动5-2：根据课前查阅资料对生物武器的种类、特点、危害展开讨论和归纳。
	任务6：认同我国反对生物武器及其技术和设备扩散的立场。	活动6：结合PPT资料，阅读教材，了解我国关于生物武器的态度和立场。

五、单元作业设计

课时	评价目标	作业类型	核心素养	学业质量水平
第1课时	通过调查、列举事实，了解转基因技术令人惊叹的成果。	课前作业（书面调查报告） 课堂作业（口头表述） 课后作业（书面习题）	科学探究3 社会责任4	3-1 4-1
第1课时	了解国家对转基因技术相关政策，理性参与转基因技术及相关问题的讨论。	课前作业（观看视频和列举观点） 课堂作业（角色扮演和口头表达） 课后作业（书面习题和调查报告）	生命观念1 科学思维2 社会责任4	1-1 2-1 4-3
第2课时	举例说出生殖性克隆人面临的伦理问题。	课前作业（书面调查报告） 课堂作业（口头表述） 课后作业（书面习题）	科学思维2 科学探究3 社会责任4	2-1 3-3 4-2
第2课时	分析说明我国为什么不赞成、不允许、不支持、不接受任何生殖性克隆人实验。	课前作业（书面调查报告） 课堂作业（口头表述和情境分析） 课后作业（书面习题）	生命观念1 科学思维2 科学探究3 社会责任4	1-1 2-1 3-2 4-4
第3课时	通过对资料的分析、讨论，说明生物武器的种类、特点以及危害。	课前作业（书面调查报告） 课堂作业（口头表述） 课后作业（书面习题）	科学思维2 科学探究3 社会责任4	2-1 3-2 4-1
第3课时	认同我国反对生物武器及其技术和设备扩散的立场。	课堂作业（口头表述） 课后作业（书面习题和视频观看）	生命观念1 科学思维2 社会责任4	1-1 2-1 4-1

六、课时教学设计

转基因产品的案例性 第1课时

[学习重难点]

(一)学习重点

理性看待转基因技术。

(二)学习难点

1.对转基因产品的安全性展开辩论,将证据与自身观点加以整合并表达。

2.评估获取证据的难度。

[课时学习目标]

主题学习目标	课时学习任务
生命观念	通过调查、辩论、讨论等活动,举例说明转基因食品对人类生活的影响,形成健康的生命、生活观念。
科学思维	针对转基因产品安全性问题,基于证据,运用转基因技术的基本概念和原理,表明自己的观点。利用批判性思维区分谣言和事实、事实和观点,舍弃相互矛盾和不充分的证据,运用逻辑推理和判断,培养正确的伦理思维。
科学探究	针对与转基因产品相关的安全问题进行社会调查,整合数据,并在课堂开展分析和讨论。
社会责任	通过对转基因技术安全性的分析,理性参与讨论,并向大众普及和传播转基因技术的基础知识和国家相关政策。

[课时教学过程]

任务一:新课导入

【教师活动】

展示学生课前所收集的"调查身边的转基因产品报告"截图。

引导学生回顾基因工程相关的原理和技术。

课件展示:转基因微生物、动物、植物的研究成果。

【学生活动】

1.结合课前"调查身边的转基因产品报告",交流调查结果。

2.阅读教材,结合PPT内容了解转基因微生物、动物、转基因植物的研究成果,归纳出转基因技术的研究现状。

【设计意图】

通过摆事实、讲证据的方式,让学生直观地了解我们身边的转基因产品无处不在,为后面理性地看待转基因产品安全性问题提供依据。

【评价方式】

学生介绍自己调查报告的情况,归纳转基因技术在微生物、动物、植物领域的应用情况。

任务二:理性看待转基因产品和转基因技术

【教师活动】

组织学生针对转基因产品安全性问题展开辩论(学生推选辩论会主持人、正方辩手和反方辩手)。

教师介绍辩论会注意事项:1.辩论时尊重双方选手。

2.围绕辩论主题提出各自观点,不跑题不偏题。

3.作出合理的逻辑推理,作出合适有效的反击。

4.双方做好总结陈词。教师对辩论会作出点评。

多媒体展示当今社会中关于转基因产品的谣言和疑问,组织学生对各种说法进行辨析,区分事实和谣言。

展示课件:我国转基因技术的方针、政策以及生物安全方面的常设机构。

提出问题:对于某种转基因食品而言,证明它安全或不安全,哪个获取所需证据的难度更大?为什么?

布置课后调查任务:调查家庭成员和周围的邻居在日常生活中使用转基因产品的情况,以及对转基因产品的态度;同时宣传我国针对转基因技术的方针政策。

【学生活动】

1.根据自己的观点和论据分成正反双方,选出辩手和主持,展开辩论。

2.针对教师提出的当今社会中关于转基因产品的谣言和疑问,进行辨析。利用科学知识进行辟谣,形成正确合理的认识。

3.通过阅读,了解我国转基因技术的方针、政策,了解我国关于生物安全方面的常设机构。

4.通过思考、归纳、举例、推理,论证对于某种转基因食品而言,证明它安全或证明它不安全,哪个获取所需证据的难度更大。

【设计意图】

通过辩论的形式让学生主动参与,积极思考,理性地看待转基因技术。利用批判性思维区分谣言和事实、事实和观点,舍弃相互矛盾和不充分的证据,运用逻辑推理和判断,培养正确的伦理思维。通过"对于某种转基因食品而言,证明它安全或证明它不安全,哪个获取所需证据的难度更大"问题的讨论,训练学生的科学思维。让学生在以后的生活中,能主动、理性地参与讨论,并向大众普及和传播转基因技术的基础知识和国家相关政策,培养学生的社会责任。

【评价方式】

学生辩论、辨析、讨论、表述问题的表现情况。

【课时板书设计】

转基因产品的安全性

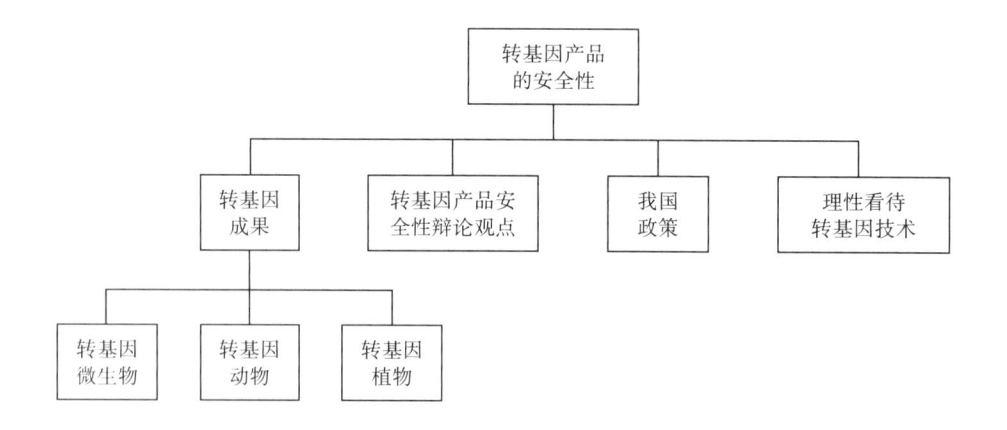

[课时作业设计]

请扫码查看作业及答案

关注生殖性克隆人　第2课时

[学习重难点]

(一)学习重点

1.生殖性克隆人的伦理问题。

2.理解我国不赞成、不允许、不支持、不接受任何生殖性克隆人实验的原因。

(二)学习难点

理解我国不赞成、不允许、不支持、不接受任何生殖性克隆人实验的原因。

[课时学习目标]

主题学习目标	课时学习任务
生命观念	针对生殖性克隆涉及的伦理问题进行探讨,树立正确的道德标准,形成正确的生命、生活观念。
科学思维	通过对生殖性克隆技术的了解,结合细胞培养、核移植、细胞融合和干细胞技术相关原理和方法,思考人类的行为技术和工程如何更符合人类的近期和远期的利益。
科学探究	通过课前对生殖性克隆相关资料的搜集、整合、讨论,培养科学探究能力。
社会责任	关注生殖性克隆引发的伦理问题,认同我国禁止生殖性克隆人的立场,合理地规划自己以后的职业生涯。

[课时教学过程]

✓ 任务一:创设情境,导入新课

【教师活动】

播放视频:《克隆人》电影片段,引出克隆人话题。

组织学生关于"生殖性克隆和治疗性克隆的区别"调查结果进行展示,结合细胞培养、核移植、细胞融合和干细胞技术相关原理和方法进行讨论,教师作出评价。

组织学生进行角色扮演——"克隆人本体和客体的对话",分组从克隆人本体和克隆体的角度辩论各自面临的问题。

【学生活动】

观看电影片段,讨论"生殖性克隆和治疗性克隆的区别",结合教师的补充和修正,了解生殖性克隆和治疗性克隆的相关知识。

学生进行角色扮演,分组从克隆人本体和克隆体的角度辩论各自面临的问题,思考生殖性克隆可能带来的伦理性问题。

【设计意图】

利用视频引入新课,激发学生的学习兴趣。通过对"生殖性克隆和治疗性克隆的区别"调查结果的展示和讨论,正确地认识生殖性克隆。通过角色扮演,理性地看待生殖性克隆可能带来的伦理性问题,让学生树立正确的道德标准。

【评价方式】

学生讨论、总结、表述的情况。

✓ 任务二:分析说明我国不赞成、不允许、不支持、不接受任何生殖性克隆人实验的原因

【教师活动】

展示课件:国际以及我国关于治疗性克隆和干细胞研究的法律法规。

组织学生阅读教材,了解我国对待生殖性克隆人实验的态度:不赞成、不允许、不支持、不接受任何生殖性克隆人的实验。

提出问题:根据课前调查"国际及我国关于生殖性克隆人研究的态度和政策",分析说明我国为什么不赞成、不允许、不支持、不接受任何生殖性克隆人实验。

PPT提供资料,分析干细胞技术在克隆人方面面临的伦理问题;分析基因编辑人类婴儿;分析"人兽嵌合体";分析"设计试管婴儿"的伦理与道德问题。组织学生对各种伦理问题发表自己的观点。

【学生活动】

思考、讨论回答我国为什么不赞成、不允许、不支持、不接受任何生殖性克隆人实验。

通过观看课件,分析克隆技术在当今面临的人文问题,并表述自己的观点。

【设计意图】

利用教材阐述的禁止生殖性克隆相关资料,让学生清楚地认识到生殖性克隆带来的伦理危害。通过对我国法律法规的了解,形成正确的伦理观。通过对当今热点问题的了解和辨析,进一步思考生殖性克隆的伦理问题,培养学生参与社会热点问题的讨论热情和社会责任感。认同我国禁止生殖性克隆人的立场。引导学生思考人类的行为技术和工程如何更符合人类的近期和远期的利益。

【评价方式】

学生参与小组讨论、回答问题以及语言表述的情况。

【课时板书设计】

关注生殖性克隆人

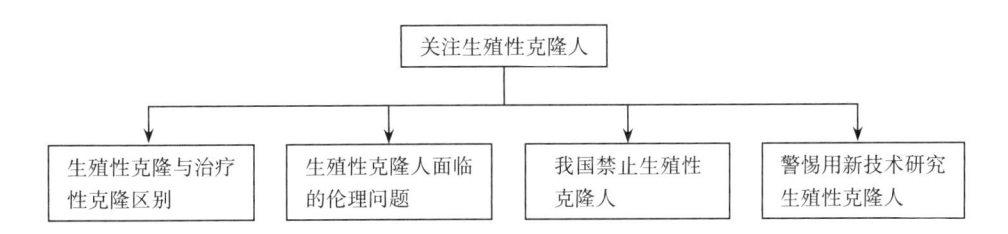

```
                    关注生殖性克隆人
         ┌──────────┬──────────┼──────────┬──────────┐
         ▼          ▼          ▼          ▼
    生殖性克隆与治疗   生殖性克隆人面临   我国禁止生殖性   警惕用新技术研究
    性克隆区别        的伦理问题        克隆人          生殖性克隆人
```

[课时作业设计]

请扫码查看作业及答案

禁止生物武器　第3课时

[学习重难点]

(一)学习重点

生物武器对人类造成了严重的威胁和伤害。

(二)学习难点

生物武器危害的特点。

[课时学习目标]

主题学习目标	课时学习任务
生命观念	说明生物武器的危害,形成正确的生命伦理观以及正确的生活观念。
科学思维	通过对生物武器种类、特点的了解,结合我国曾经历的生物武器伤害,发现生物武器的危害,以及对人类社会带来的威胁。
科学探究	通过搜集资料、寻找证据的过程,培养科学探究能力。
社会责任	了解生物武器给人类带来的伤害,支持我国的相关政策,宣传我国所持的观点。

[课时教学过程]

任务一:创设情境,导入新课

【教师活动】

播放"二战时期生物武器给人类带来的危害"相关视频,引入新课。

提出问题:生物武器给人类带来了什么危害？你有什么样的观点？

对学生进行分组,组织学生分别展示课前对"生物武器的种类、特点、危害"的调查报告,并进行讨论和总结。

【学生活动】

学生观看视频,结合课前所查阅的历史资料,交流、讨论生物武器曾经带给我国人民的伤害。

分组参与展示、交流,归纳生物武器的种类、特点、危害。

【设计意图】

通过视频导入新课,激发学生学习兴趣。通过搜集资料、寻找证据,培养学生的科学探究能力。通过分组交流讨论,归纳生物武器的种类和特点,明确生物武器的危害,形成正确的生命伦理观。

【评价方式】

学生讨论、表述、归纳、总结的情况。

任务二:认同我国反对生物武器及其技术和设备扩散的立场

【教师活动】

组织学生阅读教材,了解我国关于生物武器的态度和立场。

课件展示国际、国内对生物武器的态度及各国签署的国际公约。

【学生活动】

阅读教材,了解现代的生物武器,学习国际公约的相关知识。

【设计意图】

通过对生物武器和国际公约的学习,明确我国反对生物武器及其技术和设备扩散的立场。

【评价方式】

学生归纳、总结和深度思考的情况。

【课时板书设计】

禁止生物武器

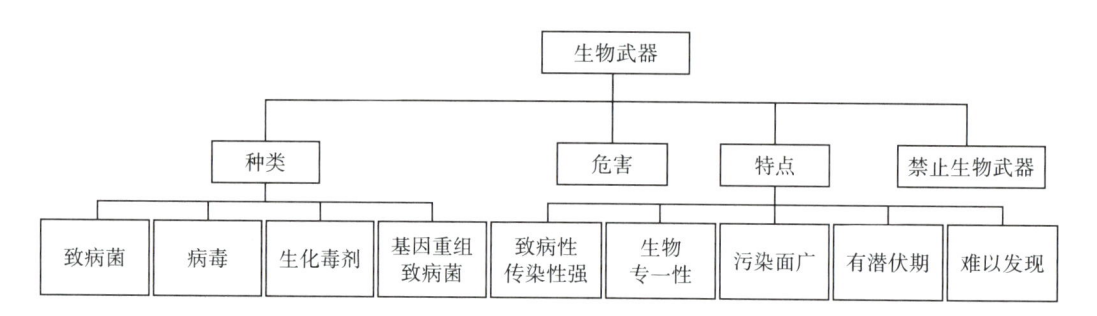

```
                    生物武器
        ┌─────────┬──────┬──────┬──────────┐
       种类       危害   特点    禁止生物武器
   ┌──┬──┬──┬──┐  ┌──┬──┐  ┌──┬──┬──┐
  致病菌 病毒 生化毒剂 基因重组致病菌  致病性传染性强 生物专一性  污染面广 有潜伏期 难以发现
```

[课时作业设计]

请扫码查看作业及答案